ばんしょしらべしょ

明治を創《つく》った幕府の天才たち

副島隆彦
＋SNSI副島国家戦略研究所

SEIKO SHOBO

天才級の頭脳が集まった「蕃書調所」——まえがき

副島隆彦

「蕃書調所《ばんしょしらべしょ》」は、幕末（1856年）に徳川幕府の正式の洋学研究所として発足した研究機関である。「昌平黌《しょうへいこう》」（通称は「昌平坂学問所」）と並び称された。名前だけは知られているが、誰もここに触ることなく160年が過ぎた。ここに私たちSNSI《エスエヌエスアイ》（副島国家戦略研究所）が初めて光を当てる。その全体像を今に甦《よみがえ》らせる。

この蕃書調所（野蛮な西洋紅毛人《こうもうじん》＝西洋白人の書物の研究、翻訳機関）は創立わずか12年間で江戸開城（徳川幕府の崩壊）とともに、光芒一閃《こうぼういっせん》を放って消えていった。だがここに結集した幕末の日本の俊英たちは、その多くが明治新政府に請われて「徴士《ちょうし》」というテクノクラート（中堅官僚）となった。

御一新《ごいっしん》（維新）後の太政官《だじょうかん》政府（明治政府）は、まさしく蕃書調所で学んだ旗本直参《じきさん》と譜代《ふだい》の旧幕臣たちが動かしたのである。のちに維新の元勲《げんくん》と称讃される薩長の頭目《リーダー》たちには西洋近代学問《サイエンス》の知識が無かった。全く無かったわけではないが、刀（人斬り包丁《ほうちょう》）を抜くこともあった政争（政治権力闘争）に明け暮れたら、勉強（学問、研究）などしている暇がない。だから当時の天才級の頭脳をした日本人の多くは譜代の幕臣たちである。その人々について細かく調べたのが本書である。

長崎伝習所（1855年設立）と、その後身の幕府操練所《そうれんじょ》（築地でそのまま明治海軍になる）は、蕃書調所に1年遅れて（1857年）オランダからカッテンディーケ（のちオランダ海相、外相）たちが招かれて長崎で開校したのである。蕃書調所も長崎伝習所も形だけは勝海舟の提言（建議）でできた。

薩長による京都での討幕運動（1863、64年をピークとするわずか6年間だ）ばかりが有名である。それが血なまぐさい幕末の中心である、と考えられている。刀を抜いて人を殺しに行った者は自分もやがて（ほとんど）殺される。この人間世界を貫く冷酷な法則を無視して英雄物語のロマン主義ばかりで幕末維新の体制変動を語る時代は終わった。薩長中心史観は見直される時期が到来したのである。

私たちSNSIは、現代の壮士（惣士《そうし》＝志士＝草莽《そうもう》。武士ではなかった。本当は百姓階級だ）の在野の貧乏な集団である。が、志《こころざし》だけは一流国家機関の研究所員のプライド（矜持《きょうじ》）を持っている。

プラトン（紀元前427〜347）が、アテネのアゴラ（自由市場）の脇《わき》で開いたアカデメイア（のちのアカデミー）は本当はどんなものであったか。ラファエロが描いた「アテナイの

本書が解き明かす「蕃書調所」関連地図

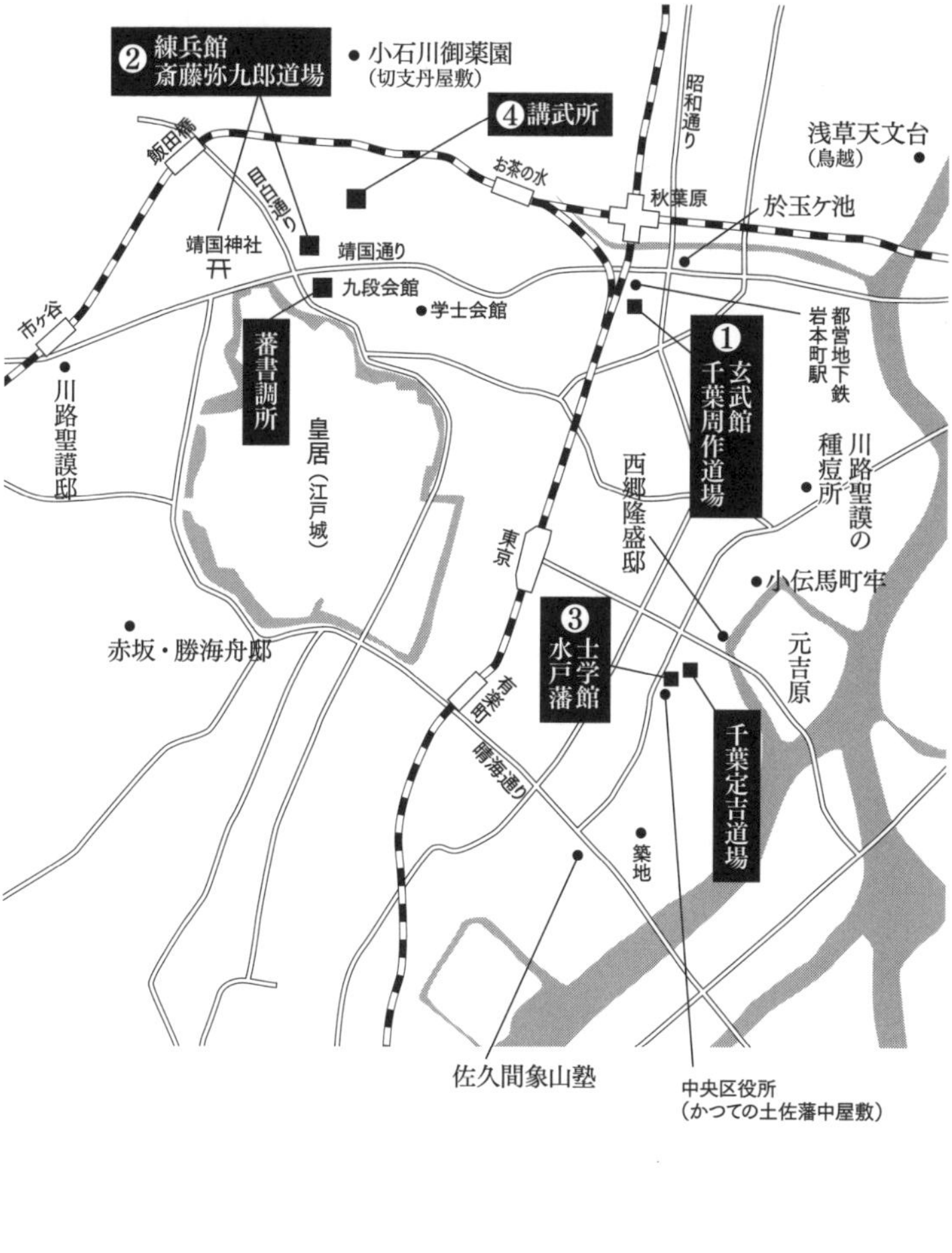

学堂」(1510年作)では、ウソ、インチキの壮麗な絵で、ものすごく立派な建物になっている。この絵は今もバチカンのシスティーナ礼拝堂の壁にある。

本当の本物のプラトンの学問塾とは、アテネの市場《いちば》の雑踏の脇に、たむろして集まってきた閑人《ひまじん》の下級貴族の職無しブラブラ若者たちのことだ。彼らはひたすら、ワーワーと議論し合った。地面に幾何学の線を引いて勉強した(黒板も紙もまだない)。小屋掛けしたボロ家があっただけだ。無職のくせに頭だけは良かった若者たちが、弁だけは立つ口達者の壮年の者たち(これがソフィスト)の知識演説に聴き入って、あとは果てしなく激しく議論し合った。

「多くの若者たちを不穏な、間違った道に煽動している」という嫌疑を受けて、ソクラテスは政争に巻き込まれて死刑判決を受けた。その直前に毒杯を呷《あお》って死んだのである。ソクラテスは、本当に悪妻だったクサンチッペから、「訳の分からない議論ばっかり道端で人に吹っかけてないで、少しはお金を稼いで来な」と人前で公然と罵《ののし》られていた。どんな時代でも女という生き物は同じだ。

譜代の幕臣であることを自負した福沢諭吉と毛利氏家中《しかちゅう》大村益次郎《おおむらますじろう》(村田蔵六《むらたぞうろく》)が学んだ、大坂今橋《いまはし》の適塾《てきじゅく》(蘭学、オランダ書を教えた)は堂島、北浜の取引所のそばの大勢の人が行き交う雑踏のすぐ脇にあった。適塾の塾生たちは、朝は穢多非人《えたひにん》の群れに交じって、火が焚かれた飯場で立ち喰いで動物の臓物やら雑穀やらを腹に詰め込んでいた。「こいつらはそこの緒方《おがた》(洪庵《こうあん》)のところの学生どもだ」と言われていた。と、『福翁自伝』に書いてある。建物ばっかりが立派になったら、その時はもう、初めの清新な魂は消えてなくなる。立派な建物の大学なんかに中身はない。人騙《ひとだま》しの人集めだ。金ばっかりふんだくって碌《ろく》な教師はいない。いつの世も本当の教師（先生）は、道端で、辻説法《つじせっぽう》で、人々に道（理屈、理論）を説く。私はこの決意を死ぬまで変えない。

私がもう読みたいけど読めない（その人生時間が足りない）、古い文献史料（もうボロボロの本たちだ）をみつくろって漁《あさ》って、弟子たちがこの本の論文を書いた。「ここ掘れワンワン」だ。このへんの文献を調べてみろ、そうしたらきっと、何か書かれているよ、と私は目見当《めけんとう》の助言はした。あとはそれぞれ自由に彼らが書いた。私はそれに朱筆を入れて突き返しただけだ。まだ若書《わかが》きだから文に成っていない。とてもまだ売文《ばいぶん》（文を売っておカネに変わる）するほどの力はない。

本読みの爺《ジジイ》たちが、妬《ねた》み根性で、「まだまだ、お弟子さんの文は読むに堪えませんね」と私に言ってくる。それならお前が書いてみろ、と私は目だけで言う。

その結果、この本で新しい事実がたくさん掘り起こされた。あるいは、明治大正時代に忘れ去られたのだ。

今どきの、こんなご時勢《じせい》で読書人階級《ブック・リーダーズ・クラス》であることだけが、私たちの誇《ほこ》りである。他に何の取《と》り柄《え》もない。よくてひとり前のサラリーマンができる程度の能力だ。今ではその会社勤めさえ、なかなかきつくなってきた。会社が平気でどんどん社員の首を切る。そうなると、いよいよ「道端《みちばた》で裸足《はだし》でワーワー、バカなことを議論し合う」しか他にすることのない人間集団に私たちは戻りつつあるのかもしれない。

本の出版業も風前の灯《ともしび》になってきた。それでも、私たちはこの知識と観念の道をゆくしかない。「人間は考える葦《あし》」（パスカル）だからである。パスカルこそは、人間世界の諸悪の根源であるローマ・カトリック教会（その中心がイエズス会）に、本気で正面から喧嘩《けんか》を売った知識人であった。このことが私にようやく分かってきた。

「第1章」は、石井利明《いしいとしあき》君が、「陽明学《ようめいがく》はキリスト教である」という大きな秘密を書いた。日本の儒学（儒教）の正統である朱子学《しゅしがく》と、儒学内部で争ってきた陽明学（16世紀の王陽明《おうようめい》が始めた思想）が実は、その本態・本性《ほんしょう》はキリスト教である、しかもプロテスタント系のそれだ、と解明した。これは以後、石井君の大きな業績だ。

ということは、日本の幕府が厳しく禁教して弾圧した天主教《てんしゅきょう》（キリスト教。その中に耶蘇《やそ》会《かい》＝イエズス会が含まれる）が、儒学の一種のふりをして連綿と外様《とざま》（反《はん》徳川氏《し》）の大名たちの間で講じられてきた。林羅山《はやしらざん》だけはこのことを見抜いた。日本陽明学の創始者の〝近江聖人《おうみせいじん》〟中江藤樹《なかえとうじゅ》以来、山鹿素行《やまがそこう》、熊沢蕃山《くまざわばんざん》に至る、一方で、「日本中華《ちゅうか》思想」（日本が世界の中心である）を唱えながら、一方で博愛と人間愛（救済《きゅうさい》）の思想を説いた。

石井君は、この他に、8代将軍吉宗《よしむね》の命令で、全国諸藩に昌平黌《しょうへいこう》と似た朱子学を講じる藩校

緒方洪庵の適塾では、福沢諭吉や大村益次郎も学んだ

プラトンがアテネのアゴラの脇で開いた
アカデメイアは本当の本物の学問塾だった

を作れと命じたことに始まる学問振興、しかもここにも蘭癖《らんぺき》大名（阿蘭陀《オランダ》趣味の強い大名）たちが、実は隠れキリシタン大名の秘かな流れを作り、備前《びぜん》岡山藩主・池田氏や、薩摩の島津氏がずっとこの勢力であり、藩主自らが隠れキリシタンとして幕末まで続いた。そして密貿易をしながら富を蓄えて、幕末から開国路線に転じた、と書いた。表面上の尊王攘夷と、それとは全く異なる裏側の本当の顔である開国和親《わしん》を論じた。

「第2章」の六城雅敦《ろくじょうつねあつ》君は、日本の「和算《わさん》」の数学者たちの全体像を描いた。画期的である。この人の名前だけは有名な関孝和《せきたかかず》（⑥番）を前後にして15人の主要な和算家＝江戸時代の日本数学者たちをつなげて論じることで、その全体図が日本で初めて見取り図となって明らかにされた。彼ら和算家たちも秘かにキリスト教徒であった。捕らわれた宣教師（伴天連《バテレン》＝パードレ＝ファーザー＝神父）たちから西洋数学を習ったのだ。浅草（鳥越《とりごえ》）天文台（幕府天文方《てんもんかた》）に蕃書和解御用《ばんしょわげごよう》が設置され（1811年）、それが、ペリー来航の事態の急変で、蕃書調所になったのである。

「第3章」の田中進二郎君は、初期蘭学者たち（オランダ通辞《つうじ》＝通訳・翻訳官）の誕生から、幕末のフォン・シーボルトに習った者たち（高野長英《たかのちょうえい》、小関三英《こせきさんえい》ら）の政治弾圧（蛮社《ばんしゃ》の獄。1839年）の栄光と悲劇を経て、更にそのあと、昌平黌の中で天才級の頭脳をした朱子学者たち（佐藤一斎《さとういっさい》、安積艮斎《あさかごんさい》）が、蘭学までも自力で習得していた様子を正確に描き出した。

　そして、勝海舟（安芳《やすよし》）という男は、幕府の秘密警察長官（公儀隠密のトップ、大目付《おおめつけ》）であった、大久保一翁《いちおう》と川路聖謨《かわじとしあきら》が育てて蘭学者たちを監視させるためにその中に潜《もぐ》り込ませたスパイである、という大きな秘密が解き明かされる。そして更に、前記の佐藤一斎が、昌平黌の筆頭教授であるのに、「日朱夜王《にっしゅやおう》」で、昼間は朱子学＝徳川氏礼讃を唱え（日朱《にっしゅ》）ながら、夜になると今の岩本町、人形町あたりの私塾で、顔つきが変わって陽明学を講じた（夜王《やおう》）。この「夜は王（陽明）」の思想が、徳川氏打倒、天子（天皇）回復（回天《かいてん》）の、討幕思想の原動力（始源）となったのだと解明した。この意味は大きい。だから、この大きな流れで、幕府のスパイだった勝海舟は、薩長（背後にイギリスがいた）とつながる二重スパイとなって、上手に生きて明治まで図々しく生きたのだ。

　幕末最大のイデオローグ（皆に尊敬された）であった横井小楠《よこいしょうなん》は、全国三百諸藩に勤王《きんのう》同盟ができる原動力になりながら、同時に、朝廷と幕府の団結による「共和政体《きょうわせいたい》」（公武《こうぶ》合体の正しさ）による国力《こくりょく》の増大を追求した。このことの大きな矛盾を抱えて死んだのであった。

　「第4章」の津谷侑太《つやゆうた》君が、前記の田中進二郎君と、「勝海舟が幕末の二つの勢力の二重スパイであった」証明の業績を分担する。津谷君は、蕃書調所を実質で切り盛りした天才学者古賀《こが》謹一郎《きんいちろう》を描き出した。古賀謹一郎（この人も〝日朱夜王〟である古賀精里《せいり》の孫）こそは、蕃書調所の要石《キーストーン》であることがよく分かった。彼は昌平黌の筆頭教授のまま、蕃書調所（による洋学研究）を幕府から任《まか》された。その重たい責務で古賀は早逝した。

このあとは箕作秋坪《みつくりしゅうへい》（阮甫《げんぽ》の養子）の動きから、それと連携した福沢諭吉が、当時の超大国（覇権国《はけんこく》）であるイギリスとフランスに対抗する、後進国（新興国）のロシア帝国とアメリカ（そしてドイツも）の代理人《エージェント》（手先）となった、とする驚くべき新説を提起した。

津谷説のここまでの斬新さは、日本の歴史研究における最先端の突出であるから、過激先生を自認する私であっても、態度を保留している。津谷君はこのことをさらに論及する責任を負う。

「第5章」は、幕末の江戸で大人気の剣術道場の隆盛に光を当てる。四つの当時の有名な剣術道場が、まるで現在に再現されたかのようだ。古本肇《ふるもとはじめ》氏が、私に向かって詳しく語ってくれた。「二尺三寸（刃渡り約70センチメートル）が武士の刀」として論じる。①千葉周作（玄武館）、②斎藤弥九郎（練兵館）、③桃井直正《もものいなおまさ》（志学館）、④男谷信友《おたにのぶとも》（講武所。幕府陸軍になる）の四つを取り上げることで、幕末にこれらの剣術道場が果たしたきわめて重要な役割を、今に甦《よみがえ》らせた。この対談文も、きっと画期的（エポック・メイキング）な作品である。これまで日本史学者と幕末小説家たちが全く描くことをしなかった実情としての幕末の江戸に集った人間たちの動きが活写される。

蕃書調所（学問所）と二つ並べて、どうしても剣術道場（軍事）のことを論じておかなければ済まない、と私は思った。近藤勇《こんどういさみ》ら新撰組の暴れ者たちも、ここで修練した。武士になりたい、の一心で三多摩壮士（百姓）たちが、あわれな人斬りの道に進んだのだ。これらの剣術道場は、金持ちたちがパトロンとなって出資もして、人間交流と情報集めのための重要なサロンとしての役割を果たした。人格者であった剣術使いの千葉周作たちは、人斬りになどならずに明治を迎えた。このことが偉いのだ。

「第6章」の吉田祐二君も勝海舟を論じて、最後は幕臣のトップにまでなった彼が、「幕府の墓《はか》堀人《ほりにん》（グレイブ・ディガー）」になったことを鋭く描いている。前記の者たちの論述を最後に補強する筆致である。

「第7章」の古村治彦君は、なぜ大隈重信《おおくましげのぶ》が、薩長土肥（西南雄藩）の肥前《ひぜん》（佐賀、鍋島氏）の藩士から、明治新政府の最高実力者にまで成れたのか、の、その秘密を見事に解明した。それは大隈がフルベッキやヘボンの通訳の任務を果たすことで、新国家建設のマスタープラン作りで枢要な立場を占めたからであった。この謎解きは大隈重信研究で今後、大きな業績となるだろう。

これらの文は、人様に買って読んでいただけるだけの優れた内容である。そのように私が太鼓判を押す。私にとって、能力のある若者たちをひとりでも多く物書き、言論人として世に出すことが何よりも重要なことである。怒鳴り散らしながらでも人を育てることこそが人間が本当にやるべきことだと思う。
この本には本当にびっくりする重要なことが幕末に起きていたことがたくさん書かれている。

2016年8月

副島隆彦

もくじ（*Contents*）

（まえがき）天才級の頭脳が集まった「蕃書調所」（副島隆彦）……3

（第1章）「尊王攘夷」から「開国和親」へ――その歴史の秘密（石井利明）

幕末明治史の秘密を解き明かす……24
徳川幕府の正統思想は「開国和親」だった……25
「反徳川」思想としての尊王攘夷……28
外国恐怖症と開国和親の苦渋……31
熊沢蕃山とキリスト教……33
キリスト教と外国貿易……38
蘭癖と大名たちの密貿易ネットワーク……41
勝海舟は蘭癖発祥の洋学ネットワーク＝開国勢力に育てられた……47
外国人お雇い教師たちの共通項……50
日本の悲劇はやはり、明治維新から始まった……54

第2章 明治の国家運営を担った旧幕臣の数学者たち（六城雅敦）

「西洋神術」としての江戸時代の数学……62
「数」に目覚めて世界の広さを知る……63
江戸時代は武士も庶民も計算に熱中した……65
そろばんが普及したのは江戸時代中期以降……66
割り算ができることが幕藩エリートの入口であった……68
武士に必要な素養は「六芸」、特に「数」であった……69
秘密裏に匿われていた宣教師がもたらした「数学」……70
隠れキリシタンの「算聖」関孝和と弟子の建部賢弘……71
鎖国下でも続いていた西洋神術への信仰と信頼……77
暦の発布は国家の実権を知らしめること……79
数学を愛した大坂の豪商たち……82
蘭学とは当時の「ヨーロッパ最先端の神学」である……84

蕃所調所の教授はわずか9歳……85
坂本龍馬は土佐藩主の命で軍艦操練所に派遣されていた……87
公文書から龍馬の記述を抹消した土佐藩……90
真実を語らずに世を去った大久保一翁と勝海舟……91
近代学問を習得した幕臣たち……92
適塾と蕃書調所で学んだ数学者・大村益次郎……93
蕃書調所のその後……97
榎本武揚が開陽丸で運び出したのは幕府の数学蔵書……99
天才を生み出せない官僚機構への失望……100

第3章 蕃書調所の前身・蕃書和解御用《ばんしょわげごよう》と初期蘭学者たち（田中進二郎）

朝廷の権威に従っていた幕府の天文方……106
初期蘭学者たちと隠れキリシタン大名……108
フリーメイソンの儀式だった「オランダ正月」……111
蕃書調所の前身・蕃書和解御用に集められた初期蘭学者たち……114

高級スパイ・シーボルトと浮世絵師・葛飾北斎の知られざる関係……120
蛮社の獄で刑死した初期蘭学者・小関三英、渡辺崋山、高野長英……124
蕃書和解御用の翻訳事業の歴史的な意義……130
陽明学＝中国化したキリスト教を私塾で教えた佐藤一斎、安積艮斎……132
中江藤樹から佐藤一斎にいたる陽明学＝キリスト教のネットワーク……135

第4章 幕末の科学研究所・蕃書調所で起きていた権力闘争（津谷侑太）

幕末の幕臣たちは本当に無能だったのか……144
昌平坂学問所ではどんな講義がなされていたのか……148
幕臣の強権リーダー・川路聖謨の登場……153
天才国家戦略家・古賀謹一郎……159
福沢諭吉と科学の意外な関係……163
薩英戦争で謀略機関と化した蕃書調所……165
福沢諭吉を広告塔として売り出した桂川家サロン……170
福沢の〝意図的誤訳〟とシーボルトの奸計……178

第5章 「二《に》尺《しゃく》三《さん》寸《ずん》が武士の刀」――幕末の剣術道場（副島隆彦＋古本肇）

明治の元勲たちは江戸の剣術道場で何をしていたのか……190
蕃書調所を中心とした情報ネットワーク……192
西郷隆盛と新政府の微妙な乖離……197
男谷信友こそが幕末剣術家の最重要人物……199
あの新撰組も輩出した千葉周作道場……204
渋沢栄一のビジネス感覚を磨いた玄武館……207
「幕臣は愚かだった」は捏造された歴史観……210
司馬遼太郎『竜馬がゆく』には種本が存在した……214
武士はなぜ「二本差し」だったのか……218
剣豪・宮本武蔵の真の姿を探る……225
「手のうちを見せる」「しのぎを削る」の意味すること……232
幕末の国際情勢が剣術道場の隆盛を呼んだ……236
勝海舟の正体は薩長とつながった二重スパイ……242
稲田朋美説「旧陸軍・百人斬りは不可能」を検証する……248

〈第6章〉東京大学の原型「蕃書調所」をつくった勝海舟〈吉田祐二〉

幕藩体制の墓堀人……256
希薄だった幕府への忠誠心……258
献策を受け入れられた〝生き方上手〟の幕臣たち……262
長崎伝習所での勝海舟……264
世界覇権国イギリスの命令で果たした「江戸無血開城」……268
幕府の軍事機密をスパイ同然に情報提供……272
勝の本性を見抜いていた福沢諭吉の慧眼……276

〈第7章〉大隈重信の旧幕府と新政府反主流派にまたがる人脈〈古村治彦〉

「お金と人事」で権力を掌握した元勲……282
長崎——大隈重信の基礎を築いた街……286

大隈の資金力、その源泉を探る……294
東京築地にあった大隈屋敷、通称「築地梁山泊」……297
近代化を推進した幕臣・小栗忠順との奇縁……298
三菱・三井両財閥との深い繋がり……303
梁山泊以来の盟友・五代友厚と日本の貨幣制度を作る……307
大隈が活用したのは幕臣・小栗忠順の〝大いなる遺産〟……312
大隈重信年表……311

〈執筆者略歴〉……316

〈装幀〉……フロッグキングスタジオ
〈本文写真〉……六城雅敦／ウィキコモンズ

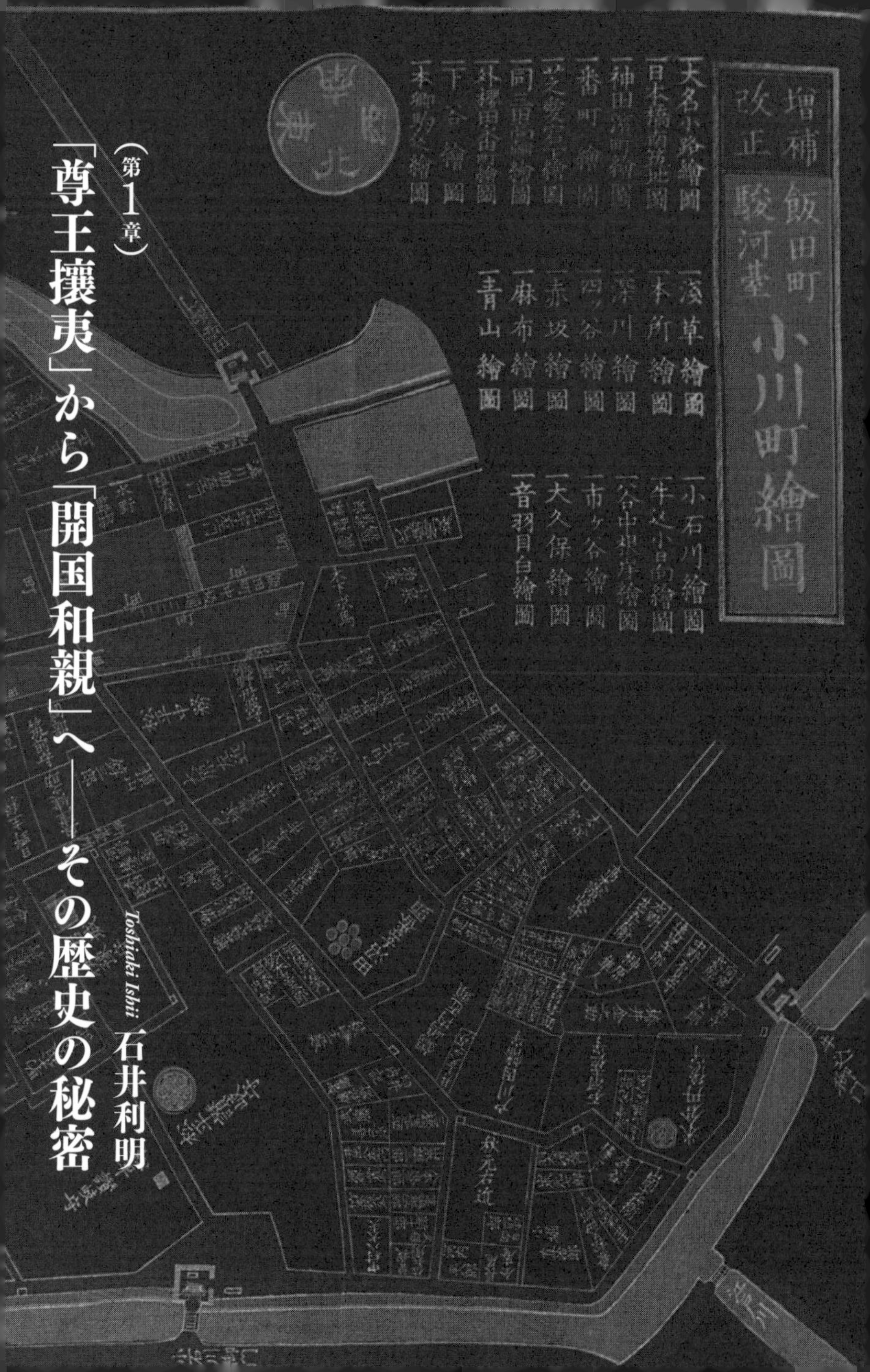

〈第1章〉

「尊王攘夷」から「開国和親」へ——その歴史の秘密

Toshiaki Ishii
石井利明

幕末明治史の秘密を解き明かす

幕末に起こった政治思想に「尊王攘夷《そんのうじょうい》」があった。このことは歴史教科書にも載っていて、広く知られている。

しかし、尊王と攘夷は、始めから一体のものではなかった。どのように一体化したかは教科書には載っていない。

それは、幕末の尊王攘夷運動の流れが実に複雑だからだ。巧妙に隠されているとも言える。西洋列強諸国と和親条約《フレンドシップ・トリーティ》を締結する前までの大きな構図は、「開国」を主張する徳川幕府や薩摩藩と、あくまで「攘夷」の維持を主張する長州藩の対立であった。

始めは別々であった尊王と攘夷は、どのように一体化し、倒幕運動（徳川幕府体制を武力で倒す）を支える政治思想へと転化したのだろうか。

始めに尊王論とは何か、を考えてみる。

尊王論の定義を、『ブリタニカ国際大百科事典』から引用する。

天孫降臨の神国思想に基づき皇室を政治的権威の源泉として尊崇すべきであると説く思想で、一般には江戸時代末期に高まったものをさす。江戸時代では、支配的な儒教イデオロギーに対して日本独自の伝統的価値を至上とする国学者が、封建体制に対するアンチテーゼを主張し続けた。

一方、攘夷論は、平凡社刊の『世界大百科事典』では以下のように定義されている。

攘夷論は、江戸時代後葉の日本において、西洋諸国の接近に対応して海防論の一環として生まれ、展開した排外思想である。

幕末に日本を揺るがせた尊王攘夷は、明治維新が成功すると瞬く間に消滅し、開国和親となった。尊王攘夷の発生と消滅の二つの事象に注意を向けない人たちが多いことに、私は納得がいかない。

幕末明治の歴史の秘密は、この二つの大転換にある。

これから、この二つの大転換を大きく解き明かしていく。

徳川幕府の正統思想は「開国和親」だった

幕府の開国和親の政策は、ペリー来航（１８５３年）よりも半世紀も前に遡《さかのぼ》れる。

二代にわたり昌平黌《しょうへいこう》（昌平坂学問所）の筆頭の教授を務めた幕府屈指の知識人、古賀精里《こがせいり》と息子の侗庵《とうあん》は、幕府の中枢にあって開国を論じた。古賀父子は、鎖国をやめ諸外国と交渉する外交の必要性について大胆に論じていた。

この開国和親の政策の内容は、梅澤秀夫・清泉女子大教授が、著書『早すぎた幕府御儒者の外交論　古賀精里・侗庵』（出門堂、２００８年）に書いている。古賀父子が文化６（１８０９）年に書き上げた『極論時事封事』の中の海防論とは、以下のようなものだった。

〔海防論の〕最後の章では、結論として戦争か平和かを論じている。精里・侗庵は結論として和親を唱える。しかし、いつの時代でもそうだが、勇ましく主戦論を唱えるのは支持を得やすいが、〔武力の圧倒的格差という〕現実を踏まえて和親を唱えるのは却って勇気が必要である。十分説得力のある論理を用意しなければならない。侗庵は、こうした議論では常に引き合いに出される二つの例を挙げて、和親が含む危険性をあらかじめ警告している。〔中略〕

敗北した側は、和親によって問題を先送りして何も対策を立てなかったのだが、勝利した側は和親によって時間を稼ぎ、自国を強化して有利な状況を作り出していったともいえる。日本が和親を取るのは、後者のつもりでやらなければならないというのである。

（梅澤秀夫『早すぎた幕府御儒者の外交論　古賀精里・侗庵』１００ページ、カッコ内は引用者註）

なぜ、古賀父子のような結論になるのか。

まず、時代背景を考えてみよう。

天明3（1783）年、長野と群馬の県境にある浅間山の大噴火が起きた。この火山の大噴火に端を発した「天明の大飢饉」（1783〜1788年）は、全国で推定2万人の餓死者を出した。飢饉は関東から東北一帯に広がった。その結果、農村部から逃げ出した農民が都市部へ流入し治安が悪化した。4年後の天明7（1787）年には、江戸や大坂で米屋への打ちこわし（民衆暴動）が起こった。この打ちこわしの波は、その後全国各地へと広がった。いわゆる「天明の打ちこわし」である。

大きな社会不安があった。

加えて、この社会不安の遥か前から、幕府には財政逼迫《ひっぱく》が起きていた。ヨーロッパ列強《パウアズ》に対する主戦論のための武力強化にはお金が掛かる。お金を中心に考えれば、歴史のウソに騙《だま》されない。

幕府の財政は、四代将軍・家綱《いえつな》の治世の末期（1670年代）までに余剰金を使い果たした。超非常時用に江戸城に蓄えられていた金銀分銅《ふんどう》まで、大きく使い込まれる状態になっていた。

徳川氏を再興した八代将軍・吉宗《よしむね》の時代（1716〜1745年）には、旗本の給与遅配という、ギリギリの線まで追い込まれてしまった。将軍吉宗が、この危機に対して採った方策は、年貢の引き上げと新田開発であった。天領（幕府の直轄地）だけでなく三百諸藩にも、これを奨励した。百姓たちは、年貢の引き上げに反発して一揆を起こした。それまであまり見られなかった、天領における一揆までが続発した。これが享保年間（１７１６～１７４０年）の特徴である。

この吉宗時代、享保の改革の断行による強い締め付け（強権発動）に対して起きた幕政批判に続くものが「尊王論」の出現であった。

尊王論は、吉宗の死（１７５１年）後、ますます高まり、反《はん》徳川の尊王論者が弾圧された宝暦事件（宝暦８＝１７５８年）と明和事件（明和４＝１７６７年）が立て続けに起こった。

宝暦事件とは、山崎闇斎《やまさきあんさい》の学説を奉じる竹内式部《たけうちのしきぶ》が幕府の専制と摂関家の朝廷支配に憤慨して起こした事件である。

明和事件は宝暦事件に連座した者たち（竹内式部、藤井右門、山県大弐《やかがただいに》）が、江戸攻略を計画した事件であった。

尊王論とは、定義にあるように、反徳川幕府のことなのだ。

「反徳川」思想としての尊王攘夷

天明の大飢饉の少し前、１７７８年には、ロシア船が蝦夷地《えぞち》（北海道）に現れて通商を求めてきた。ロシアに対する北方領土の海防の問題が起きていた。

これを契機に「攘夷論」が起きた。これも『世界大百科事典』に書いてあるとおりだ。国内外で問題が山積だった。これが、古賀父子が「海防論」を書いた時代背景だった。しかしこれらの問題を享保の改革のような国内開発で解消することはできなかった。国内には開発の余地が無かった。幕府は、二進《にっち》も三進《さっち》も、行かなくなった。

この危機を乗り切るには、海防に付随した未開の地である蝦夷地の開発と、諸外国と貿易を行い収入を増やす以外に道は無かった。この政策を実行したのが田沼意次《たぬまおきつぐ》と意知《おきとも》父子の田沼時代（1767〜1786年）であった。

田沼時代については、これ以上は論じない。詳しく知りたい方は、『開国前夜　田沼時代の輝き』（鈴木由紀子著、新潮新書）や『田沼意次の時代』（大石慎三郎著、岩波現代文庫）などをお読みください。

この田沼時代は息子の意知《おきとも》の暗殺と、続く、意次の罷免により終わった。時代は、老中松平定信の寛政《かんせい》の改革（1787〜1793年）で、緊縮財政の息苦しい世の中になった。ガラリと変わって、緊縮財政にしたところで、お金が出てくるわけではない。これは、今の世界の状況と、全く一緒だ。

寛政の改革は思想弾圧を伴った。寛政2（1790）年に始まった、いわゆる「寛政異学《かんせいいがく》の禁《きん》」である。

寛政異学の禁によって幕府の教育政策として朱子学が奨励された。

朱子学とは、朱熹《しゅし》（１１３０〜１２００）が晩年に力を入れていた「礼《れい》」学を重視する学問であった。「礼」とは、民衆は国家の社会的な秩序構築を担うエリート階級（君子《くんし》）に従うことである。幕府は自分たちの権威に服従しない者たちは許さないという姿勢で、グイグイと世の中の引き締めに掛かった。礼は、儒学を体制維持の道具にした。この朱子学を教えるために建てられたのが昌平黌（昌平坂学問所）である。

開国和親を論じた古賀父子は、「朱子学以外は教えてはならぬ」として作られた、昌平黌の筆頭の教授であった。にもかかわらず、堂々と、否定すべきはずの開国和親の説を唱えている。

田沼時代の政策は、古賀家を頂点とする体制の中枢では生き残っていた。冷静で合理的な見方をすれば、開国和親以外に採る手段はなかった。だから、開国和親の方が正統思想であり、尊王論とセットの過激な攘夷論（諸外国とは一切交渉せず、無条件に打ち払う）はそれへのアンチテーゼであった。これが本当の関係だ。

古賀父子をはじめとする昌平黌の教授を務めた儒者たちは、秘かに、朱子学を軽蔑し、嫌っていた。

私にもその気持ちは分かる。思想、学問は、体制維持の道具ではない。

では、昌平黌の儒者たちが信じていたのは何だったのか。

それは陽明学であった。

陽明学とは、中国の明代《みんだい》（1368～1644年）に、王陽明《おうようめい》（1472～1529）という人が興した儒教の一派である。初期儒家の孟子《もうし》（紀元前372～289）の性善説の系譜に連なる。

この陽明学という呼び名は日本で明治以降に広まったもので、それ以前は王学と呼ばれていた。王陽明が開いたとされる学問だからだ。日本の陽明学には「〝物を正し〟、それを実践する」という側面が強く表れている。現実には問題が山積みなのだから、物を正すという陽明学の性格から体制儒学（朱子学）を否定せざるを得ない。

陽明学は、その本心が反徳川である尊王攘夷の思想に繋がっていった。「反徳川」（回天《かいてん》）などと一言でも言ったなら、直ちに捕まって処刑された時代に、である。

このことを今の私たちが分からなくなっている。

外国恐怖症と開国和親の苦渋

昌平黌の教授を務めた儒学者たちは、この陽明学を学問所の側《そば》で、夜な夜な教えていた。彼らは、夜になると各々の塾で反徳川の思想を教えていた。このことが実に重要だ。

まずは、その実態を、副島隆彦著『日本の歴史を貫く柱』（PHP文庫、2014年）から引用する。

昌平坂学問所で正規の教授職だった古賀精里《こがせいり》や尾藤二洲《びとうじしゅう》や柴田栗山《しばたりつざん》たちは、昼間は朱子学を（昌平黌《しょうへいこう》で）講義しながら、ところが腹の底（本心）では朱子学を軽蔑していた。頼《らい》山陽《さんよう》のお父さんの頼春水《らいしゅんすい》もそうだ。彼らは徳川幕府の体制派の中で中心的な学者だった。それなのにどんどん反徳川になっている。〔中略〕

ところが、おかしなことに、彼らは、今でいえば東大法学部の教授のような人たちなのだが、夜になると顔（つき）が変わったようになって、夜の塾を開いて、そこで朱子学の悪口を言ってボロクソにけなしていたらしい。これを「日朱夜王《にっしゅやおう》」という。日（昼間）は朱子学を唱え、夜には王陽明の唱えた陽明学（王学）を信奉した。この事実を今の私たちが知らない。

（副島隆彦『日本の歴史を貫く柱』96ページ）

このように幕末日本の学問の世界は進行した。

皆さんは、この複雑骨折したような状況を理解できるだろうか。

私はなかなか理解できない。

私が実感できるのは、昌平黌の教授たちは、腹の底では反徳川の攘夷を秘めた日本中心主義の陽明学を信奉《しんぽう》している。しかし、戦力や財源などの現実を前にすると攘夷は実行できない。だから、彼らが選んだ開国和親は、苦渋の選択だった。それは、古賀父子の「海防論」にも滲《にじ》み出ている。

そこで私は、幕府の次世代を担う人たちが、夜な夜な学んだ陽明学を調べてみた。調べることで、幕末維新の尊王攘夷運動へと至る道筋が見えてくると考えたからだ。その過程で、日本国中で激しく沸き起こった攘夷さらには尊王攘夷という外国恐怖症（属国にさせられるという恐怖）とは何物だったのかも見えてくるはずだ。

熊沢蕃山とキリスト教

日本の陽明学の始祖《しそ》は、「近江聖人《おうみせいじん》」と称えられた中江藤樹《なかえとうじゅ》である。藤樹の考えを受け継いだ弟子に熊沢蕃山《くまざわばんざん》がいる。

陽明学は、江戸時代にずっと日本国の国教の位置を占めた儒学の一派であった。中国の儒教（孔子の教え）は、日本では儒学となり、多くの儒者が生まれた。

それに対してキリスト教は、禁教令（１５８７年の豊臣秀吉によるバテレン追放令以後）で厳しく取り締まられていたことは誰もが知っている。この人助け、博愛、人類愛の御禁制のキリスト教と、儒教の一派である陽明学は、どうも、非常に類似する面が多くある。しかも、このことに江戸時代の人々が気づいていたことについては、あまり知られていない。

この陽明学とキリスト教の類似点、親和性に気づいたのは、日本朱子学の開祖、林羅山《はやしらざん》であった。羅山は陽明学を唱え始めた熊沢蕃山の学問を、邪教・キリスト教であると批判した。

「熊沢なるものは、備前羽林《びぜんうりん》の小臣也。妖術《ようじゅつ》を持って聾盲《ろうもう》を誣《し》ふ。聞く者迷いて悟らず、多く約結《けつやく》して、ようやく党与《とうよ》（仲間）為《な》すにいたる。志を同《おなじゅ》うせざる者は、晤語《ごご》（語り合う）するを肯《がえ》んぜず、大底耶蘇《たいていやそ》（キリスト教）の変法也」（『草賊《そうぞく》前記』）。また「彼（蕃山）の説の勧善多種なる、耶蘇の教ふる所と、以って異なるなきか」（『草賊後記』）。

（大橋健二著『良心と至誠の精神史　日本陽明学の近現代』126ページ）

この文を現代日本文に私が訳すと、以下のようになる。

熊沢蕃山という者は、備前岡山藩の初代藩主の池田光政《いけだみつまさ》公に仕える臣下だ。怪しげな魔術を使って、考えの足りない者たちを誤った考えに導く。蕃山の考えに導かれた者たちは間違った考えを持つようになり、その事に気づくこともない。数多くの約束をして、だんだんと仲間を増やしている。考えを同じくしない人たちとは、話もしない。蕃山の考えはキリスト教の一種である（『草賊前記』）。また、蕃山が唱える善の行いの多くは、キリスト教の唱える善の行いと、全く、変わる所が無い（一緒である）（『草賊後記』）。

熊沢蕃山は、寛永11（1634）年から池田光政に5年間仕えた後、近江国小川村（現・滋賀県高島市）で中江藤樹の門弟となった。藤樹から陽明学を学び、正保2（1645）年、光政に再び招聘《しょうへい》され藩政を指導した人物だ。

光政自身は、直接、中江藤樹から陽明学を学びたいと考えた。しかし、中江藤樹は老母の病気を理由に光政からの招聘を断った。断られても、光政の藤樹の陽明学への思いは断ちがたく、藤樹の没後は位牌を西の丸に祀《まつ》るほど尊敬したという。

蕃山が重用された理由は、ここにある。

蕃山が備前岡山で行った政策は、藩民への儒教道徳の普及から軍事力の充実、治山治水などの農業土木に至るまで、藩政全般に及んでいた。しかし、明暦3（1657）年、幕府からの監視を受け、同じく、藩内の反対派（保守派）の圧力に耐えられず、岡山藩を去らなければならなくなった。

蕃山の流浪《るろう》は京都から始まった。流浪の身であるにもかかわらず、蕃山は大名たちから愛され客分として雇われた。彼は貞享3（1686）年、幕政改革案を含む総合的防衛策（国防策）を幕府に上申した。このために古河《こが》藩（茨城県古河市。室町時代に足利将軍の有資格者が治めた都市）へ幽閉《ゆうへい》され同地で客死する。蕃山の、この上申書は、著名な「経世済民《けいせいさいみん》」（世を経《おさ》め民を済《すく》う）の書である『大学或問《だいがくわくもん》』と同じ内容であり、蕃山の経世済民思想が集約されている。「賢君による仁政」の論以下、兵備、治山治水、農兵制、貿易制限、宗教政策、文教政策論などを展開していた。

『日本人とユダヤ人』や『現人神《あらひとがみ》の創作者たち』の著者であるクリスチャンの山本七平は、林羅山が熊沢蕃山を批判したことに対して、『静かなる細き声』（PHP研究所、1992年）の中で「耶蘇《やそ》という言葉による言論封殺のレッテル貼り」だと非難している。しかし、私は、山本の説には与《くみ》しない。

なぜなら、蕃山の思想は幕末に再び脚光を浴び、藤田東湖《ふじたとうこ》や吉田松陰《よしだしょういん》といった有名な尊王攘夷論者たちが蕃山の教えに傾倒しているからだ。勝海舟《かつかいしゅう》は蕃山を評して「儒服を着た英雄」とさえ述べている。明治政府は、林羅山が熊沢蕃山を批判したことに対し、明治43（1910）年に、江戸時代の学問を興隆させた功績として、死後200年も経っているのに、熊沢蕃山に正四位を与えている。

やはり、単なるレッテル貼りのレベルではない。

陽明学が「尊王」と「攘夷」を結び付けた。しかも、その陽明学はキリスト教と親和性があった。ここに何かがあると思う。

蕃山の師であり日本陽明学の開祖である中江藤樹は、どうやらキリシタンであった、という説を、桜美林学園の創設者の清水安三が著書『中江藤樹』（東出版、1967年）で書いている。この事実も私は重視する。

日本独自の伝統的価値観を至上とする国学者たちの系統に位置する陽明学には、西洋思想の

その学問が「邪教・キリスト教である」と林羅山に批判された熊沢蕃山

どうやらキリシタンであった陽明学の始祖、「近江聖人」と称えられる中江藤樹

土台となるキリスト教と親和性を持つルーツが入っていた。

私は、田沼時代に頓挫した開国和親の勢力が、その本当の目的である開国和親を隠し、尊王の旗の下に攘夷の長州と同盟を結んだことが尊王攘夷運動（＝薩長同盟）の本質であったと考える。

この薩長同盟を考える前に、西洋諸国と日本の関係について、もう少し、歴史を遡ってみよう。日本と西洋との関係は、キリスト教抜きでは分からない。

キリスト教と外国貿易

キリスト教伝来は中江藤樹の生まれる50年前の1549年で、ザビエルが鹿児島にやって来て領主島津《しまづ》貴久《たかひさ》と会見し、布教の自由を与えられた。しかし、その自由も1587年の豊臣秀吉によるバテレン（ポルトガル語で「神父《パードレ》」の意味）追放令によって失われた。

追放令の原因として有力な説が二つある。一つは、ポルトガル人が日本人を奴隷として売買していたのをやめさせるため、である。もう一つは、キリシタンによる神道・仏教への迫害を好まなかったため、である。

秀吉が、いくら貿易だけをやりたい、巨大な利益を生む貿易だけをやりたいと願ってもダメだった。バテレンたちが貿易船に隠れて次々と乗り込んできた。バテレン追放令までの、わずか40年間に、40万から50万もの人々がキリスト教に改宗した。

当時、日本の人口は1000万人に届かなかった時だから、人口の4～5%がキリスト教徒になったことになる。爆発的勢いで増え、深く浸透したといえる。信者になったのは、主に、商人や武士階級の豊かな層の人たちだった。そのため、バテレンを追放するだけでは済まなくなった。

1596年に秀吉は、再び、禁教令を出した。この時に京都で活動していたフランシスコ会(一部イエズス会)の教徒たちを捕らえて処刑した(「日本二十六聖人」)。ザビエルが1549年に鹿児島(薩摩)にやって来て、イエズス会が日本で活動し始めて50年も経っていない。

秀吉から家康の時代になると、再び、キリスト教に寛容になった。

家康も巨万の富を生む貿易がしたかった。

初め、江戸幕府はキリスト教に対して弾圧と呼べるような政策はとっていなかった。1602年にはバテレンたちが来日して日本に本格的な布教をし始めていた。1596年に秀吉の弾圧を受けたフランシスコ会も、1603年に代表ルイス・ソテロが徳川家康や秀忠と面会し、東北地方への布教を行っている。

しかし、幕府の支配体制に組み込まれることを拒否し、かつ活動は活発化していったキリスト教に対して幕府は次第に態度を硬化させていった。

江戸幕府は慶長17(1612)年に、江戸・京都・駿府を始めとする直轄地に対して教会の破壊と布教の禁止を命じる禁教令を布告した。これが江戸幕府による最初の公式なキリスト教禁止の法令であった。この禁教令の動きは、キリスト教たちに対する厳罰化とともに、翌年の慶長18（1613）年に日本全国へ適用された。

この後に、キリスト教徒たちの大規模な反乱が起きる。その最大のものが寛永14（1637）年に起きた「島原の乱」だ。このキリスト教徒たちの反乱に幕府は驚愕《きょうがく》した。同年には、琉球経由で密入国を企てていたドミニコ会の宣教師ら4人が長崎で処刑されている。この時期にも宣教師の潜入・潜伏はやはり続いた。バテレンたちは、どうしても、貿易船の中に紛れて日本に入ってきてしまう。

鎖国以外に、キリスト教を根絶する手段はなかった。この政策は、貿易利益を失う大きな代償を払う。それでも幕府は、この政策を断行した。それほどまでにキリスト教は江戸初期の日本社会に浸透していたのだ。鎖国の完成は、嘉永18（1641）年にオランダ人を長崎出島へ移すまでの長い時間がかかった。

鎖国の完成により、日本に平和が訪れた。しかし、日本国内だけで経済（蕃山《ばんざん》の経世済民《けいせいさいみん》、世を経《おさ》め民を済《すく》う）を完結するには無理があった。諸外国から物資が入ってこなかったら、日本は経済発展できない。つまり、鎖国政策を続けていくと、徳川幕府を含め日本中が貧乏にならざるを得ない。そして、実際、貧乏になった。

〈蘭癖と大名たちの密貿易ネットワーク〉

皆さんは蘭癖《らんぺき》という言葉を知っているだろうか。

蘭癖とは、江戸時代に蘭学に傾倒して、オランダ式（あるいは西洋式）の文化習俗を憧憬《しょうけい》し模倣《もほう》したりした人々を指した呼び名である。「和蘭癖《オランダくせ》」の略だ。

鎖国の完成から100年、徳川吉宗の享保の改革（1716~1745年）により洋書輸入が一部解禁された。この江戸中期以降、蘭学研究が盛んになった。そのため、学問的な関心だけではなく、生活様式や風俗、身なりに至るまで、オランダ流（洋式）に憧れて真似をする人たちが現れた。その中の多くの人たちは、蘭語の西洋名まで持っていた。この流行は、長崎出島のオランダ商館長一行の江戸参府に関係している。

彼ら蘭癖の人たちは、太陽暦（グレゴリオ暦）による正月元日を「オランダ正月」として祝った。特に有名なのは、大槻玄沢《おおつきげんたく》（『解体新書』を翻訳した杉田玄白《すぎたげんぱく》、前野良沢《まえのりょうたく》の弟子の蘭学者）が、江戸参府で来たオランダ商館長のヘイスベルト・ヘンミー（Gijsbert Hemmij）と初めて会った寛政6（1794）年に開いたものだ。この年の閏《うるう》11月11日が、太陽暦（西洋暦）で1795年1月1日に当たったので、大槻玄沢は自宅の塾、芝蘭堂《しらんどう》（現在の東京都中央区八丁堀にあった）に、多くの蘭学者やオランダ風物の愛好家を招いて、新元会（元日の祝宴）を催した。

蘭癖は大名たちにも広く浸透していた。当然、莫大な利益をもたらす密貿易も絡んでいたと考えるのが自然だろう。

このオランダ商館長のヘイスベルト・ヘンミーは長崎からの二度目の江戸出府（寛政10＝1798年）の帰路、薩摩藩主の島津重豪《しげひで》に駿府（静岡県）の掛川《かけがわ》で会った。彼はこの直後、急死している。その死に方があまりに異常であったため、薩摩藩が行っていた密貿易発覚を恐れた重豪に毒殺された、という説が有力である。

事実として押さえておきたい点は、時の十一代将軍・徳川家斉《いえなり》の岳父《がくふ》（妻の父。大名の、それも外様大名の娘が将軍家の正室になるなどという前例は無かった）である薩摩藩主の島津重豪はオランダと密貿易をしていた。その疑いが濃厚であったことだ。

この辺りのことは、本稿の主題ではないので、私はこれ以上は書かない。興味のある方は、秦新二著『文政十一年のスパイ合戦』（文春文庫、1996年）をお読みください。

オランダ正月に話を戻す。

大槻玄沢が催した、この西洋式パーティには、ロシアへ漂流してロシア帝国の帝都サンクトペテルブルクで女帝エカテリーナ二世に謁見《えっけん》して、漂流から20年ぶりに帰国していた大黒屋光《だいこくやこう》太夫《だゆう》がいた。

次ページの絵が、この時のオランダ正月を描いたものだ。

「芝蘭堂新元会図」に描かれたオランダ正月の様子。西洋の先端学問や技術、情報を学んだ知識人たちが堂々と集会を開いていた

前ページの絵にはいろいろなものが描かれている。

床の間にはイッカク（イッカククジラ）が描かれた掛け軸がみえる。

落花生（ピーナッツ）をつまみにワインを飲んでいる。

ロシア文字を書く大国屋光太夫が見える。

掛け軸の左の肖像画はデカルトだという説が有力である。


ここで私が言いたいことは、鎖国体制にも拘らず、将軍のお膝元《ひざもと》の江戸市中で西洋の先端学問や技術、情報を学んだ知識人たちが堂々と集会を開いていた、という事実だ。この事実を重く受け止めなければいけない。

そして、この「蘭癖」の中心に居たのが十一代将軍家斉《いえなり》の岳父、薩摩藩主の島津重豪《しげひで》だった。

以下が、著名な蘭癖大名たちの一覧である。

●細川重賢《しげかた》（1721～1785）熊本藩主
●島津重豪《しげひで》（1745～1833）薩摩藩主
●佐竹義敦《よしあつ》（1748～1785）久保田（秋田県）藩主
●朽木《くつき》昌綱《まさつな》（1750～1802）福知山（京都府福知山市）藩主
●松浦静山《まつらせいざん》（1760～1841）平戸（長崎県平戸市）藩主

●奥平昌高《おくだいらまさたか》（1781〜1855）中津（大分県中津市）藩主、島津重豪の次男。オランダ名フレデリック・ヘンドリック
●黒田斉清《なりきよ》（1795〜1851）福岡藩主
●黒田長溥《ながひろ》（1811〜1887）福岡藩主、島津重豪の九男、黒田斉清の養子
●島津斉彬《なりあきら》（1809〜1868）薩摩藩主、島津重豪の曾孫《ひまご》
●堀田正睦《まさよし》（1810〜1864）老中・佐倉（千葉県佐倉市）藩主
●鍋島直正《なおまさ》（1815〜1871）佐賀藩主
●伊達宗城《だてむねなり》（1818〜1892）四国宇和島（愛媛県）藩主

薩摩の島津一族の系統が、いかに蘭癖で有名で、ネットワークが広かったかが一目瞭然だ。島津一族はなぜ、事実上、密貿易を黙認され、その上、将軍・家斉の岳父という地位を手に入れることができたのか。

それは、国内外の危機を乗り越えるため、幕府中枢と薩摩が開国和親の政策で一致していたからだろう。私には、それ以外の理由が、思いつかない。

この幕府と薩摩の関係は、薩摩と長州が慶応2年1月21日（西暦1866年3月7日）に薩長同盟を結ぶまで続いた。この日に、尊王攘夷の倒幕勢力の結集が実現した。巷間の歴史書では、この薩長同盟は、土佐の坂本龍馬と中岡慎太郎が斡旋《あっせん》したことになっている。

ところが、勝海舟が、龍馬と薩摩藩内部の両方から、この薩長同盟締結の過程の報告を逐次受けていた。だから、幕府の一部は知っていたし、黙認もしていた。もちろん、彼らは、その結果起こる、幕府崩壊も予期していただろう。

薩長同盟締結から僅か10日後の慶応2（1866）年2月1日、勝海舟の日記に以下のように記されている。

聞く。薩、長と結びたりと云う事、実成るか。……又聞く、坂龍、今、長に行きて是等の扱いを成すかと。左《さ》もこれあるべくと思わる……

（勝海舟、勝部真長編『氷川清話』317ページ）

勝を含めた、幕府内に居る西南雄藩による開国和親の実現を望む者たちは、薩長同盟の締結を喜んでいた。

この幕府、薩摩長州の双方の背後には、イギリスがいた。

イギリス帝国は、当時、中央アジアの覇権をめぐってロシア帝国と争いの真っ最中であった。この両国の争いはグレート・ゲーム（The Great Game）と呼ばれる。このことについては、これ以上触れない。詳しく知りたい方は、副島隆彦著『改訂版　属国日本論』（五月書房、2005年）をお読みください。

幕府期の薩摩長州による開国和親を目的にした尊王攘夷（出来もしないのにスローガンだけ攘夷を掲げた）の実務担当者は勝海舟であった、と私は考える。

勝海舟とは何者なのだろうか。

勝海舟は蘭癖発祥の洋学ネットワーク＝開国勢力に育てられた

士分《しぶん》ではあったものの微禄《びろく》だった勝海舟（直参《じきさん》旗本株を買って、なった）に蘭学への道を開いたのは、北海道・箱館の大商人の渋田利右衛門《しぶたりえもん》との出会いであった。

渋田と勝が出会ったのは、勝が長崎伝習所に赴く前、すなわち安政２（１８５５）年よりも前だった。このことは『氷川清話』に詳しく書いてある。

二、三日すると、渋田は自分でおれの家にやって来た。その頃のおれの貧乏さといったら非常なもので畳といえば破れたのが三枚ばかりしかないし、天井といえばみんな薪にたいてしまって板一枚も残っていなかったのだけれども、渋田はべつだん気にもかけずに落ちついて話をして、かれこれするうちに昼になったから、おれがそばをおごったら、それも快く食って、そしていよいよ帰りがけになって、懐から二百両の金を出して「これはわずかだが書物でも買ってくれ」といった。

あまりのことにおれは返事もしないで見ていたら、渋田は「いや、そんなにご遠慮なさるな。こればかりの金はあなたに差し上げなくても、じきに訳もなく使ってしまうのだから、それよりは、これであなたが珍しい書物を買ってお読みになり、そのあとを私に送ってくだされば何より結構だ」といって、強いて置いて帰ってしまった。

（『氷川清話』18ページ）

渋田は町人ではあるが、本を読むことが好きで好きでしょうがない、無類の学問好きであった。このような町民、農民で、ずば抜けた頭脳を持つ人々を草莽《そうもう》（惣庄屋《そうしょうや》階級）という。草莽や壮士（惣士）は武士ではない。

1854年3月に日米和親条約で、下田と箱館が開港された。すると、即座に外国船が、どんどん入って来た。その際に通訳として箱館奉行所から呼び出されたのが渋田利右衛門であった。渋田は英語が出来たのだ。

勝が受け取った当時の200両を大工の手間賃を基に計算してみる。日本銀行の博物館の資料に、18世紀後半の江戸時代、「1両で1日に大工を23人雇えた」という資料がある。大工の日当を現在の約1万6000円で計算すると、200両は7000万円以上になる。こんな大金をポンと置いていった渋田は、自分の死の間際に数名の有力者を勝に紹介している。

一人は、神戸で「菊正宗」という銘酒の酒蔵を代々営んできた豪商の嘉納治郎右衛門《かのうじろうえもん》。もう一人は、伊勢の医者、竹川彦三郎竹斎《たけかわひこさぶろうちくさい》。

そして、幕末の開国論者として有名な銚子の醤油王（ヤマサ醤油）の浜口儀兵衛《はまぐちぎへえ》である。浜口は見込まれて、その後、紀州藩の勘定方や権大参事《ごんのだいさんじ》に任じられている。

いずれも当時の大富豪たちである。

私は、日本酒や醤油の歴史を調べてみて驚いた。

日本酒や醤油は江戸時代の重要な輸出品だったのだ。

日本酒の輸出は、16世紀末から17世紀初頭にかけての朱印船の時代にまで遡る。

とくにオランダ東インド会社の根拠地であったバタヴィア（現インドネシアの首都ジャカルタの港部分）では、日本酒は定期的に入荷され、人々の暮らしの一部として欠くべからざる産品にまでなっていた。

醤油の輸出の始まりは、オランダ東インド会社長崎商館仕訳帳の記録によれば、１６４７（正保7）年とされている。それから江戸後期まで一貫して、醤油は長崎出島からの正規の輸出品である。正規の物があれば、その陰には何倍もの密貿易があったと考えてよいはずだ。

なぜなら、田中則雄著『醤油から世界を見る』（崙書房出版、１９９９年）には、19世紀の最盛期には、醤油を詰めるコンプラ瓶《びん》というガラス容器（容量約0・5リットル）が年間40万本も製造されていたと記されているからだ。これは莫大な量だ。

医学の分野では、誰もが欲しがった天然痘のワクチンなどがあったろう。
当時は、天然痘が大流行し、その度にものすごい数の人たちが死んだ。

外国人お雇い教師たちの共通項

蘭癖のネットワークは時代とともに発展し、世界最先端のイギリスの学問を中心に学ぶ洋学のネットワークに徐々に変貌していた。そして、このネットワークから知識・情報を得た者たちは、皆、大富豪になれた。

この洋学ネットワークの中心にいた人物がオランダ出身のグイド・フルベッキ（Guido Herman Fridolin Verbeck, １８３０〜１８９８）である。彼は、22歳の時アメリカ合衆国に移民し、１８５９年の30歳の時に長崎に宣教師として派遣されて活躍した蘭学及び英学の神学者、宣教師である。

フルベッキは幕末の洋学研究所であった蕃書調所《ばんしょしらべしょ》を、明治元（１８６８）年に、官立の開成学校（後の東京大学）として再興した中心人物であった。

彼が教師としてリクルートしたのは、都落ちした旧幕府方（譜代）の都市に作られた洋学校の教師（静岡に居たクラーク、福井に居たグリフィス）たちであった。

このフルベッキが中心となった洋学ネットワークには、クラークやグリフィスたちの他に、彼らの学生、生徒たちも集まった。その日本人たちの中心にいたのが勝海舟だ。勝はフルベッキやグリフィスとは長崎時代（１８５５年開設の長崎海軍伝習所）からの旧知の仲であった。開成学校で教師に就任した外国人教師たちは、キリスト教禁止の時代（１８７３年まで）にバイブルクラス（聖書研究の授業）を受け持ち、キリスト教を学生たちに伝える役割を担ったのである。

彼ら、お雇い教師（宣教師でもある）には共通点があった。

彼らは皆、オランダ改宗派《リフォームド》という、アメリカ合衆国の中でも世俗的な（同時に政治的に自由でもある）キリスト教宗派に属していた。また、クラークとグリフィスはオランダ改革派教会が創った大学であるラトガース大学の卒業生であった。フルベッキも１８７４（明治７）年にラトガース大学から神学博士の学位を授与されている。

この大学には、何と、幕末からの10年間で少なくとも40名以上の日本人が留学している。その中に、勝海舟の嫡男の勝小鹿《ころく》がいる。さらに岩倉具視《いわくらともみ》の二人の息子、具定《ともさだ》と具経《ともつね》も入っている。勝や岩倉の息子たちの留学の世話をしたのが、まさしく、フルベッキだった。

ラトガース大学には明治初期の日米交渉の不思議なルートが開かれていた。日本では、まだキリスト教の伝道者（宣教師）としての道は閉ざされていた。しかし、大学教師の道は開かれていた。

なぜ、こうした洋学ネットワークの中心に、勝海舟が存在したのか。

そのために、勝のクリスチャン説が、昔から噂されてきた。

下田ひとみ著『勝海舟とキリスト教』（作品社、２０１０年）には、勝とキリスト教について次のような記述がある。

> 勝は三十八歳のときに咸臨丸でアメリカに向かった折（１８６０＝万延元年：引用者注）には、サンフランシスコ滞在中、日曜日ごとにプロテスタントの教会に出席しているのです。（同書15ページ）
>
> 勝が長崎で出会ったクリスチャンの一人にカッテンディーケというオランダ人（引用者注：海軍士官。後のオランダの海軍大臣、外務大臣）がいます。（中略）当時の日本はキリシタン禁制で、通訳者はキリスト教のことには触れないように通訳し、またそれを見張るのが目付《めつ》けの役割でした。海舟は、このカッテンディーケという人物に魅せられ、策を用いて度々彼と二人きりになり、「通弁も目付けも無く、直接、男と男として語った」と著書で述べています。（同書16ページ）

つまり、勝は、開国を願う洋学ネットワークに連なる支援者たちから、日本の開国を実行するために育てられたのだ。この中にはクリスチャンの人たちも入っていた。勝は洗礼は受けて

洋学ネットワークの中心人物グイド・フルベッキ

オランダ改宗派教会から派遣されたお雇い外国人教師たち。左からグイド・フルベッキ（オランダ人）、サミュエル・ブラウン（米国人）、ダン・シモンズ（米国人）

はいないものの、クリスチャニティ（キリスト教、プロテスタント）と非常に近い関係にあった。

新島襄《にいじまじょう》がボストンのアメリカンボードという北米最初の海外伝道組織から派遣されて宣教師として日本に帰ってきた。そして同志社を創るため、仲間のアメリカ人たちと土地を取得しようとしている時に手助けしたのも勝だ。勝が京都府顧問になっていた山本覚馬《やまもとかくま》（福島県会津藩の上士）と交渉し、なぜか、山本が土地の権利をもっていた旧薩摩藩邸の敷地6500坪を僅か500ドルで新島に譲るように仲介した。山本覚馬は、大河ドラマ『八重の桜』のヒロイン山本（新島）八重の父親で、幕末の動乱の際には、薩摩藩に捕まっていたことになっている。話が出来すぎていると、誰でも思う。山本の一族も、開国の洋学ネットワークに属していた。つまり、薩摩に匿《かくま》われていたのだ。

日本の悲劇はやはり、明治維新から始まった

この小論で、初めに掲げた、尊王攘夷の「発生」と「消滅」の二つの転換点を詳細に順序立てて論ずることは、私には荷が重かった。

そこで、最後に、発生と消滅の経緯の枠組みを時間軸に沿って素描（要点を簡単にまとめて書くこと）する。この素描の中に、これまで、私が述べてきた事柄が、そのパーツ（部品）と

して皆様の頭に、すんなりと受け止めてもらえたら、大変嬉しい。

尊王論は、18世紀末の飢饉と徳川幕府の資金不足に端を発した社会不安から生まれた、反徳川の思想であった。

攘夷思想もほぼ同じ時期に、ロシアの南下政策による緊張から生まれた、日本を神国（神道《シントウイズム》）の国、神惟《かんながら》の国だと捉《とら》える排外思想であった。

19世紀初頭までの幕府の権力中枢は、自分たちの国家政策の中心に開国和親を据えていた。それは、武力や財力の面からの数字に基づく合理的な判断に基づいた選択だった。

しかし、一方で、この開国和親の政策を推進した幕府の中枢の人たちは、腹の底では日本を神国だとする陽明学者たちで、日本が外国の属国にされるという恐怖心を持っていた。

理想と現実は違う。

だから、言っていることとやっていることが乖離《かいり》している面があっても、それはそれで仕方がない。そのことを彼らは、正直に書いていた。ということは、当時の人々は知っていた。私は、彼らを立派な人物であったと思う。

この開国和親の政策は、その後、政権中枢で否定された。次の政権は鎖国体制の強化を行った。その結果、江戸幕府は文政８（１８２５）年に、外国船追放令である「異国船打払い令」を発した。時代は、鎖国＋攘夷体制に変わった。その目的は、幕府体制の維持であった。

時代は変わっても、蘭癖に始まった洋学のネットワークの存在は、どんどん大きく強くなっていった。

なぜなら、彼らには「富（お金）」を生み出す源泉があったからだ。彼らには、西洋諸国との物心両面の交流から生み出された、「金のなる木」があった。

「政治と経済は貸借《たいしゃく》をとりながらバランスする」の副島理論の通りである。経済を握った者たちは国を動かす政治力を必然的に持つことになる。

当時の日本は国を閉じた（鎖国下）、対外的には平和な国であって帝国ではない。だから、列強、西洋諸外国の影響を否が応でも受けざるを得なかった。

西洋列強諸国による、外側から開国を求める動きは、ますます強まった。

その結果、日米和親条約が、1854年3月31日（嘉永7年3月3日）に江戸幕府とアメリカ合衆国の間で締結された。幕府は、嫌々ながらでも「開国」せざるを得なかった。西洋諸国に通じている洋学ネットワークの人々は、事前にこの動きが分かっていた。かつ、そうなるように動いた。

開国した幕府の次の策は、開国の影響を最小限に留めて、幕府体制を維持することであった。そのために挙国一致体制を築こうとした。それが1850〜60年代に行われた公武合体体制であった。この公武合体は攘夷と一体であったが、中身は西洋諸国を武力で打ち滅ぼすという攘夷でなかった。そんなことが不可能であるのは、条約を締結した幕府は知っていた。攘夷は精神論の支柱でしかなかった。

この小さく開国して、その間に国力を高めて幕府体制を強化し維持しようとする公武合体派は、広く大きく国を開いて、積極的に貿易などを行って、自分たちの勢力、ビジネスチャンスを確保したいという国内勢力と、その勢力を支援する当時の世界覇権国《はけんこく》、大英帝国の意向には添わなかった。

攘夷の総本山である長州藩は、早くも1863年6月4日（文久3年4月18日）に、長州ファイブを大英帝国に密出国させた。

長州ファイブとは、長州藩から清国経由でヨーロッパに派遣され、主にロンドン大学ユニヴァーシティ・カレッジなどに留学した、井上聞多《ぶんた》（馨《かおる》）、遠藤謹助《きんすけ》、山尾庸三《やまおようぞう》、伊藤俊輔（博文）、野村弥吉《やきち》（井上勝《まさる》）の5名の長州藩士を指す。

一方の薩摩藩も、慶応元（1865）年に19人もの薩摩藩士を英国に密出国させた。薩摩藩第一次英国留学生たちであった。

密出国のお膳立《ぜんだ》てをしたのは、英国の政商、ジャーディン・マセソン商会であった。長州の場合は創業者ウィリアム・ジャーディンの姉の子、ウィリアム・ケズウィックであり、薩摩は日本支店の支店長の役割を担った、トーマス・グラバーであった。

この時点で、両藩には、実質的な攘夷の勢力などなくなっていた。

しかし、その後に、尊王攘夷の薩長同盟が出来た。

この同盟の裏には、大英帝国の意図を知る幕府内部の人間たちも関与していた。実行部隊を率いた勝海舟も、その一人だった。

尊王攘夷で結びついた薩長両藩、幕府勢力、そして大英帝国の共通項は、そのルーツにキリスト教という西洋文明との親和性を持つ陽明学があったと、私は考える。

日本を開国させたアメリカ合衆国も、大きくは、この勢力の一員だ。アメリカからやって来た宣教師たちは、今の東京大学で、次世代の指導者たちに教鞭《きょうべん》をとっていた。

英国もアメリカも、本当の目的は、別にあった。

大きくは、西洋列強（主に大英帝国）が自分たちのために働ける国柄に変えろ、体制変換をしろ、と日本をレジュームチェンジさせたのだ。

だから、尊王攘夷とは、体制変換を実現するための、倒幕のための手段だった。この考えは、最近では一般的になってきている。体制変換には暴力が必要である。ここで、日本を神国だと捉える幕末の尊王攘夷の考え（イデオロギー）で粉飾《ふんしょく》することが役に立った。陽明学の知行合《ちこうごう》一《いっ》を信奉する、行動する革命家たちは、その最強の実行部隊となった。

構図的には、おそらく、かつての共産主義者（コミンテルン日本支部）や、現在の中東の暴力を実行するイスラム教原理主義者たちと変わらないだろう。

これが、幕末に倒幕勢力として尊王攘夷が結実するまでの経緯だ。

だから、明治維新が成功する過程で、本物の真底からの攘夷論者、革命の志士たちは、攘夷そのものが成り立ちえない、在りえないという現実の世界の前に死んでいった。これらの勢力は1864（元治元）年に消えて、思想運動としても消滅した。

彼らに生き残られていたら困るのだ。

たった、これだけの説明だが、これ以上はない。

開国、もっと本当のことを言うと大英帝国の属国としての日本を受け入れた元攘夷論者たちだけが、明治の元勲として、永く生きながらえた人たちであった。

だから、どうしても明治日本は、大英帝国の敵対勢力であったロシア帝国、大清帝国と戦争をしなければならなくなった。

開国和親は当然の選択であった。

英国の属国としての日本の方針だって、当時の世界情勢から判断すれば、簡単に間違っているとは言えない。

しかし、この目的のために、尊王攘夷という、その思想に殉《じゅん》じた人々を打ち捨てるように死なせた。このやり方は間違っていた。

その結果、言っていることとやっていることが違う、それを確信犯として行った人間たちが日本国の国家権力を握った。

日本国の悲劇の源は明治維新にある。


（了）

■主要参考文献■

太田愛人『明治キリスト教の流域　静岡バンドと幕臣たち』築地書館、１９７９年
沼津市明治資料館編『神に仕えたサムライたち　静岡移住旧幕臣とキリスト教』１９９７年
下田ひとみ『勝海舟とキリスト教』作品社、２０１０年
クララ・ホイットニー、一又民子他訳『勝海舟の嫁　クララの明治日記』中公文庫、１９９６年
山本七平『静かなる細き声』ＰＨＰ研究所、１９９２年
大橋健二『良心と至誠の精神史　日本陽明学の近現代』勉誠出版、１９９９年
小倉紀蔵『入門朱子学と陽明学』ちくま新書、２０１２年
清水安三『中江藤樹』東出版、１９６７年
秦新二『文政十一年のスパイ合戦　検証・謎のシーボルト事件』文春文庫、１９９６年
大石慎三郎『田沼意次の時代』岩波書店、２００１年
清水由紀子『開国前夜　田沼時代の輝き』新潮新書、２０１０年
梅澤秀夫著『早すぎた幕府御儒者の外交論　古賀精里・侗庵』出門堂、２００８年
副島隆彦＋ＳＮＳＩ『フリーメイソン＝ユニテリアン教会が明治日本を動かした』成甲書房、２０１４年
副島隆彦『日本の歴史を貫く柱』ＰＨＰ文庫、２０１４年
副島隆彦『改訂版　属国日本論』五月書房、２００５年
塩崎智『アメリカ「知日派」の起源』平凡社選書、２００１年
田中則雄『醤油から世界を見る』崙書房出版、１９９９年
勝海舟、勝部真長編『氷川清話』角川文庫、１９７２年

（第2章）

明治の国家運営を担った旧幕臣の数学者たち

六城雅敦
Tsuneatsu Rokujo

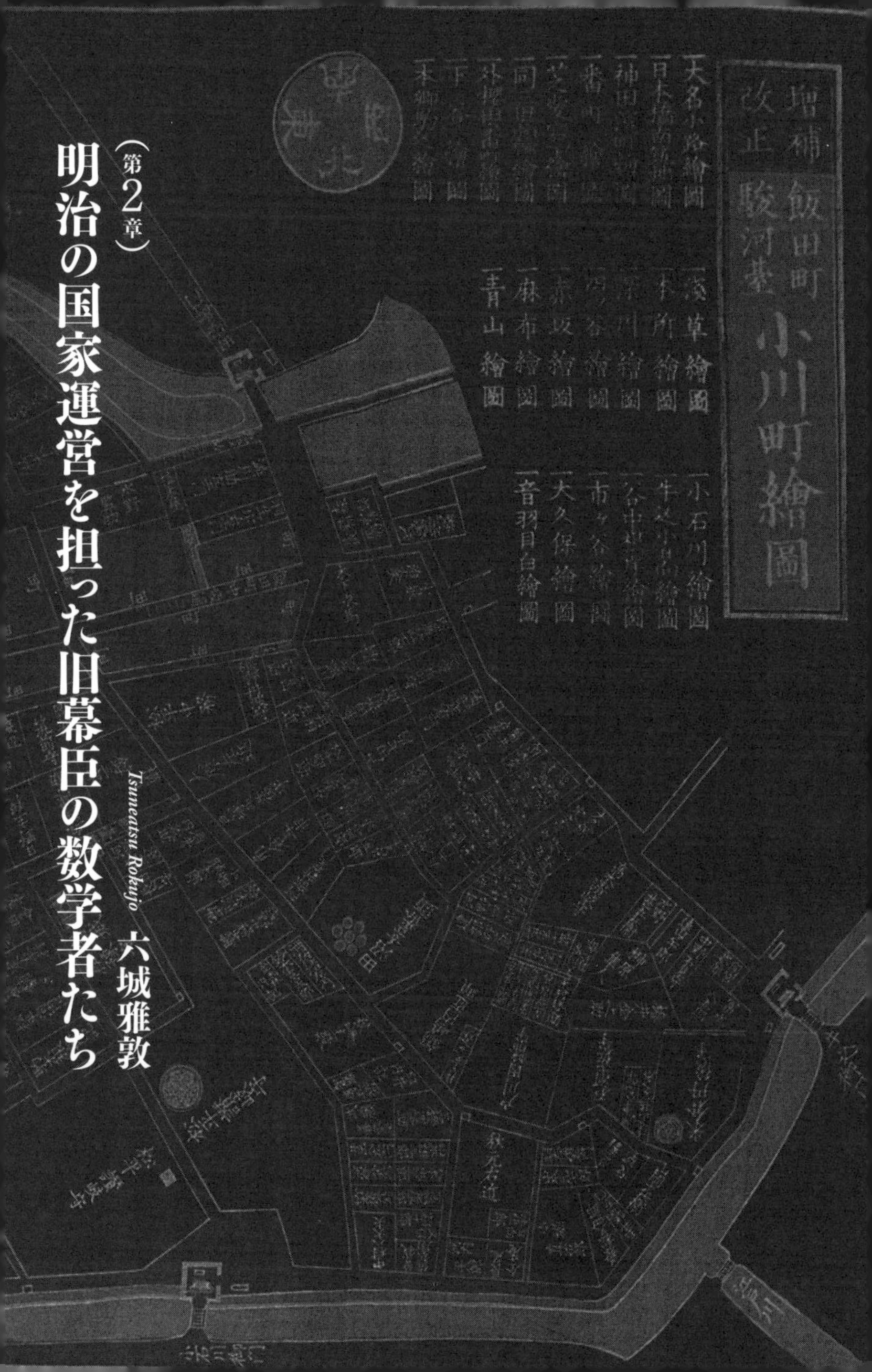

和算《わさん》（日本独自の数学）は江戸中期から急速に発達した。

当時幕府が、京都の朝廷に対抗して挑んだ暦《こよみ》づくり、即ち天体観測の発達が背景にあった。暦をつくって定めることは８００年続いてきた京都朝廷の陰陽師《おんみょうじ》の家系の利権だった。暦の制定とは「神性は誰に属するか」という権力者にとってきわめて重要な統治任務であった。

幕府が抱えた蘭学者（数学者、天文学者）たちが導入した西洋式の天文計算は、明治になってそのまま近代国家建設で活用された。１７８２（天明2）年、暦づくりのために設置された「浅草天文台」は、70年後には近代学問《サイエンス》の研究機関として「蕃書調所《ばんしょしらべしょ》」と名を変えた。ここに集まった天才たちは国家の頭脳であり続けた。本稿ではその過程を日本の数学の発達を中心に説明する。

「西洋神術」としての江戸時代の数学

明治維新は、徳川家の武家封建制と厳しい身分制度に憤った反体制勢力による天皇中心の新政府の樹立とされる。一般には、そのように広く信じられている。

幕府の瓦解のきっかけは、１８５３年のペリー提督率いる黒船が開国を求めて来航したことだとされる。

しかし、私は別の説を立てる。1603年の家康による江戸開府あたりまで遡る。キリスト教の影響が、体制側の儒学者も含めた幕府内部の知識層にまで連綿とつながり、拡がっていた。西洋の科学や思想は、徳川将軍さえも無視できなかった。

260年間戦乱がなかった江戸時代には、水路や灌漑といった土木技術能力を持つ者、また藩士はお金や米（石高《こくだか》）の計算が出来る者（御算用者《ごさんようもの》という）が重要視された。つまり武術よりも数字に強い者が有用として認められ出世した。実力本位の一面があった。

商人や豪農でありながら、幕臣として取り立てられた天才たちが数多く出た。天才（genius《ジーニアス》）は、俗人には得られないインスピレーション（inspiration）を持つから後の世で天才と称される。そしてその最大のパトロンは江戸幕府であった。このことが知られていない。

「数」に目覚めて世界の広さを知る

大きな数字を数えるという行為は、下級兵士や農民にとって必要がなかった。千や万という数詞は「多い」「すごく多い」という抽象的な言葉であり、戦記で表現される「対するは一千の兵」や「数万の軍勢」というのは、いかに数が多いかを記録や報告で伝えただけだ。

一《ひい》、二《ふう》、三《み》の三を「み」と呼ぶのは「満つ」が語源だからだ。以下の説は嘘だろうと思うかもしれないが、二人の侍が道中暇つぶしに大きな数字をどちらが言えるかと張り合い、まず「三《み》」と言ったところ、一方が「降参！」と叫んだという小咄がある。三以降の四、八、千、万はすべて、「たくさん」を表す接頭語に過ぎなかった。今でも残る例を挙げると――、四海《しかい》（世の中・全世界）、四方《よも》（いたるところ）、八面六臂《はちめんろっぴ》（あらゆる方面での目覚ましい働き）、八面玲瓏《はちめんれいろう》（どの方面からみても曇《くも》り無く明るい様）、八方美人《はっぽうびじん》（誰からも好かれようとする振る舞い）、八紘一宇《はっこういちう》（全世界を一つにまとめること）、八百八町《はっぴゃくやちょう》（江戸の町々がたくさんある様）、百科事典、百も承知、百貨店、千里眼、千客万来《せんきゃくばんらい》（たくさんの客が絶え間なく来ること）、千言万語《せんげんばんご》・句《く》（非常にたくさんの言葉）、千変万化《せんぺんばんか》（局面や場面がころころよく変わる様）、千思万考《せんしばんこう》（何度も考え直すこと）、万葉集、万年筆……。

「億」という単位は江戸時代になってやっと日本に入ってきた。それまでは千、万が考えつくだけの最大の数であった。

江戸時代初期に『塵劫記《じんこうき》』という算学の本が大流行した。それは中国（明《みん》朝・明の帝国）の程大位《ていだいい》という人が書いた『算法統宗《さんぽうとうそう》』という数学書を翻訳した書物だ。今で言う数学パズル（ナンプレ本）のようなもので、多くの人が数字遊びに興じた。『塵劫記』には数の単位（数詞）が載っている。

一、十、百、千、万、億、兆、京……。

一、分、厘、毛、糸、忽《こつ》、微、繊、紗、塵……。

大きい数字も小さい数字もあり、日本の庶民も武士も中国古典の壮大さに度肝を抜かれた。江戸時代の日本の総人口は今の10分の1の1200万人だ。億という単位は想像もできない、とんでもなく大きな数だ。明治時代でも総人口は3400万人ぐらいだった。

秀吉が太閤検地（1591年）で、それまでは時代や地域でまちまちだった容積の単位（度《ど》量衡《りょうこう》の単位）をやっと統一した。将軍や大名たちは国家運営に数学が重要だと分かっていた。商人には計算能力は必須で、後述するように数学は貿易商人から広まった。

江戸時代は武士も庶民も計算に熱中した

奈良時代から九九と、面積の計算といった簡単な幾何学はあった。たとえば樹木の高さを測る方法とか、田畑の面積の求め方などだ。しかし計算ができたのは徴税官や寺の坊主といったごく一部の人たちだ。それに対して神道（神社）の神主たちはひらがな文しか書けなかった。

副島隆彦氏の説明では、坊主（僧侶）は漢文の読み書きができたからインテリ階級であった。700年代の奈良時代に中央集権国家が成立して、租庸調《そようちょう》という税制が敷かれてから、その後1000年が経ち、江戸時代になると、農民の元締めである庄屋（名主《みょうしゅ》層）たちも計算技術を習得する必要が生じた。庄屋（名主層）は農民のまとめ役でありながら、頼母子講《たのもしこう》（村や小単位での基金）で資金を融通する小規模な金融業も営んだ。そのため利息計算をしなければならなかったのだ。

そろばんが普及したのは江戸時代中期以降

そろばん（算盤）は十五世紀の中国（明の時代）に考案された。それから日本へ伝来した。中国のそろばんは上段が二つ、下段が五つの玉（球形）だった。江戸時代の書籍を見ると、この時には日本独自の進化をしている。「そろばん」とは江戸時代の言葉で、明治以降は珠算《しゅざん》と呼ばれた。

そろばんが中国から伝来する以前は、算木《さんぎ》という木の棒をマス目にその数だけ並べて計算していた。だからどこでも手軽に計算できるというものではなかった。算木は算学者や陰陽師・暦師といった〝専門家〟だけが扱うものだった。

算木を使った計算方法を改良して広めたのが、⑥関孝和《せきたかかず》（1642～1708）である。その技法は弟子である⑧建部賢弘《たけべかたひろ》（1664～1739）らが受け継いでいった。簡単に言えば、xの二乗や三乗を含む連立方程式の解法だ。その概念は今の高校で習う行列《ぎょうれつ》に関する計算だ。

また江戸時代初期の1660年前後に、①『算法闕疑抄《さんぽうけつぎしょう》』という算盤《そろばん》の手本書がベストセラーになった。それまでは算盤は普及していなかった。この本をきっかけに庶民、武士を問わず自分自身で計算するというおもしろさを愉しんだ。持ち運びできるゲーム機のような感覚でそ

江戸時代の数学者・天文学者

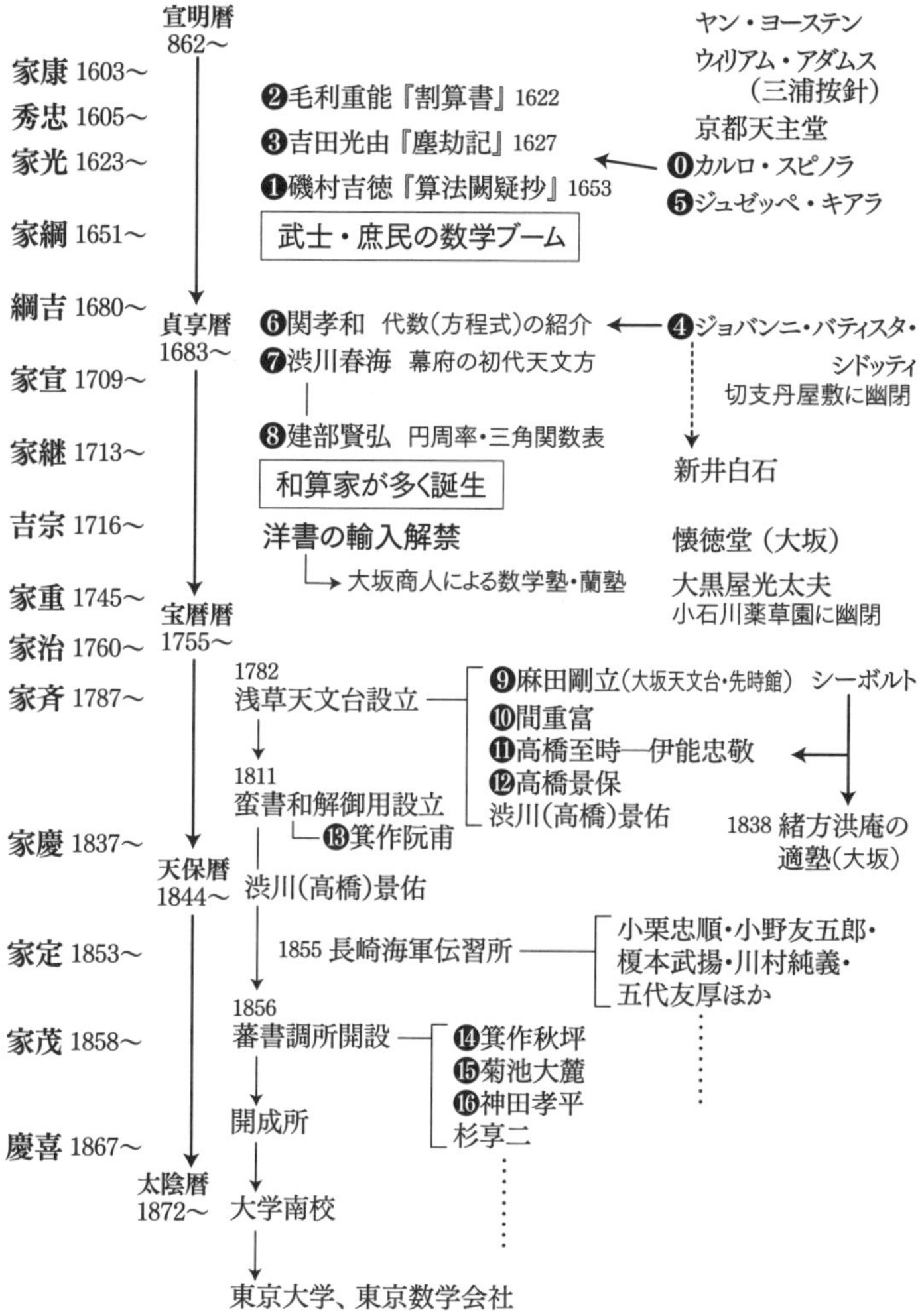

ろばん玉を弾き、多くの数学好きが現れた。こうして数学を求める層が広く厚く育っていったのが江戸時代だ。子供は寺子屋で計算方法を学び、大人たちは数学塾で数学談義を愉しんだ。数学は庶民、武士を問わず高尚な趣味であった。数学塾が江戸・京都・大坂に多く生まれ、地方では「遊歴算家《ゆうれきさんか》」と呼ばれる算学家が旅回りをして数学愛好者たちを相手に教えた。

寺子屋では加減算（足し算・引き算）は当たり前で、剰余算から始めたそうだ。暗算での足し算・引き算と九九は家庭で必ず教える基礎知識だった。しかし割り算は難しかったようだ。多くの寺子屋ではせいぜいそろばんでの掛け算を教えるぐらいだった。

「女児算《めのこざん》」という言葉が残っている。幼い子は「割る」という計算動作はできない。だから引き算を繰り返すことで、商と余りを出した。手間はかかるが確実な割り算のやり方だ。そろばんは動作を繰り返すだけだから、足し算と引き算ができれば掛け算も割り算もそれで済んだ。

割り算ができることが幕藩エリートの入口であった

武士でも数字に強くなければならない。税として納められた米を、俸給として家臣団に与えたり、米を換金して他の商品に替えたりなどを藩ごとで行った。貨幣経済がどんどん発展していくと、幾種類もの銅銭、銀貨、金貨が流通した。その品質によって両替の額（当時は銭売買《ぜにうりかい》と称した）が変わった。

これが実に厄介なことだった。大坂では銀貨が流通し、江戸では金貨が中心だった。しかも銀貨は十進法（銀1匁《もんめ》＝100文《もん》）なのに、金貨は四進法（1両＝4分《ぶ》）だった。これは海外交易も相手が銀の国（主に清《しん》国）で銀決済だったから、堺などの交易港では銀が多く流通していたことに因《よ》る。

金鉱山を抱えた日本の幕府は銀よりも金《きん》を流通させた。世界では金が中心となっていた。これはスペインの植民地ボリビアのポトシ銀山の産出が増大して「価値革命」（16世紀末頃から）が起きて、銀の価値（価格）が1世紀にわたり下落したからだ。

こうした貨幣経済の発展とともに、商人だけではなく、比率や通貨計算のできる人材が武士階級（藩の役人）にも求められていた。身分制度が固定化していた江戸時代においては、計算（算術）という行為さえも代々受け継がれる家学の「術」だった。

中国（明そして清の時代）から持ち込まれた書物を読んだり、漢文で記録することが武士の必須教養だった。これに加えて数学的教養が求められるようになったので、数字に強い者を、藩も幕府もどんどん重用していった。

武士に必要な素養は「六芸」、特に「数」であった

中国古典では士大夫《したいふ》（官職にある者）に必要な素養は「礼楽射御書数《れいらくしゃぎょしょすう》」の六芸《りくげい》、すなわち、

「礼儀作法」「楽器演奏や歌詠み」「弓道《きゅう》」「馬術」「書道」「数学」とされていた。数学を必須としているところに中国文明の叡智の深さを感じずにはいられない。

「戦《いくさ》」とはまさしく数による闘いであると、中国の賢者は数千年前からすでに気づいていた。兵力の割り振りから補給まで、多数の兵を動かすためには、単純な足し算・引き算だけではなく、優先度や確率を重ねた「行列《ぎょうれつ》」という概念が必要であった。現代ではこれがカーナビゲーションとなって広く活用されている。

戦において、勘定方《かんじょうかた》もしくは御算用掛《ごさんようかかり》といった「戦費管理を担当する係」が重要な役目であったのは想像に難くない。江戸中期から日本の武士は戦闘要員であるよりもテクノクラート（高級技官）となっていった。「数字を握る者」が強いのは今も同じだ。

江戸中期から幕末にかけては、武芸に秀でて戦場で軍功を挙げるよりも、開墾や用水路開発といった「普請《ふしん》」と呼ばれる土木技術、商業や鉱業（特に金銀銅）、財政政策に明るい人材が広く重用されていった健全な時代であったのだ。

秘密裏に匿われていた宣教師がもたらした「数学」

江戸時代に商業活動と農業の生産性が高まり、必須教養として、数字への需要が高まった。

江戸時代初期にベストセラーであった代表的な数学書は次の三冊だ。

②『割算書《わりざんしょ》』毛利重能《もうりしげよし》著　元和8＝1623年（大坂夏の陣の8年後）
③『塵劫記《じんこうき》』吉田光由《よしだみつよし》著　寛永4＝1627年
①『算法闕疑抄《さんぽうけつぎしょう》』磯村吉徳《いそむらよしのり》著　明暦4＝1653年

平山諦《ひらやまあきら》（1904〜1998）という現代の数学者は、江戸時代、禁教下の日本において和算が発展したのは、幕府によって隔離幽閉されたポルトガルやイタリアからの宣教師たちからであったと説明している。前掲した『算法闕疑抄』の著者である①磯村吉徳は②毛利重能の弟子で、『塵劫記』の③吉田光由は磯村の弟子だ。計算の手本書『割算書』を著した毛利はキリシタンであっただろう。つまり、この和算家3人は師弟の関係で繋がっており、京都で宣教師から西洋の思想を数学として受け継いだ者たちだ。

隠れキリシタンの「算聖」関孝和と弟子の建部賢弘

江戸開府まもない頃（1603年から）、すでにローマ・カトリックの影響を受け続けていた人々が江戸幕府内にもいた。数学に長《た》けた幕臣たちは洋書や宣教師を通してキリスト教に触れていた。

京都天主堂《てんしゅどう》（あの信長殺し〔１５８２年〕の本能寺のそばにあったイエズス会南蛮寺《なんばんでら》が移転した教会）で学んだ②毛利重能による『割算書』の冒頭は、アダムとイヴの話から始まる。

夫《それ》割算と云う寿天屋《しゅてや》辺連《へれん》と云所《いうところ》に、智恵万徳を備はれる名木《めいぼく》有。此木《このき》に百味《ひゃくみ》之含霊《かんれい》の果《このみ》、一生、一切《いっさい》、人間の初《はじめ》、夫婦二人有故《あるゆえ》、是を其時二に割初《わりはじめ》より此方《このかた》、割算と云事有《いうことあり》。

（平山諦と鳴海風の著作より抜粋）

お分かりのとおり、旧約聖書のアダムとイヴの話を枕話として、人類の初めに男女二人がいたので、２で割る必要が生じたという書き出しだ。「寿天屋《しゅてや》」とはポルトガル語の「Judea」つまりユダヤ、そして「辺連《へれん》」とは「Belen（ベツレヘム）」というキリストの生誕地で、天上楽園を意味する言葉として使われている。他にも同時期の数学書に「paraiso（ぱらいそ、パラディソ、パラダイス）」や「inferno（いるへん、練獄、インフェルノ）」を連想させる当て字が散見される。

これらのことから分かるのが、宣教師から直接教わったか、あるいは漢文（中国文）に翻訳された海外書籍を②毛利重能が手本にして日本で最初の数学書を出版した、ということだ。

毛利と同門の③吉田光由（１５９８～１６７２）は前述の『塵劫記』を著した。これもベストセラーになった。現在も岩波書店から刊行されているので、４００年のロングセラーとも言

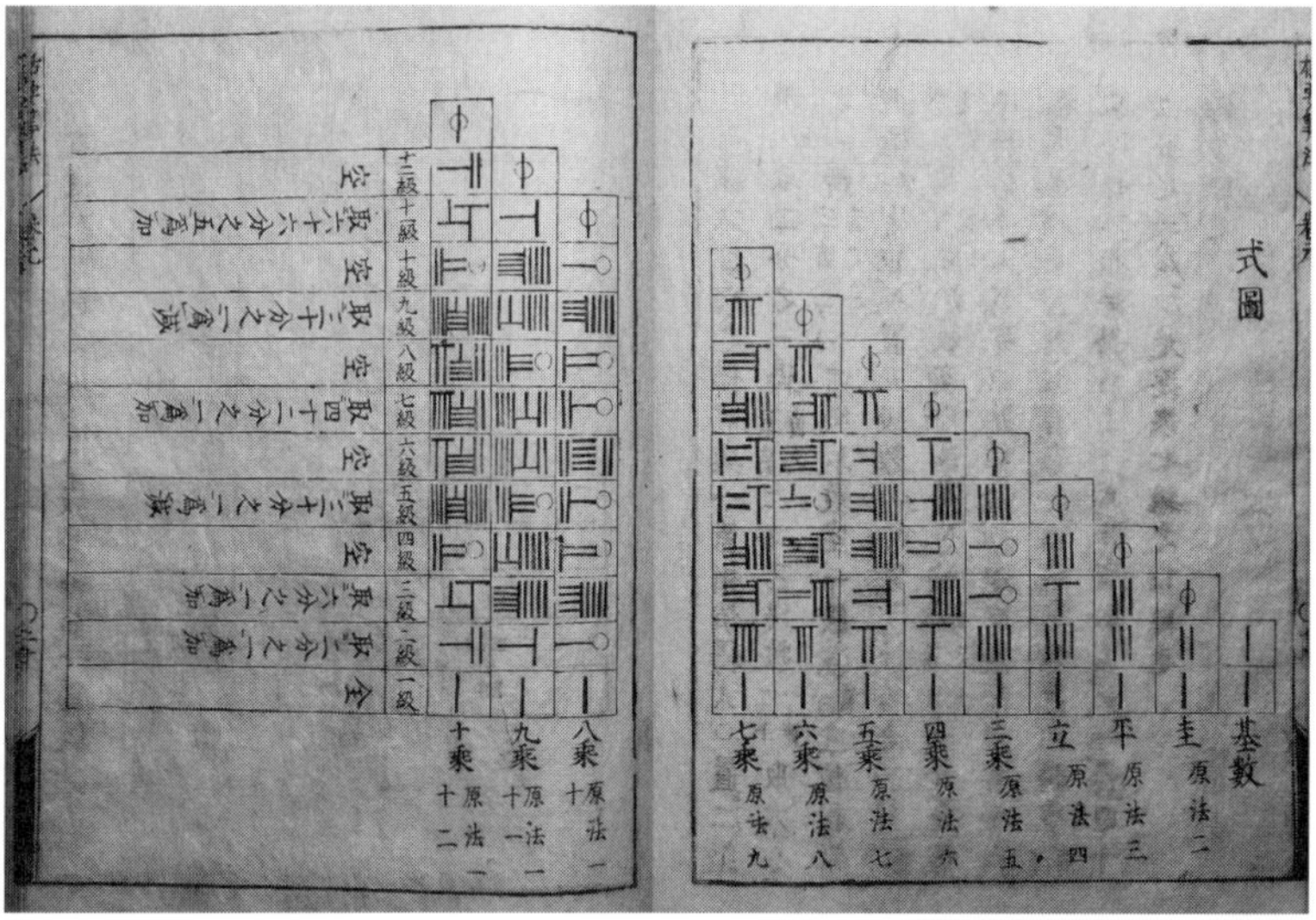

ベルヌーイ数や二項係数について書かれた⑥関孝和の遺稿集『括要算法』（1712年刊）

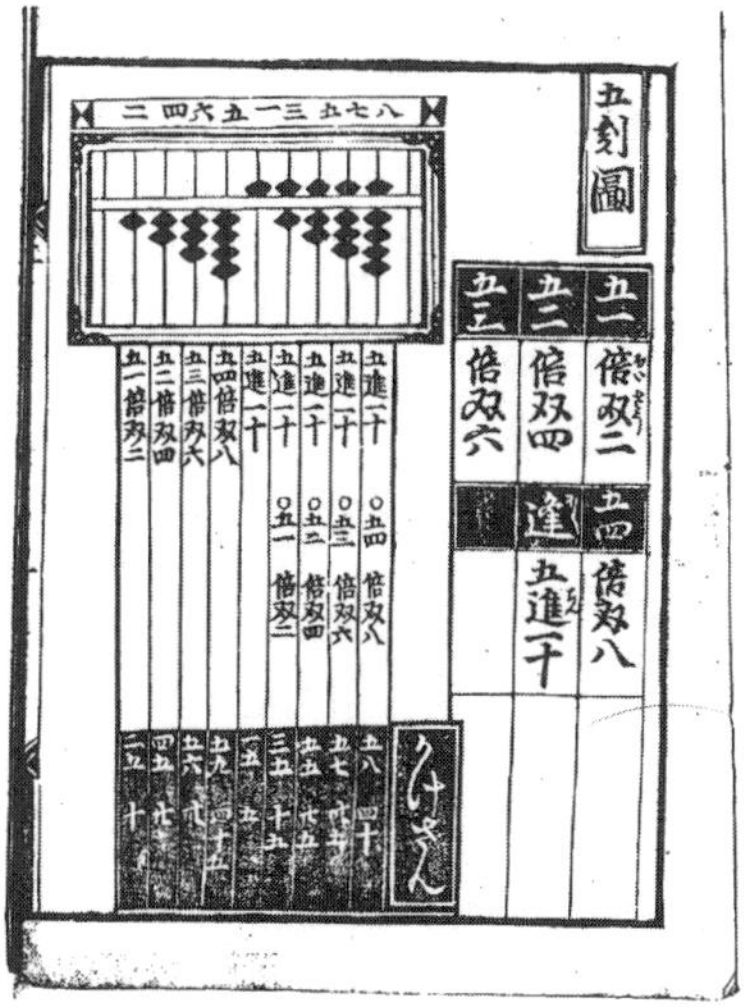

③吉田光由『塵劫記』の算盤の解法図

える。この吉田光由も隠れキリシタンであったと和算研究者たちは考えている。『塵劫記』は数学書でありながら、落語や狂言の題材としても取り上げられるほど人気があった。

江戸時代の人々は一気に数学のおもしろさに開眼していった。そして立木の高さや島への距離の求め方を知ると、次第に測量という実用へと必要に迫られて研究が進んだ。江戸時代は武士であっても「武」ではなく「智」が強く求められた。

京都天主堂で、毛利重能や吉田光由にヨーロッパ数学を教えたのは、明和８（１６２２）年に処刑された宣教師⓪カルロ・スピノラ（Carlo Spinola, １５６４～１６２２、享年58）であることを前述の和算史研究家・平山諦が突き止めた。

この調査結果を元にした小説に、⑥関孝和の生涯を題材にした『算聖伝　関孝和の生涯』（鳴海風著、新人物往来社、２０００年）がある。

主人公である⑥関孝和は、②毛利重能、③吉田光由に続く数学者で、和算の創始者としてよく知られている。多くの著作を残し、関流《せきりゅう》という大きな和算の流派を興した。ところが、この人の生涯があまり詳しく判明していない。鳴海風《なるみふう》という小説家は「関孝和は処刑された隠れキリシタンの遺児であった」という大胆な仮定をしている。

鳴海風の伝記小説には、関の数学の才能を認めた甲府藩重臣・井上政重《いのうえまさしげ》が出てくる。幕府は江戸小石川（現在の文京区小石川、東京メトロ茗荷谷駅の近く）の井上政重の敷地内に切支丹《きりしたん》屋敷を設けた。目付《めつけ》職で公儀隠密《こうぎおんみつ》の元締めだったのであろう井上が管理した、宣教師たちの収容所である。

この井上政重が、切支丹屋敷に81歳で死ぬまで幽閉されたスピノラの弟子、⑤ジュゼッペ・キアラ（Giuseppe Chiara, １６０２〜１６８５、遠藤周作の小説『沈黙』のモデル）に⑥関孝和を引き合わせて、数学の才能を開化させたというのが鳴海の小説のストーリーである。

幕府は日本に潜入してきた宣教師（伴天連《ばてれん》）、神父《パードレ》（英語ではファーザー）を切支丹屋敷で隔離した。牢獄で厳しく管理拘束されたと思うだろうが、そうではない。どうやら幕府は人目から隠しつつも、彼ら捕らえた西洋人たちをきわめて丁寧に扱った。そして彼らイエズス会宣教師から世界情勢とヨーロッパ近代学問を熱心に自分たちだけで収集し、習得に励んだ。だから鳴海氏による推測は真実であろう。

１６３９年の島原の乱のあとは「転《ころ》び伴天連」（棄教した宣教師）は処刑しなくなった。実際に儒学者・新井白石（１６５７〜１７２５）がこの切支丹屋敷で、１７０９年にイタリア人宣教師④ジョバンニ・バティスタ・シドッティ（Giovanni Battista Sidotti, １６６８〜１７１４）に２週間にも及ぶ尋問を行い、『西洋紀聞《せいようきぶん》』、『采覧異言《さいらんいげん》』という報告書を残している。２０１４年５月に発掘調査中の切支丹屋敷跡からシドッティとみられる人骨が発見された。

やがて⑥関孝和の庇護者である甲府藩主・徳川綱豊が六代将軍家宣《いえのぶ》となった（１７０９年）。

改暦の事業を決定した幕府は、甲府きっての算学者となった⑥関孝和と、お抱えの碁打ち（碁所《ごところ》）である算学者の⑦渋川春海《しぶかわしゅんかい》を改暦で競い合わせた。この改暦では渋川春海の貞享暦《じょうきょうれき》が採用され、この国家的業績で渋川春海は幕府天文台の初代所長となった。

しかし関孝和も点竄術《てんざんじゅつ》という今の多次元連立方程式の解法を発明した。また円周率の近似計算に道筋をたてた大業績もある。天体運動の解析に不可欠な円周率（π）と三角関数表は、関の高弟の⑧建部賢弘に引き継がれて完成した。関の数学は前述のように関流と呼ばれ、弟子たちが数多くの道場を構えた一大流派となった。

関と建部という二人の天才がいたことで、後の天文計算（暦づくり）が鎖国下であっても可能となった。地図製作や弾道計算も日本人だけの力で可能となり、これで西洋近代学問（モダン・サイエンス）に負けないだけの高度な測量・観測技術をなんとか日本人が身に付けた。大砲が主力の近代戦では精密な弾道計算が雌雄を決するほど重要なのだ。奇兵隊を率いた高杉晋作も測量計算を最重要として松下村塾《しょうかそんじゅく》で学んでいた。

この時代に関と建部がいなければ、開国した日本は、中国のようにあっという間に列強の植民地となって分割統治され、内乱の続く国になっていただろう。

関孝和とキリスト教の関係を描いた鳴海風の小説『算聖伝　関孝和の生涯』は日本数学会出版賞を受賞した。この日本数学会の創立時（1878＝明治11年）の名称は、東京数学会社であり、浅草天文台が発展した蕃書調所の、幕末の出身者たちが設立した。だからだろう、現在も浅草天文台跡（台東区浅草橋三丁目付近）の通り沿いに日本数学会のビルが建っている。

〈鎖国下でも続いていた西洋神術への信仰と信頼〉

1587年、秀吉が最初のキリシタン禁止令を出した。そして1596年に26人の伴天連らを長崎で処刑した。

家康に続いて鎖国政策を強化した二代将軍秀忠《ひでただ》は改めて厳格な伴天連追放令を発した（1612年）。イエズス会（耶蘇《やそ》会）の拠点である京都天主堂は破却され、切支丹大名の高山右近と内藤如安《じょあん》は国外に追放され、有馬晴信と旗本だった原胤信《はらたねのぶ》は切腹させられた。

家康の片腕として武家諸法度を起草し、海外交易を仕切っていた以心崇伝《いしんすうでん》（1569〜1633。京都南禅寺の再建者でもあるため金地院《こんちいん》崇伝とも称する）の筆による禁教の理由をしたためた追放令は、

乾《けん》を父と為し、坤《こん》を母と為す。人は其の中間に生れ、三才是《これ》に於て定まる。夫《そ》れ日本国は元神国《しんこく》なり。陰陽測《はか》られず、之《これ》を名《なつ》けて神と謂《い》う。聖の聖たる、霊の霊たる、誰れか尊《そん》崇《すう》せざらんや。況《いわ》んや人の生《しょう》を得るは、悉《ことごと》く陰陽の感ずる所なり。五体六塵《ろくじん》、起居動静、須臾《しゅゆ》も神も離《はな》れず。神は他に求むるに非ず、人々具足《ぐそく》し、個々円成《ここえんじょう》する。廼《すなわ》ち是《こ》れ神の体《たい》なり。……

という有名な格調高い書き出しである。その大意は、

天は父であり地は母である。人はその中間に生まれ定まる。日本はもともと神国である。実体が定まらないもの、これを神と呼ぶ。聖なる霊的なものであり、ぜひとも尊崇すべきである。言うまでもなく人が生れるのはこの神の働きであり、人は片時も神と離れない。神は他に求めるものではない。人が人として完成するとき、それすなわち神となったということである。

（井沢元彦『逆説の日本史13　近世展開編』小学館、２００６年より抜粋）

ところが、１６４０年からは、切支丹を禁圧する一方で、幕府は渡来した宣教師を殺さずに隔離して知識の吸収に努めた。排斥する一方で優位性を保つために情報と技術を独占することは、支配側がとる常套手段である。

とくに鎖国下では語学と世界情勢、そして数学の知識、もちろん鉄砲や大砲の製造、製鉄方法などなど、海外から得たい知見は山ほどあった。情報・技術を握ることは権力維持のきわめて重要な要素だからだ。

キリシタン禁教を厳格にしても、それでもまだ宣教師たちは固い決意で単身、日本に乗り込んでくる。宣教師は植民地を経て、商船に潜んでやって来た。スペインやポルトガル商船の船

長は危険を嫌がったものの、神父《パードレ》たちには頭が上がらなかったので密航を黙認したのだ。

彼ら宣教師は優れた知識人であり、神学は当然のこととして、外洋航海に必要な天文学（数学）、冶金《やきん》（製鉄）や化学・医療などにも精通していた。現代に例えるなら、ＭＩＴ（マサチューセッツ工科大学）の教授がロザリオをぶらさげて来日したようなものである。

平山諦氏や鳴海風氏が指摘しているように、初期の日本の数学は、イエズス会宣教師とそれに続いて来日したフランシスコ会宣教師たちから伝わった。彼らの影響が当時の数学指南書の中に明瞭にある。

もっともこの説はすでに幾人もの数学者によって戦前から唱えられていた。しかし、戦中の国粋主義イデオロギーにより無視され、「和算は独自に発展した」と誤って喧伝されてきた。「数学のキリシタン伝来説」は、戦後70年を経てやっと日本の数学界で認められたのである。

暦の発布は国家の実権を知らしめること

「蕃書調所」の前身は、浅草（鳥越）にあった天文台だ（１７８2年設立）。幕府はこの天文台を設立することで、朝廷に代わって幕府が暦を制定することに決めた。鎌倉時代からずっと朝廷が管理し用いていた「宣明暦《せんみょうれき》」は、採用から８００年の時が過ぎていた。発祥の北京とは地理的距離もあり、蓄積された誤差が大きすぎた。神事で重視される日食・月食の日もあたらなくなっていた。

そこで幕府はついに前述の⑦渋川春海の精密な計算による「貞享暦《じょうきょうれき》」を採用する方針を立てた。用いる天文定数《じょうすう》（基準点の緯度と経度や夏至冬至の日、5つの惑星の観測値）を正確に計る必要があった。

この暦づくりの苦労を描いた映画が「天地明察」（2012年）で、原作は冲方丁《うぶかたとう》という人の同名小説である。この映画では主人公の天文学者・⑦渋川春海（安井算哲《やすいさんてつ》）が部屋に籠ってしきりに木片を並べて天体運動の計算をしている姿が描かれている。

朝廷の陰陽師（朝廷の天文学者）と幕府天文方が日蝕予想を賭けて、幕府の勝利で改暦議論は決着した。

この功績で渋川春海は、今の新宿区牛込に建てられた幕府初の天体観測所の初代所長となった（このあと天文台は規模を大きくしながら何度か移転している）。

当時、江戸の庶民が敬っていたのは東照大権現様《とうしょうだいごんげんさま》（東照神君《じんくん》、家康のこと）だった。徳川家中心の時代には、京都の天子は将軍（公方様《くぼうさま》）の権威付けのために存在すると江戸町人は考えていた。それでも国家の基本構造は京都の天子中心の律令体制であった。

しかし、1683年の日食予想の的中で江戸幕府が京都朝廷に勝った。この貞享暦による改暦によって、国家の中心が江戸の幕府に移ったことが証明された。ここで大事なことは、室町時代からずっと天皇家に寄り添う絶対的な天文の権威であった陰陽師の家系（特に暦の大家・

浅草（鳥越）天文台を描いた葛飾北斎画「鳥越の不二（富士）」。
球体は「簡天儀（かんてんぎ）」といい、天体の角度などを測定する

土御門家《つちみかど》）を凌ぐだけの天文家（天文博士）たちを、徳川幕府が擁するようになったということだ。

数学を愛した大坂の豪商たち

徳川秀忠（二代）家光（三代）の治世で日本は鎖国体制を固め、オランダ船以外の海外商船の来港を拒絶した。学校で教えられる日本史ではそういうことになっている。しかし、諸藩は幕府に隠れて密貿易を続けていた。

家康は徳川幕府の財政を強化するために、幕府だけが海外貿易を独占しようとした。そのため江戸開府の当初は、江戸湾をスペインの商船団が走り回っていた。ところが商船でありながら、彼らは江戸湾の水深や陸地の測量を始めた。これに家康は危惧を抱いた。江戸が攻められ、日本が侵略されると見抜いた。商船といっても大砲を積んだ軍艦であり、上陸の際の先兵（案内人）として伴天連《ばてれん》と日本の事情に詳しい信者《イルマン》が乗っていたからだ。

友好的であっても決してその本心は見せないものだ。スペインの深謀を家康に忠告したのはプロテスタントのオランダ商人（オランダ東インド会社）であった。そこに雇われていたのがイギリス人航海士《ナヴィゲーター》のウィリアム・アダムス（三浦按針《みうらあんじん》）である。

オランダ商人の実体は、長く迫害されてきた歴史をもつユダヤ人だった。オランダのユダヤ人はスペインの1492年の迫害（ディアスポラ、大離散《だいりさん》）でスペインからアムステルダムに移った「ユダヤ五〇〇家族」と呼ばれる人々だ。

ゆえに日本の鎖国は正しい。現代でも思想が相容れない国とは距離を置くのが正しい国家政策だ。

こうして長崎だけが海外通商の窓口となった。当時の都である京都に荷を運ぶためには大坂湾に積荷が回航されて、さらに淀川を上って京都まで運ばれた。信長、秀吉、そして家康の時代でも大坂商人が物流を握っていた。ちなみに江戸幕府の人気役職は、長崎奉行と堺奉行だった。貿易の監督者になれば数年赴任するだけで、手にした賄賂で御殿が建ったという。

千利休《せんのりきゅう》は堺商人であり、鉄砲商人でもあったろう。茶の湯にはキリスト教（それもプロテスタント）の影響があると言われている。たぶんそうだ。

貿易港が長崎に限定される前は大坂から西洋の近代思想が広がった。理由は、大坂には武士が少ないので、藩校の代わりに民間有志によって懐徳堂《かいとくどう》が設立されたからだとされる。現在の大阪大学の源流である。

大坂に豊後杵築《きつき》藩（現在の大分県杵築市）の元藩医・⑨麻田剛立《あさだごうりゅう》（1734〜1799）という人がいた。この人が懐徳堂を設立した豪商たちの支援で大坂に民間初の天文台、先時館《せんじかん》を設立した。この麻田によってヨーロッパの近代天文学が日本にもたらされた。

前述した⑦渋川春海のあとは停滞していた天文学を、この麻田の門弟らが引き継ぎ、幕府の新暦づくりの中心となっていった。

当時の暦は、宝暦暦《ほうりゃくれき》といった。陰陽道を司る土御門家が、政治力によって幕府の貞享暦をやめさせ暦を再び京都朝廷の発布とした。八代将軍吉宗の悲願は、朝廷から暦をつくる神事を再び武家の頭領である徳川氏が奪い取ることであった。そこで高齢の麻田に代わり、その高弟の⑩間重富《はざましげとみ》と⑪高橋至時《たかはしよしとき》を江戸に招聘《しょうへい》し、渋川春海の没後は朝廷・土御門家に対して再び劣勢になっていた幕府天文方の再興を図った。これが浅草天文台の設立（1782年）の原動力となり、以降、江戸幕府の西洋科学の研究機関として発展したのである。

蘭学とは当時の「ヨーロッパ最先端の神学」である

一人の天才の出現で時代は変貌を遂げていく。思想（宗教）と数学は密接に関わっていることがわかる。ローマ教会（カトリック）の一方的な規律や束縛を嫌った反カトリック（プロテスタント）の一宗派にユニテリアンがいる。ユニテリアンたちがアメリカ独立戦争もフランス革命も起こしたのだ。

科学的探求をしたニュートンたち数学者もユニテリアンである。ローマ教皇庁（カトリック教会、バチカン）に睨まれながらも貴族や国王が、彼ら才能ある人々を陰でちゃんとスポンサー（パトロン）として支えていた。カトリック教会が異端（ヘレシー）として厳しく弾圧した地動説（ヘリオセントリック・セオリー。太陽中心説）も、数学の発展で証明された。ローマ教皇も黙認せざるを得なくなった。

ガリレオの天文研究（1509年）からヨーロッパ近代学問（サイエンス）が花開いた。16世紀から民衆側に宗教権力への怒りと憎しみがたまっていった。18世紀（1700年代）からは革命で権力（power《パウア》）が国民《ナシオン》（ネイション）。豊かな市民層《シチズン》の代表者たち）へ移行していった時期と日本も重なる。

日本でも江戸時代中期（1700年代）に先進的な藩主や豪商たち、そして幕府であっても知識層（インテリ）の育成土壌があった。どのみち西洋列強によって背後からけしかけられて、徳川幕府の転覆は避けられなかった。

蕃所調所の教授はわずか9歳

タレント（talent，才能）という言葉は、テレビに出ている人を指す言葉として現代では使われている。語源は、聖書にある「才能に応じたお金（タラント）」のことだ。ここには、神から与えられた分け前、すなわち「天賦《てんぷ》」という宗教的な意味がある。欧米人の感覚では、天才は凡人と同じ扱いをしてはならないという意識が強い。だから当然のようにＭＩＴやハーバードといった一流大学には15、16歳でも飛び級での入学が認められている。こういったニュースは日本では驚きをもって伝えられる。

欧米では、才能とは神が「与えたもの（gifted《ギフテッド》）」とされて、特別扱いは当然のように受け取られる。「個性」も才能と同じニュアンスだ。ところが今の日本で使われる「個性」とは身勝手、わがままのことだ。

このような「才能」がある人物として、幕末の蘭学研究者、⑭箕作秋坪《みつくりしゅうへい》（１８２６〜１８８６）の息子の⑮菊池大麓《きくちだいろく》（１８５５〜１９１７）を挙げる。菊池大麓はわずか9歳で、蕃所調所で英語を教える側（教授）だった。大麓はここで25歳年上の⑯神田孝平《かんだたかひら》（１８３０〜１８９８）に数学を学んだ。

菊池大麓は12歳で英国に留学した。徳川幕府が倒れたため一旦帰国し、あらためて明治政府により15歳で英国に戻された。そして入学したケンブリッジ大学の数学・物理学科を首席で卒業した。帰国後は東京帝大と京都帝大の総長、学習院院長、文部大臣を歴任している。日本の数多い秀才の中でも第一級の天才だ。

菊池より9歳年下の従弟《いとこ》の箕作麟祥《りんしょう》（１８４６〜１８９７。法学者）も、15歳で英語教師となり18歳で外国奉行翻訳御用頭という管理職になっている。祖父の蘭学者・⑬箕作阮甫《げんぽ》（１７９９〜１８６３）から連なる、端倪《たんげい》すべからざる蘭学一族だ。

どうやら幕末の鎖国下で、箕作秋坪はおそらく3歳ぐらいから大麓にイギリス人の家庭教師（おそらく漂着船員）をつけて、生来のネイティブ・イングリッシュ・スピーカーとなるべく、英語の音《おん》（フォネティックス）、とりわけ母音を刷り込んだのだ。だから9歳で英語の教授が勤まったのだろう。伝記によると、家庭内では箸を使わず、フォークとナイフで食事をしていたと大麓本人が述懐している。

列強国家への対抗を急ぐ幕府はどうしても、このような〝完全バイリンガル〟の特殊な人材を（長崎・出島のオランダ通詞《つうじ》たちの家系とは別に）、江戸で育成する必要があったのだ。

それまで海外知識は中国（清国）で漢文に翻訳された西洋書物からしか得られなかった。だが開国（1859年6月）とともに広く知られるようになった。福沢諭吉らの国民啓蒙が果たした役割も大きい。まさに夏目漱石が言った通り、「西洋の300年を日本は明治の40年で消化した」のだ。

幕末に幕臣の知識人たちが一所懸命に西洋知識を苦労して、咀嚼《そしゃく》した。維新後は、1877（明治10）年の帝国大学設立の年に、⑯神田孝平（当時48歳）と⑮菊池大麓（同23歳）が日本初の学会（academy《アカデミー》）を創設した。

坂本龍馬は土佐藩主の命で軍艦操練所に派遣されていた

徳川幕府のきわめて優秀な官僚であった小栗忠順《おぐりただまさ》（1827～1868）は、江戸城開城のあと、郷里の群馬に蟄居《ちっきょ》していたところを討幕軍に殺された。日本で最初の哲学者《フィロソファー》だった横《よこ》井小楠《いしょうなん》（1809〜1869）が幕末の改革派として一番大きな影響を与えたが、小楠も明治元年の翌年（1869年）に殺された。

長崎伝習所で学んだ勝海舟（1823〜1899）の弟子に赤松小三郎（1831〜1867）という人物がいる。赤松が越前（福井）藩主・松平春嶽《しゅんがく》に提出した議会制の建白書がある。これと坂本龍馬（1836〜1867）の「船中八策《せんちゅうはっさく》」は横井小楠が掲げた新政府のアイデアのまるまるの模倣だ。そしてこの二人も殺された。

郷土史研究家の松田智幸氏によって、平成12（2000）年に高知県で発見された古文書がある。それは土佐藩公文書の写本と龍馬の手紙であった。この古文書で判明したのは、龍馬の江戸遊学の一回目（1853年）の目的は、高島秋帆《たかしましゅうはん》の砲術の習得であり、二回目（1855年）は築地の軍艦操練所への派遣だったという。だから龍馬は藩の命令で動いていたのだ。

龍馬が17歳のときの一回目の江戸遊学では、佐久間象山の塾で西洋砲術の設計と弾道計算、オランダ語と英語を習っている。そして19歳での二回目の遊学は、ペリーの黒船来航（1853年）を気運として再び藩命で軍艦操練所に遣わされた。このことから龍馬は土佐藩きっての洋式砲術のエンジニア（engineer）となっていたことがわかる。藩主から秘密裏に幕府の最新軍事情報を探る密命を受けていたのだ。

坂本龍馬は二度目の江戸留学中の安政3（1856）年、22歳のときに千葉周作道場（玄武館）で剣術修業をした。そして遺品の「北辰一刀流長刀兵法目録」を根拠として、龍馬は免許皆伝を許された剣の達人だとされている。しかし、長刀《ながなた》とは日本刀ではなく、「薙刀《なぎなた》」のことだ。しかも、この「兵法目録」とは、受講修了書みたいなものなのだそうだ。北進一刀流の薙刀の「いろはの〝い〟(初級コース)」を修めました、という程度のものらしい。おまけにこの目録には千葉周作の娘(佐那《さな》、里幾《りき》、幾久《きく》)が連署している。とても正式とは思えない目録だ。龍馬を娘の婿にさせようとした周作は、頭脳の明晰な龍馬に剣術で怪我をされては困ると、娘たち相手の薙刀しか触らせなかったというのが真相だろう。

勝海舟も佐久間象山《さくましょうざん》の私塾に入門した弟子である。そして海舟は象山の妹を嫁にもらっている義弟だ。この関係で勝海舟と龍馬は同門となり、その出会いは縁者同士のなごやかなものだった。

ところが、晩年に〝ホラ吹き伯爵〟の勝海舟は「才谷梅太郎《さいたにうめたろう》(龍馬の変名)は俺を斬るためにやってきた。だが、俺が説得すると改心した」などというデタラメを新聞記者に述べたのはなぜだろうか?

それは勝海舟が、大久保一翁《いちおう》という大目付《おおめつけ》の命令で開国派の蘭学者の中に潜り込んだスパイだからだ。海舟は、早く死んだ龍馬、そしてその背後の土佐藩と自分の関係が知られることを恐れた。そのため、龍馬の思い出話を尋ねられ、龍馬は単純な頭をした攘夷派だったということでごまかしたのだ。

公文書から龍馬の記述を抹消した土佐藩

土佐藩に残る「郷士年譜」では、坂本龍馬が江戸に留学していた安政3（1856）年から同5年の3年間の記述が見事に抜けているという。それは、郷士《ごうし》たちを倒幕の工作員として藩が江戸に遣《や》った証拠が後世に残るのを恐れたからだろう。

龍馬は姉の乙女《おとめ》に宛てた数多くの手紙を遺《のこ》している。その一通に、「日本を洗濯し候」という有名な一文もある。当時は郵便制度はない。脱藩した浪人が手紙をひとつ送るのにも高額な費用がかかっただろう。

土佐藩専属の飛脚が江戸・土佐間を走っており、それで親書を頻繁に送れたのだという説がある。それは藩主・山内容堂《ようどう》（豊信《とよしげ》）と藩政（家老）後藤象二郎への報告を、几帳面なエンジニアらしく、龍馬がこまめにしていたからだと推測される。自分の姉に消息を知らせる手紙も報告書と合わせて飛脚に託したのだろう。お城に届ける途中で才谷屋という酒屋兼質屋（金貸し業）を営む龍馬の実家にも寄って、母親代わりの姉に渡すよう飛脚に依頼したのだろう。

千葉道場（玄武館）には江戸幕府の諜報機関という裏の役目があった。諸藩の動静を調べるには、全国の藩士が集う江戸の剣術道場は極めて都合がよい。於玉ケ池《おたまがいけ》（現在の千代田区岩本町）の千葉道場はまさにうってつけだった。江戸城下にあり、そこから九段下の蕃書調所も2、

3キロ程度の距離だ。昔の人はよく歩いた。この千葉道場のそばに将軍慶喜《よしのぶ》の下で外国奉行を勤めた重臣、川路聖謨《かわじとしあきら》の邸もあった。ここは川路が開いて臣称を得た種痘所でもある。

真実を語らずに世を去った大久保一翁と勝海舟

横井小楠の朋友であったのが、川路聖謨とともに徳川幕府重臣の大久保一翁《いちおう》(忠寛《ただひろ》。1818~1888)である。公式にはこの大久保が蕃書調所の初代所長だ。その大久保の家来が勝海舟だ。大久保は幕末には勘定奉行、海防、外国掛奉行と、今の大蔵大臣、国防大臣、外務大臣の要職に就いている。しかし元の役は、大目付《おおめつけ》という諸藩や朝廷が幕府に逆らう兆しがないかを監視する立場だ。今で言えばCIA長官である。つまり、当時の国内外諜報網(秘密警察)の長官だ。

坂本龍馬は佐久間象山一門では自分の兄弟子である勝海舟の連絡係として動いている。つまり龍馬は自分の所属する土佐藩と幕府、その双方の二重スパイということになる。

千葉道場に通っていた人士には他にも渋沢栄一と福沢諭吉がいる。だから千葉道場を単なる町の剣術道場とみるのは間違っている。この剣術道場というサロンに、諸藩から派遣された武士たちが腹の探り合い(知識・情報の取得)のために集まっていたのだ。

土佐藩の脱藩浪人の坂本龍馬は、千葉道場で修業したとされるが、実際は土佐藩から正式な藩命を受けた技術者《エンジニア》として、軍艦操練所の勝海舟と連携する大久保一翁の下で情報収集していたのだ。こうした一連の動きはどうやら、すべてが横井小楠の思想（幕臣たちを加えた公議体制への大転換と貿易による富国強兵を唱えた）が下敷き《マスタープラン》である。

当時の西洋近代思想の先端人であるユニテリアン＝フリーメイソン（最新の物理学と進化論を知っていた人々）の勢力が、すでに幕末の諸藩に出現している。長崎から清《しん》国経由で入ってくる蘭学の知識が各藩の藩校で徐々に導入されていた。頭の悪い頑迷な攘夷思想（「白人を見たら殺せ」）だけで諸藩が動いたのではない。中津藩（大分）と佐賀藩などはとりわけ積極的に蘭学を導入している。

幕府（老中は阿部正弘）が、ペリー来航のすぐあと、蕃書調所に続いて、急いで航海と造船技術を習得すべく長崎伝習所を設立した。長崎伝習所はそれまで禁止されていた大型船舶の遠洋航海に必要な航海術や造船術、蒸気機関や大砲製造のための技術者を育てるために設立した技術系学校だ。明治になると工部大学校という官吏育成機関になり、今の港区虎の門に移った。帝国大学の発足で併合され、現在の東大工学部となっている。

近代学問を習得した幕臣たち

西洋思想の信奉者は、緒方洪庵門下や横井小楠、福沢諭吉、そして徳川慶喜の側近であり、蕃書調所の教授でもある西周《にしあまね》と津田真道《つだまみち》だ。西と津田は、日本人最初のフリーメイソンである。

幕末に自力で西洋思想を最初に理解したのは肥後（熊本）藩士の横井小楠だ。47歳の小楠が長崎伝習所で13歳下の勝海舟と会った年（安政2＝1855年）、中国で書かれた『海国図志《かいこくずし》』（西洋諸国の地理や国情を細かに記した全100巻に及ぶ大著）に接した。小楠はそれまで水戸の藤田東湖らと共鳴していた排外的ナショナリズム（攘夷）から、共和制、共和国家に深く傾倒していった。ここで日本の政治思想の大転換が始まる。

西郷隆盛は「小楠先生からナポレオンとワシントンの存在を習った」と語っている。西郷は横井小楠を敬愛しており、好んで揮毫《きごう》した「敬天愛人」には小楠の思想が色濃い。

一方、過激な思想である陽明学（その本性はキリスト教）を信奉する勢力は、吉田松陰が唱えた勤王思想派になった。

適塾と蕃書調所で学んだ数学者・大村益次郎

明治陸軍の創設者とされる大村益次郎は、明治2（1869）年にさっさと殺されている。横井小楠と同じ年だ。大村は福沢諭吉らと共に適塾で蘭学を学び、長崎遊学を経て安政3（1856）年に、蕃書調所の教授手伝方《てつだいかた》（准教授）となる。同時に江戸に鳩居堂《きゅうきょどう》という数学塾を開いて多くの数学者を蕃書調所に送り込んだ。また、蕃書調所の教授手伝方を勤めながらも、同時に創設された講武所《こうぶしょ》（幕府初の軍隊教練組織。現在の千代田区三崎町付近にあった）の教授にも任命された。それほど幕府から数学知識を見込まれたのだ。大村は数学の普及にも全身全霊で打ち込んでいる。蘭学仕込みの兵学者（特に西洋砲術）としての名声はこの時から広がっていった。大村は長州出身でありながら幕府の要職に雇われたのだ。それが後に、討幕軍の大砲隊長である。

福沢諭吉が文久3（1863）年に緒方洪庵の通夜の席で大村益次郎（村田蔵六）と大激論をしたことを晩年に述懐している。大村が攘夷決行（1863年の下関戦争と1864年の馬関戦争の2回。孝明天皇が命じ、将軍家茂《いえもち》が決定したことによる）を主導したあと、大坂に戻ってきた。彼を諫《いさ》めた福沢に対し、諸外国のことを知る蘭学者でありながらオランダに対して激しい怒りを表す大村の変貌ぶりに適塾の塾生たち（当然、開国派）はみな戸惑い、困惑したと福沢は記している。

大村は数学で防衛力を高め、早急な国防の強化を主張した。維新直後に、士族廃止の急進派とみなされ元長州藩士に襲われて一命を落とした。

前述した幕府重臣の大久保一翁（忠寛）は勝海舟を取り立てた。スパイマスター（大目付）のくせに大久保は横井小楠に心酔しており、初代の蕃書調所の頭取《とうどり》という役職だ。大久保がオランダ語が堪能な勝をスカウトし教授方に就任させたが、勝はすぐに長崎伝習所に行った。蕃書調所の実質的な校長は、昌平坂学問所（昌平黌《しょうへいこう》）の儒学者、古賀謹一郎《こがきんいちろう》である。大久保一翁

江戸時代の蘭学者の系譜

㊞＝儒者

初期蘭学者たち
密貿易商やオランダ商館・宣教師から学ぶ

医学系
杉田玄白（1733-1817）
中川淳庵（1739-1786）
渡辺華山（1793-1841）
高野長英（1804-1850）
桂川甫周（1751-1809）
箕作阮甫（1799-1863）

反権力の芽生え
㊞中江藤樹（1608-1648）
㊞熊沢蕃山（1619-1691）
大黒屋光太夫（1751-1828）
㊞大塩平八郎（1793-1837）
㊞古河謹一郎（1816-1884）

徳川光圀（実は蘭学者）

1837 ㊞大塩平八郎の乱

1839　蛮社の獄

後期蘭学者たち
輸入した洋書や漢文訳された書籍から学ぶ

横井小楠（1809-1869）
佐久間象山（1811-1864）
｜
大久保一翁（1818-1888）
勝海舟（1823-1899）
川路聖謨（1801-1868）

陽明学というキリスト教思想の吸収
㊞佐藤一斎（1772-1859）
緒方洪庵（1810-1863）
｜
福沢諭吉（1835-1901）
大村益次郎（1824-1869）

と勝海舟は監視係だ。

徳川家の統治権を天皇（天子）に返納して、諸藩から広く人材を登用して国家運営するという考えが幕臣たちから起こされたのである。蕃書調所に集まったエリートたちが、松平春嶽と横井小楠の構想を受けて幕府亡き後の政治体制を模索した。

ここで困るのが、湯島聖堂と昌平坂学問所（昌平黌）の旧来の学者たちと勘定方（今の財務官僚）である幕府のテクノクラートたちだ。開国には賛成であっても、彼らには公武合体（公家と武家の連合政府）から徳川幕府の消滅までは想像もできない。

井伊直弼亡き後、頭脳明晰なテクノクラートの代表が小栗忠順らだ。種痘所を自宅に開設させた川路聖謨、榎本武揚《えのもとたけあき》、西洋式大砲の技術者の高島秋帆、反射炉や東京湾に砲台（台場）を築いた伊豆韮山代官江川英龍《えがわひでたつ》、小栗の片腕で、数学者の小野友五郎《おのともごろう》たちだ。その他に長崎伝習所や蕃書調所（開成所）で学んだ幕臣と各藩士たちがいる。

西洋白人から学んだ近代思想を知識として理解しているとしても、それは西洋技術の導入のためという割り切りを持っている人々だ。これを「和魂洋才」といった。最後の将軍・慶喜の実父である水戸の徳川斉昭《なりあき》（烈公《れっこう》）は強く攘夷を唱えていたが、江戸の水戸屋敷には、改暦をめざして渋川春海を後押しした光圀《みつくに》の頃から禁書であった外国の書籍や地球儀、さらには望遠鏡まであった。

軍艦を輸入して国防を急ぐ小栗忠順（大身旗本層。赤城山の埋蔵金の伝説の人）と、人材の育成を急ぐ勝海舟（下層旗本層）が江戸城内で反目した。幕臣たちも内部で割れていた。

　小栗忠順が幕末にフランスの協力で造った横須賀造船所（１８６５年）は、明治になるとイギリス資本によって拡張された。そして太平洋戦争後は接収されて在日米軍の海軍基地となっている。現在の視点で判断すれば、小栗の早急な技術導入は、拠点の構築を急ぐ仏英米のフリーメイソンに巧みに利用されたと言える。長期的な視点に欠けたのが、幕末の技術系官僚の弱点だった。

蕃書調所のその後

　将軍慶喜（在位はたったの1年半）が慌てて行った大政奉還（側近の西周《にしあまね》らに唆《そそのか》された）の後、江戸開城で徳川体制は崩壊した。徳川家は80万石に減らされ駿府（静岡）へ移封させられた。江戸の幕臣がぞろぞろと慶喜に付き従って静岡へ移り住み、耐乏生活を余儀なくされた。蕃書調所（開成所）の知識者層《インテリ》も静岡に付き添っていった。数年後にはバラバラで江戸に戻っていく。

　もう徳川家には財力がなかったはずであるが、アメリカン・ボード（米国の海外伝道組織）の援助で旧幕臣のエリートらと静岡学問所を設立した。頭取にはフランスへの留学経験がある向山黄村《むこうやまこうそん》（１８２６〜１８９７）とオランダ留学経験がある津田真道が就いた。この二人はそれぞれ、昌平坂学問所（昌平黌）と蕃書調所（開成所）の教授だった。

静岡学問所では他にも、蕃書調所（開成所）から外山正一《とやままさかず》（1826〜1876）ら少なくとも7名が教官となった。昌平坂学問所（昌平黌）からも英国留学から帰国したばかりの中村《なかむら》正直《まさなお》（1832〜1891）ら多数がやって来た。

静岡学問所では語学だけでなく、理化学にも力を入れた。福井藩が招聘していたアメリカ人のウィリアム・グリフィス（William Elliot Griffis）、エドワード・ワーレン・クラーク（Edword Warren Clark）ら、多くの外国人教師を雇った。クラークは化学や物理、幾何学を教える教師だが、同時に、プロテスタントの神学者だ。他の外国人教師らとプロテスタント神学（反カトリック思想）の授業も行った。

静岡学問所は日本で一番早い、外国人や留学経験がある教授陣を擁する充実した洋学校であった。徳川家の家臣（旧幕臣）とその子弟たちに限らず、倒幕側についた藩からも広く生徒を募り、共に熱心に学んだ。

その一人、山本正至《やまもとまさし》（1835〜1905）は榎本武揚の腹心で、江戸湾から脱出した8隻の洋式軍艦のうちの1隻の船長である。ところがこの船は、函館に向かう途中の銚子沖で沈没してしまい、山本は新政府軍に捕らえられた。反逆者であったが、山本は静岡学問所に送られてきて、明治5（1872）年には日本初の幾何学の教科書を発表するなど、日本の数学史に功績を残している。

榎本武揚が開陽丸で運び出したのは幕府の数学蔵書

静岡学問所とともに沼津兵学校が開校された。このときはまだ、榎本武揚が函館の五稜郭に立て籠もって戦っている最中だ（明治2＝1869年）。榎本は、開陽丸で徳川慶喜を駿府へ送ると一度江戸に戻り、幕府天文方が蕃書調所に保管していた数学書を開陽丸に秘かに運び込んだ。逃走した榎本の開陽丸は、残念ながら小樽沖で座礁し沈没してしまった。このように数学の力を榎本も信じていたのだ。

開校当初の沼津兵学校は「徳川兵学校」と称して藩兵の養成という目的があったようだが、反政府と見られることを恐れてすぐに改称された。

この沼津兵学校の頭取が西周《にしあまね》であり、他にも10名ほどの蕃書調所（開成所）出身者が教授となった。また長崎海軍伝習所の出身者も多く、特色は数学教育の充実であった。

徳川家は、この両校を憎き薩長・明治政府への切り札とした。まさに頭脳（知識）こそ財宝であり、最大最強の武器だと信じられていた。ところが明治政府は中央集権制度を建前に廃藩置県を行い、藩校禁止令（明治4＝1871年）で学校はすべて中央政府の所轄とした。こうして静岡学問所と沼津兵学校は、わずか4年で廃校となった。

このため徳川家が擁していたお雇い外国人教師や蕃書調所（開成所）のエリート幕臣たちは

東京での出仕（徴士《ちょうし》）を求められて、再びぞろぞろと帰京した。ある者は新政府の中枢に、ある者は一ツ橋に移った大学南校の教授に、または陸海軍の将校になった。

蕃書調所の頭取（監視役でもある）であった勝海舟と大久保一翁も、政治の表舞台に引っ張り出され、大久保一翁は東京府知事となった。しかし大久保は役所にはほとんど出仕せず、サボタージュを決め込んだ。勝海舟も宿願であった海軍の近代化や失業して困窮する旧幕臣らの救済以外は、深く政治に関わることを避けて過ごした。しかし、この二人は旧幕臣たちから相当の恨みを買っている。その〝鮮やかな転身〟は、明らかに利敵・内通の賜物だからだ。

旧幕臣や蕃書調所（開成所）の出身者は明治政府をこころよく思わなかったようだ。かつての敵方に寝返る行為を潔《いさぎよ》しとせず、「武士は喰わねど高楊枝」と、無頼《ぶらい》となった者も多くいた。

天才を生み出せない官僚機構への失望

幕末に横須賀造船所を建設した小栗忠順の腹心で、小野友五郎という数学に秀でた技術者がいた。小野も明治政府からの海軍への出仕要請を拒み続けた。技術者として鉄道建設に関わった後は、教育活動と製塩業で生涯を終えた。

このようにして、静岡学問所・沼津兵学校の両校の閉鎖後は、そのまま静岡で茶農家になったり、小学校の教員や、地方官吏として生涯を終えた旧幕臣も多くいた。

蕃書調所の数学書を運んだ幕府軍艦・開陽丸

幕臣・榎本武揚も数学の有用性を信じていた

福沢諭吉もその一人として、官僚にも官立学校にも属することはなかった。中津藩の同志で蕃書調所出身の小幡篤次郎《おばたとくじろう》（1842〜1905）と、築地の中津藩の下屋敷の一角で慶応義塾を始めた。それから現在の港区三田に移った。当然ながら福沢は、政府もしくは大学南校への出仕を強く求められていた。

福沢諭吉は窮理学《きゅうりがく》（物理・化学・数学・神学など）を修めた天才だった。福沢の理念は、「啓蒙とは数学を基《もと》に身を立てることであり、啓蒙家は身を以て示せ」というものだ。蕃書調所の出身者は、みな外国語ができ、数学と物理も理解できたので、どのような方面でも活躍できた。啓蒙思想家とは数学者・物理学者でもある。つまり、「天は人の上に人を造らず、人の下に人を造らず」で始まる『学問のすゝめ』の趣旨は、数学の論理で物事を判断せよ、ということである。

西洋思想の本質は個人の自立である、という姿を福沢は目指した。平易に言えば、「人は自分で自分にふさわしい仕事を見つけて、それで喰っていけ」ということだ。

そのために、福沢は森有礼《もりありのり》（薩英戦争後の1865年、グラバーの手引きで五代友厚らと英国に留学した一人）と共に社交界（ソサエチー）という概念を実行しようとして、明治6（1873）年、「明六社《めいろくしゃ》」という学術団体を設立した。離散している旧幕府知識者層《インテリ》がふたたび一堂に会す場所が必要だと福沢は考えた。下世話な言い方をすれば、武士階層の再就職斡旋所でもあった。官職への根回しをする場としての役目を目指したのだろう。

本来は薩長閥への対立軸として「明六社」を目指したのだろうが、高官を独占する政府側会員との軋轢《あつれき》でたった2年で瓦解した。福沢の目指した社交界（ソサエチー）はその5年後に交詢社《こうじゅんしゃ》という実業家の社交場になった。この組織が明治の当初、学術と実業界を結びつけ、人材を供給する重要な役割を担った。福沢の理念が明治の殖産興業を支えていた。そのことが今もあまり知られていないことは残念だ。

その数年後、冒頭に記したように、蕃書調所出身の神田孝平とバイリンガル教育を施された菊池大麓、長崎海軍伝習所出身の柳楢悦《やなぎならよし》が、東京帝国大学開設と同じ明治10（1877）年に東京数学会社を創立した。これが日本最初の学会（academy《アカデミー》）である。当時の国内の知識人がここに一堂に会した。

その末裔が現代物理学の先駆けとなった仁科芳雄《にしなよしお》（1890～1951）である。仁科の教え子が、湯川秀樹、朝永振一郎ら物理学のノーベル賞受賞者の系譜だ。興味深いことに、江崎玲於奈（1973年、「トンネル効果」で受賞）以外に、東京大学出身者は今のところいない。

（了）

■主要参考文献■
遠藤周作『沈黙』新潮社、1981年
小松醇郎『幕末・明治初期　数学者群像（上・下）』吉岡書店、1990年

平山諦『和算の誕生』恒星社厚生閣、１９９３年
川本亨二『江戸の数学文化』岩波書店、１９９９年
鳴海風『算聖伝　関孝和の生涯』新人物往来社、２０００年
チャールズ・サイフェ、林大訳『異端の数ゼロ』早川書房、２００３年
磯田道史『武士の家計簿』新潮新書、２００３年
井沢元彦『逆説の日本史13　近世展開編』小学館、２００６年
副島隆彦『時代を見通す力』ＰＨＰ研究所、２００８年
加来耕三『坂本龍馬事典』東京堂出版、２００９年
鳴海風『江戸の天才数学者　世界を驚かせた和算家たち』新潮選書、２０１２年
ジョセフ・メイザー、松浦俊輔訳『数学記号の誕生』河出書房新社、２０１４年
丸山健夫『筆算をひろめた男　幕末明治の算数物語』臨川書店、２０１５年

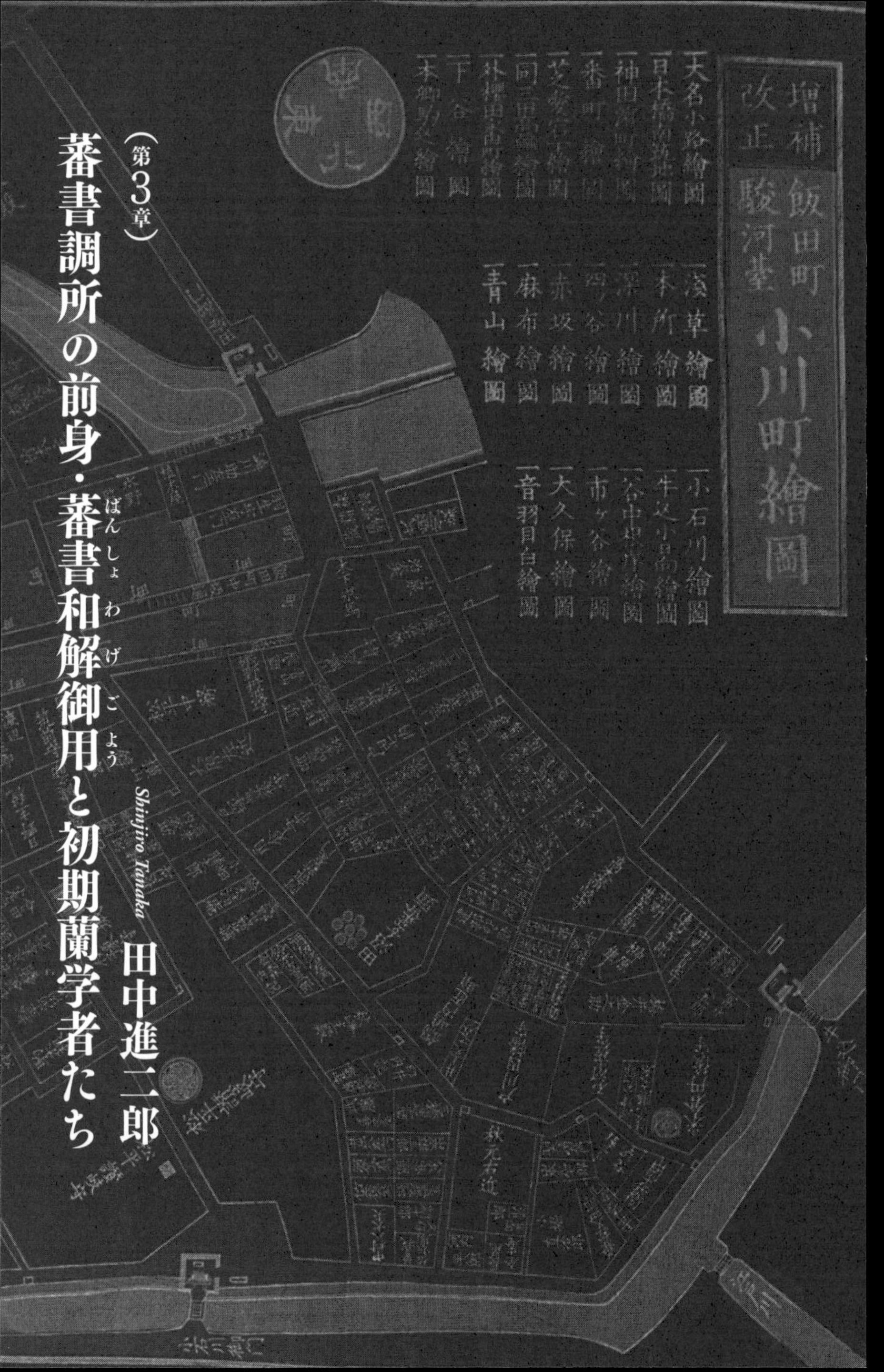

（第3章）

蕃書調所の前身・蕃《ばん》書《しょ》和《わ》解《げ》御用《ごよう》と初期蘭学者たち

田中進二郎
Shinjiro Tanaka

この章では、天文方《てんもんがた》という江戸幕府の機関と、その内部に置かれることになった蕃書和解御用《ばんしょわげごよう》、および蕃書調所《ばんしょしらべしょ》の歴史的意義とそれらに関わった人物たちについて論じる。蘭学者たちと、幕府の正式な学校である昌平坂学問所にいた儒学者（陽明学者）たちの隠された交流を明らかにし、幕末明治の歴史の原動力を探っていくことにする。

朝廷の権威に従っていた幕府の天文方

まず、江戸幕府の中に天文方という天体観測の研究所が置かれることになった経緯について、書く。天文方は、日本で独自に暦を作った最初の人物・渋川春海《しぶかわしゅんかい》（安井算哲。1639〜1715）にはじまる。長崎経由で輸入された望遠鏡を用いて、渋川春海が天体観測を行った。天体望遠鏡そのものは、イタリアの天文学者ガリレオ・ガリレイが1609年に発明し製作している。それが、日本に早くも1613年に伝わっている。これは大坂の陣が始まる前年である。イギリスの使節ジョン・セーリスが、徳川家康に望遠鏡（遠目金《とおめがね》）を献上した。

渋川春海が、望遠鏡を用いて天体観測を行った記録を日記に残している。幕府の権力者だった会津藩主・保科正之《ほしなまさゆき》が渋川に命じて、正確な暦をつくらせた（1683年）。これは大和暦、のちには貞享暦《じょうきょうれき》と名づけられた。

それまで暦は京都の朝廷に置かれた陰陽寮《おんみょうりょう》でつくられていた。暦をつくり、天文占いを行うことは、日本では古代から宗教的権威（朝廷）の独占物だった。「聖」を「ひじり」と読むのも「日《ひ》を知る人」から来ている。世俗権力（幕府）と宗教的権威（朝廷）の二重性は鎌倉時代から江戸時代まで存続していたのだ。

江戸幕府も京都の公家たちの権威に従っていた。古代以来の律令体制（天子さまの体制）は、徳川氏という武家が現実の政治権力を握った時代でも、ずっと理念（尊王思想）として残っていた。暦を変える（編暦）にも、公家の土御門《つちみかど》家の許可を必要とした。

そこで渋川春海は、尊王の朱子学者・山崎闇斎《やまざきあんさい》（垂加《すいか》神道を起こした大イデオローグ）とともに、中国の元朝で用いられた授時暦《じゅじれき》を研究した。それまでにも、渋川春海は長く山崎闇斎の神道の教えを受けている。

保科正之も、闇斎の反・徳川の思想的影響を強く受けていた。保科正之は三代将軍家光の弟とされているが真実ではないとされている。二代将軍秀忠の子・正之と家康の子・家光の間に激しい反目があった。

保科正之、さらに水戸光圀《みとみつくに》（黄門）らの後押しを受けて、改暦が実行された。このことは嘉《か》数次人《ずつぐと》著『天文学者たちの江戸時代』（ちくま新書、2016年）で指摘されている。だから貞享暦の改暦事業には、後の水戸学と同じ反・徳川イデオロギーの政治闘争の側面があった、ということだ。つまり天文方は最初は、朝廷の権威を幕府に認めさせるためにつくられた機関だったのだ。

渋川は日本の天象《てんしょう》に合うように改良を加え、貞享暦（月の運行をもとにした太陰暦）を完成させた。翌1684年に、幕府は「天文方」を江戸の神田に創設した。そして渋川を天文方の教授に就任させた。

渋川以後の天文方には、朝廷から陰陽師《おんみょうし》や、土御門家が江戸に来て、トップの地位についている。

初期蘭学者たちと隠れキリシタン大名

18世紀になると、状況に大きな変化が現れる。八代将軍・徳川吉宗がキリスト教以外の漢訳洋書の輸入の禁を解いた（1720年）。これ以後、西洋の学問知識が入手できるようになった。吉宗自身が、江戸の浅草（鳥越）に天文台を作って天体観測を行った。

暦に関しては、長崎の出島に『暦象考成後編《れきしょうこうせい》』（1742年刊）がもたらされた。この本は、中国の清朝がイエズス会宣教師たちに編纂させた書物だ。西洋の暦の理論と計算法が紹介された。さらに、以下の三人の長崎大通詞《おおつうじ》（鎖国体制下、長崎の出島でオランダ人との交渉にあたった）によって、西洋の天文学、窮理学《きゅうりがく》（物理学）の受容と研究が進んだ。

ニュートン（Isaac Newton, 1642〜1727）の『プリンキピア　自然哲学の数学的諸原理』（1687年刊）が志筑忠雄《しづきただお》（1760〜1806）によって、『暦象新書』として翻訳されている（1802年刊）。万有引力の法則が初めて日本に紹介された。

また、本木良永《もときよしなが》（1735〜1794）はコペルニクスの地動説を研究した。吉雄耕牛《よしおこうぎゅう》（1724〜1800）の長崎の豪壮な邸宅は「阿蘭陀《おらんだ》屋敷」と呼ばれた。その大客間には、太陽を中心として惑星が運行する絵が描かれていたという（地動説＝太陽中心説。ヘリオセントリック）。この広間に蘭学者たちが集い、「オランダ正月」（太陽暦＝グレゴリオ暦の正月）を祝う会を開いていた。

彼ら長崎通詞（初期蘭学者）の業績については、広瀬隆氏の異様に詳しい『文明開化は長崎から』（集英社、2014年）で明らかにされた。また幕府の権力者たちの中にも、蘭癖《らんぺき》大名と呼ばれる西洋かぶれの知識人が次々と現れてくる。

そして、いよいよ新たに西洋の天文知識を取り入れて暦（寛政暦）をつくることを、幕府が計画した。下級武士の高橋至時《よしとき》を浅草の天文方の所長に大抜擢した（1796＝寛政8年）。高橋至時は和算（日本の数学。本当は西洋の数学か？）の天才だった。もう一人、和算家の間重富《はざましげとみ》も、天文方に登用された。この人事を行ったのは、幕府若年寄の堀田正敦《ほったまさあつ》（1755〜1832。近江国堅田《かただ》藩主。〝独眼竜〟伊達政宗の子孫）であると、広瀬隆氏は前掲書で指摘している。堀田は高価な蘭書を買い集め、研究する蘭癖大名（本当は隠れキリシタン）の一人だった。

幕府は、正確な暦をつくるためには、蘭学者の力が必要だと考えていた。しかし、高橋至時を登用するという人事にあたっては、朝廷側からの猛反発が予想された。そこで堀田正敦は朝廷には極秘でこれを進めた。老中首座・松平定信もこの計画に加わっていた。堀田を若年寄に引き上げたのは、彼だった。定信も実は蘭癖（＝隠れキリシタン）大名であった。彼は八代将軍吉宗の息子といわれている。彼ら幕閣（時の権力者たち）は、京都の公家の陰陽師や神道家（吉田神道）の末裔たちが天文方のトップにいたのを、なんとか引きずりおろしたかった。

この人事の一方で、堀田正敦は、裕福な惣庄屋《そうじょうや》で商いも行う伊能忠敬（1745〜1818）に秘かに命じ、高橋至時の資金面のバックアップをさせた。

伊能忠敬は下総国（千葉県北部）の天領（幕府の直轄地）である佐原《さわら》の惣庄屋だった。忠敬は、利根川の堤防修築工事で活躍したり、天明の大飢饉（1782〜88年）に際しては、飢饉に備えて米を大量に買い付けた。それが周辺の農民の命を救った。さらに余った米を江戸で売って巨利を得た、という。忠敬の個人資産は3万両（現在では数十億円相当）もあった。忠敬は生来、頑強な体とずば抜けた知能をしていた。そしてその正体はまさしく公儀《こうぎ》隠密《おんみつ》（忍者）である。

忍者について研究した書物は限りなく少ない。忍者は文書を一切残さないので研究は困難だ。だからほとんど誰も書いていない。だが、隠密活動の役割は非常に大きい。

通説では、忠敬は天文方の新たなトップになったばかりの高橋至時に懇願し、弟子入りを許された（50歳、1795年）とされている。が、真実は幕命によるものだ。前述したが、幕閣の堀田正敦が忠敬を抜擢したのだ。このあと、忠敬は家業から身を引き、急遽、江戸の深川に引っ越して、浅草天文台まで３キロの道のりを毎日往復した。この際に歩幅を正確に２尺２寸（約70センチ）で刻み、歩数を数えたという逸話は有名だ。

伊能忠敬は、天体観測用の高価な道具を手に入れて、自宅で太陽、星座の運行の観測を行った。また測量による経度１度の正確な距離を割り出すのに貢献している。もう一つの功績は、自分が蓄えた３万両の資産を惜しみなくこの改暦事業につぎ込んだことだ。

こうして高橋至時、間重富という二人の天文方のトップに、伊能忠敬が加わって寛政の改暦事業はついに完成した（１７９７年）。

フリーメイソンの儀式だった「オランダ正月」

この時期はちょうど、フランスでメートル法が制定された時期（１７９９年）と重なっている。フランス革命の真っ只中、国民公会の度量衡委員会（委員長は有名な数学者ラグランジュ）は、世界共通の尺度となる「メートル」を確定しようとした。そのために、天文学者のドランブル（１７６５～１８４３）とメシェン（１７４４～１８０４）に依頼して、子午線《しごせん》の長さを実測させた（１７９１年）。

彼らは、フランスの最北の地ダンケルクからパリを通り、スペインのバルセロナまで延々と三角測量を行った。その結果から1メートルの正確な長さを算出した。1キロメートル（1000メートル）が地球の全周の長さの4万分の1と定まったのはこの時からである。

伊能忠敬の測量事業（日本地図作成）はこれに倣《なら》ったものである。忠敬は、寛政の改暦の完成ののち、1800（寛政12）年に、幕府から、日本全国の測量に基づく地図の作成を命じられた（伊能図。1821年に完成）。すでに55歳になっていた忠敬が、第一次測量では、浅草天文台を基点として、津軽半島の先端・三厩《みんまや》までの840キロの道のりを、歩幅を守りながらわずか3週間で踏破した。こんなことは忍者でなければ無理だ。

江戸の蘭学者たちが、寛政の改暦に大いに喜んで西洋式のパーティを開いている。当時の江戸には、蘭学者が集まるサロンがいくつかあった。仙台藩医・大槻玄沢《おおつきげんたく》の私塾・芝蘭堂《しらんどう》は、オランダ正月（新元）を祝う集まりを、毎年開いていた（1794年から1873年まで続けられた）。

前述したが、最初は長崎大通詞の吉《よし》雄耕牛《おこうぎゅう》が「オランダ正月」のパーティを始めた。1775年に長崎にやって来たツェンベリー（1743〜1828）は、医学をはじめとする西洋近代科学と思想を吉雄に指導した。吉雄は杉田玄白や前野良沢を長崎で教えた。のちに大槻玄沢は自分の師・杉田玄白の先生、吉雄のもとを訪ねた。吉雄のもとでオランダ医学を学んだ大槻玄沢が、江戸に帰り、パーティを継承した。

『芝蘭堂新元会《しんげんかい》絵図』（1794年画、本書43ページに掲載の図版参照）という画に、当時の蘭学者たちが賑やかに集まって、スプーンとフォークを使って洋食を食べている様子が描かれている。ロシアから帰国した「漂流民」大黒屋光太夫《だいこくやこうだゆう》が賓客として、参加している。寛政暦が完成した時にも、これを盛大に祝った。男同士で接吻《キス》をし合うということも実行していたようだ。これは当時西洋で燎原《りょうげん》の火の如くに広がっていた反カトリックの秘密結社フリーメイソン（＝ユニテリアン教会）の儀式を真似たものだろう。

初期蘭学者たちは当時の日本で、キリスト教を内部から疑い始めたヨーロッパで成長していたデイズム（Deism, 理神論。神の存在を疑う）と、さらには神の存在の否定にまで到りついた無神論（Atheism, エイシイズム。神の存在の否定）という新しい近代政治思想の空気をすでに察知していた。

彼らはデカルトやニュートンといったサイエンティストの理論を通じて、従来のキリスト教のＧｏｄ《ゴッド》の代わりとして、理性、合理主義（リーズン、reason）と摂理（プロビデンス、providence）を信仰、崇拝し始めていた。西洋世界では、Ｇｏｄ《ゴッド》の代わりに自然を崇拝していることも理解していた。

「オランダ正月」を始めた吉雄耕牛、桂川甫周《かつらがわほしゅう》らを教えたツェンベリーがフリーメイソンだった。ツェンベリーは帰国後、スウェーデンのウプサラ大学の学長となった。その教え子がスウェーデン人博物学者のキリル・ラクスマンである。キリルはツェンベリーの指導を受けた後、ロシアのイルクーツクに渡り、ロシアに帰化した。イルクーツクの日本語学校で教えていたとき、伊勢の漂流民・大黒屋光太夫（1751〜1828）の一行がやってくる。キリル・ラクスマンは光太夫をロシアの首都サンクトペテルブルクに連れて行き、女帝エカテリーナ二世に謁見させた。

ツェンベリー、キリル・ラクスマンは、大植物学者として知られるカール・フォン・リンネ（1707〜1778）の弟子であり、フリーメイソン団員であった。なお、大黒屋光太夫一行を連れて1792年に根室に来航したアダム・ラクスマンはキリルの長男である。

蕃書調所の前身・蕃書和解御用に集められた初期蘭学者たち

1800年前後の当時すでに、ロシア・イギリス・アメリカの西洋列強の船がしきりに日本近海に出没するようになっていた。1804（文化5）年には、ロシア使節レザノフが長崎に来航し通商を要求した。が、幕府は拒絶。これをきっかけに、ロシア船が蝦夷地《えぞち》（北海道）を襲撃する事件が続発した。幕府の対応に、桂川甫周たち蘭学者は憤りの言葉を吐いている。

さらに1808年にオランダ国旗を掲げたイギリス船フェートン号が、長崎に入港して乱暴を働いた。この責任をとって、長崎奉行・松平康英《やすひで》が自害する、という事態になった。フェートン号事件ののち、長崎を防衛する係であった佐賀藩は海防の必要を強く認識した。藩主・鍋島直正《なべしまなおまさ》（閑叟《かんそう》）のもとで、佐賀藩は徹底的に開明的な技術習得を行った。幕府はロシアの動

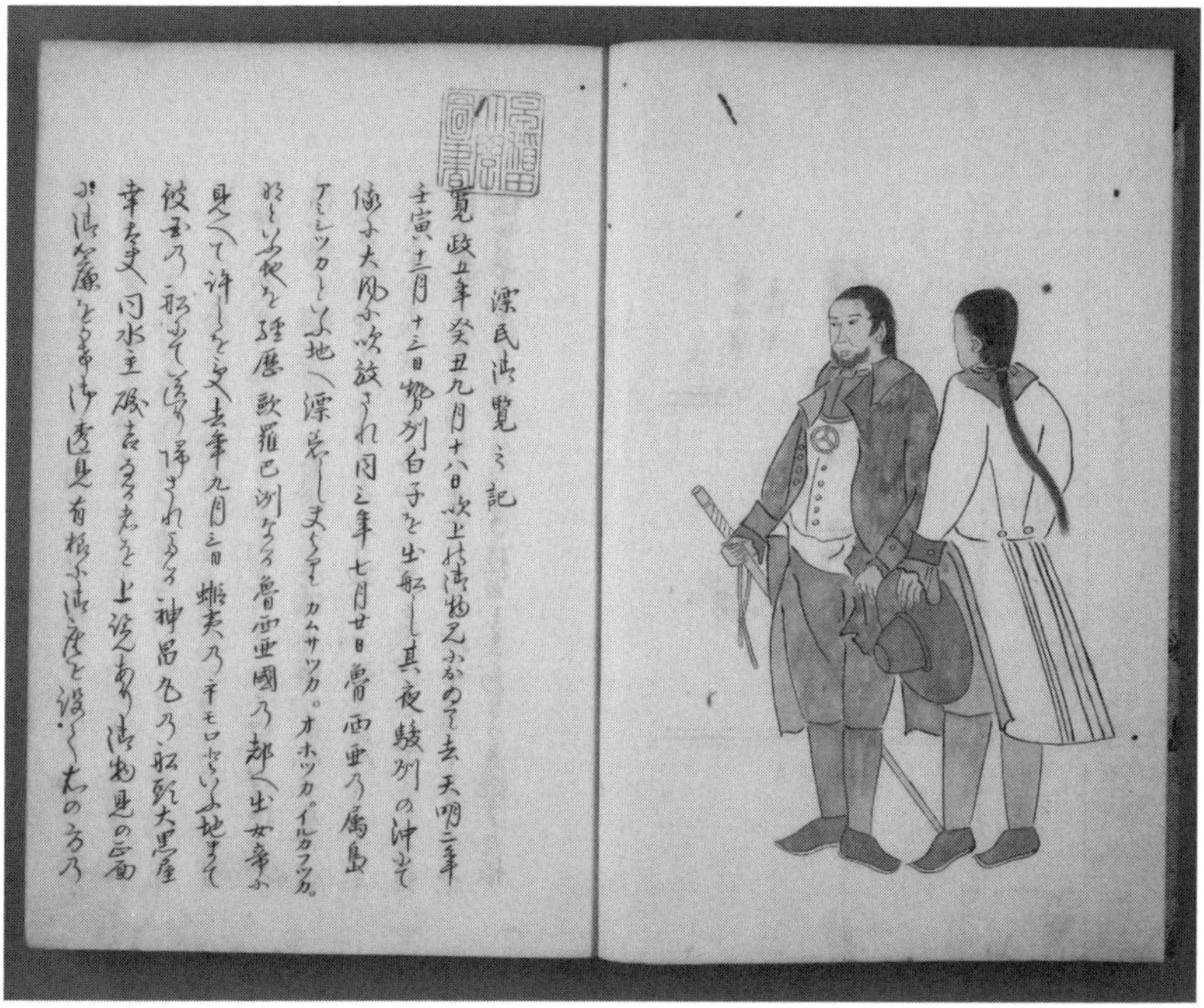

桂川甫周が著した『漂民御覧之記』の挿画。左側の洋装の人物が大黒屋光太夫

きに合わせて、探検家（本当は公儀隠密）の間宮林蔵と松田伝十郎に命じて樺太の探検を行わせた。松前藩だけでなく、東北の諸藩にも出兵を命じて、沿岸の警備を強化した。

幕府は天文方の所長・高橋至時《たかはしよしとき》の建議を容れて、江戸において本格的な翻訳事業を行う機関を作った。まず浅草天文台内に設けたのが蕃書和解御用《ばんしょわげごよう》である（和蘭書籍《わらんしょじゃく》和解御用。１８１１＝文化８年）。本当はこの時にすでに幕府の鎖国政策は破綻していたのだ。

外国船が交渉を要求していることが分かり次第、長崎に行かせた。そこで長崎奉行に応対させる。このやり方がもはや通用しないことが明らかになっていた。そこで急遽、通訳・翻訳者たちを江戸に集めることが急がれた。また長崎通詞たちも、オランダ語だけを学んでいるのでは諸外国に対応できないことに気づいていた。

本当はこの当時、オランダという国が一時的に消滅していた。そのいきさつについて、松方冬子著『オランダ風説書』から引用する。

アメリカ独立戦争でオランダがアメリカを支持したことをきっかけに、第四次英蘭戦争（１７８０－１７８４）が勃発した。この戦争に惨敗したことにより、オランダの海運、貿易業と金融業は壊滅的な打撃を被った。１７８９年にフランス大革命が起き、それにつけこんだ周辺諸国（第一次対仏大同盟）がフランスに軍隊を侵入させる。が革命軍は予想外の強さを示し、１７９４年余勢を駆ってオランダに侵攻した。オランダでは、国内の親

> フランス派がバターフ共和国を建てる。一方、親英派の総督（国王）オラニエ公ウィレム5世は家族を連れてイギリスへ亡命した。（中略）オランダ東インド会社は１７９９年に解散。その後、フランス皇帝として即位したナポレオン・ボナパルトは、１８０６年弟ルイをオランダ国王に任命した。しかし、ルイが大陸封鎖令を厳格に守らなかったため、１８１０年ナポレオンはオランダを直轄領に併合してしまう。これによりオランダという国は一時消滅することになる。
>
> （松方冬子『オランダ風説書』95〜96ページ）

このことを知っていたのは、馬場佐十郎ら長崎通詞とごく少数の蘭学者だ。彼らは長崎で行われたロシア使節レザノフとの交渉や、フェートン号事件への対応の中で知った。フランス語や英語、ロシア語を緊急に学ぶ必要性があった。幕府も、この情勢に対応できる人材を急いで江戸に集めて育成しようと、人選を始めた。前述の若年寄《わかどしより》の堀田正敦《ほったまさあつ》がこのとき、当時最高のオランダ語の学者だった大槻玄沢《おおつきげんたく》や、天文方の間重富《はざましげとみ》を呼び寄せ、協議した。こうして、蕃書和解御用が浅草の天文方の中に設置された（１８１１年3月）。

幕府は蕃書和解御用の御用掛《ごようがかり》に語学の天才だった馬場佐十郎（１７８７〜１８２２）と前述の大槻玄沢（仙台藩医）を任命した。実質的には馬場が主で、大槻玄沢は彼を手伝う役目だった。オランダ語のできた大槻ではなく、フランス語やロシア語、英語までできた馬場が最高責任者になった。この時、馬場佐十郎はわずか22歳だった。馬場は、ロシアから帰国した漂流民・大黒屋光太夫からも直々にロシア語を学んでいる（1804〜06年）。

さらにゴローニン事件（1811年）に際しては、松前で囚われていたゴローニン艦長に会い、ロシア語を彼から学んだ。日露外交の通訳の切り札として、幕府は馬場をロシアに通じた人間たちに引き合わせていたのである。

ゴローニンは、ロシア語文法書まで書いて、馬場に熱心に教えた。敵同士なのに仲がよかった。漂流民・光太夫やゴローニンらと、馬場とのただならぬ友情は、フリーメイソン団員の友愛精神そのものである。ゴローニンは2年間の日本抑留の後、日本人船主・高田屋嘉兵衛《かへえ》と捕虜交換となる。高田屋嘉兵衛も公儀隠密である。

また、馬場はゴローニンから、牛痘を接種する天然痘の治療法（イギリス人医師ジェンナーが発見）を教えてもらっている。そして後にロシア語の医学書を正確に翻訳した（邦題『遁花《とんか》秘訣《ひけつ》』1820年刊）。これが、天然痘の治療法に関する日本で最初の書物だった。幕末は日本人の3分の1が天然痘にかかっていた。治っても顔にはひどいあばたが残った（以上、馬場佐十郎については、杉本つとむ著『長崎通詞』を参照）。

馬場佐十郎は、天才的なポリグロット（多言語能力者）だった。幕府は馬場を幼児のときから、長崎の出島に来た西洋人たちのもとで諸外国の言語を学ばせていたのであろう。

副島隆彦氏は、国家は外交のために、このような特殊な人材を持たなければならない運命を負っているのだ、という。そのために幕府は江戸の小石川御薬園《おくすりえん》（1724年に八代将軍吉宗が置いた）に、西洋人（イエズス会宣教師、バテレン、漂着船員）を閉じ込めており、西洋の言語を学ぶポリグロットの日本人を秘密裏に養成していた、と副島氏は指摘する。ロシアから帰国した漂流民・大黒屋光太夫も、小石川御薬園にいた。しかし、幽閉されていたわけではなく、桂川甫周ら、江戸の蘭学者たちに呼ばれて、ロシアの国情やロシア語を教えていた。光太夫は反イエズス会のフリーメイソン・ネットワークにロシアで育てられた。だから小石川御薬園でも監督の立場にあったのだ。

幕府は、江戸の蕃書和解御用に集まった大槻玄沢や馬場佐十郎ら蘭学者たちに一大翻訳事業を命じた。それが、フランスの家庭用百科事典のオランダ語版『ショメール百科事典』（全26巻）の翻訳である。この翻訳作業は開始から30年続いた。そして、蛮社の獄の翌年の1840年に中断された（邦訳は『厚生新編』〔全100巻〕。ノエル・ショメール〔1632～1712〕はフランスの司祭・農学者）。

その2年後の1813年には、江戸詰《づめ》の津山《つやま》（岡山県）の藩医・宇田川玄真《うたがわげんしん》（1769～1834）が新たに和解御用の御用掛に加えられた。宇田川玄真は、宇田川4代（玄随《げんずい》・玄真・榕庵《ようあん》・興斎《こうさい》と続いた、津山藩の蘭医の家柄）の二代目である。初代・玄随は蘭医・桂川甫周の弟子で、前述したオランダ正月の集いにも加わっている。その養子となった玄真が蕃書和解御用で翻訳に活躍したため、彼の門下生が次々と幕府に登用された。『ショメール百科事典』の翻訳事業の訳官となった。同じく津山藩医の箕作阮甫《みつくりげんぽ》や、宇田川榕庵、興斎、箕作秋坪《しゅうへい》らものちに加えられた。箕作阮甫、秋坪は蕃書和解御用とその後身の洋学所、蕃書調所でも翻訳と教育を行った。

蕃書和解御用は、1855年に洋学所、翌56年に蕃書調所と改称し、江戸九段坂下に移転した。

高級スパイ・シーボルトと浮世絵師・葛飾北斎の知られざる関係

語学の天才・馬場佐十郎や、津山藩出身の宇田川家の人々、箕作阮甫(のちに蕃書調所の教授方)たちは、翻訳だけでなく幕府の外交の公式文書の作成や、通訳にもあたった。だから、多忙を極めた。馬場はほとんど過労死のような形で36歳で夭折《ようせつ》する(1822年)が、後を継いだのが小関三英《こせきさんえい》(1787~1839)である。小関は、高野長英らとともに、1823年に長崎にやって来たドイツ人の博物学者フランツ・フォン・シーボルト(1796~1866)のもとで学んだ。

シーボルトは馬場佐十郎が死んだ空白を埋めるために、来日したという説もある。有名な肖像画で伝えられている姿とは異なり、実はシーボルトは顔に十数カ所の刀傷(シュミス)を持つ、異形《いぎょう》の人物だったようだ。これは、彼が母国ドイツのヴュルツブルク大学で、決闘(メンズーア、mensur)を何度も繰り返してできたものだ。ドイツの大学には中世から現在に至るまで、防具をほとんど身につけず真剣で決闘を行う結社がいくつも存在する。この体験を経た者だけが、勇敢なゲルマンの男性とみなされ、政治家や財界のエリートへの階段を上ることが許される、という。

このドイツの隠された伝統が、『実録　ドイツで決闘した日本人』（菅野瑞治也著、集英社新書、2013年）で明らかにされ、日本人読者は衝撃を受けた。

長崎の鳴滝塾《なるたきじゅく》でシーボルトを間近に見た蘭学者たちも、異様な雰囲気をもったこの人物に圧倒されたことだろう。シーボルトは自然研究や医術の教授を行ったのみならず、日本の社会、歴史についての知識も貪欲に吸収した。その研究報告をオランダのライデン大学に送った。

なかには、葛飾北斎がシーボルトから直《じか》の依頼を受けて描いた、日本人の庶民の生活の絵まである。その絵は西洋絵画の技法で描かれている。日本人なら誰でも知っている北斎の富嶽三十六景の「神奈川沖浪裏《なみうら》」（1832年作）もただの浮世絵ではない。この絵の構図には、西洋の黄金比《ゴールデン レイシオ》（golden ratio）が正確に用いられている。

おそらく北斎はシーボルトから直々に、西洋では〝神術〟とされる数学を学んだはずだ。長野県小布施には、北斎がキリスト教の天使（エンジェル）を描いた画が残されている。北斎も隠れキリシタンだった。

さらに北斎には裏がある。北斎は将軍お付きの御庭番衆《おにわばんしゅう》（徳川吉宗から始まる紀州藩の忍者。公儀隠密）を代々務めた川村家に生まれている。だから、蘭学者や陽明学者の動向を探るという隠密の活動も行っていただろう。

シーボルトからの日本の機密情報を収集していたライデン大学は、反カトリック勢力のフリーメイソンリーの牙城である。開国の直後、西周《にしあまね》（周助）と津田真道《つだまみち》（真一郎）が幕府のオランダ留学使節団の一員として渡欧した。そして、1862年からこのライデン大学で学び、記録に残る最初の日本人フリーメイソンとなった。このことは、本書の姉妹編『フリーメイソン＝ユニテリアン教会が明治日本を動かした』（成甲書房、2014年）の第4章「西周」で私、田中進二郎が論じた。ライデン大学と密接につながっていたシーボルトも、フリーメイソンに属する高級スパイである。

彼は鳴滝塾に集まる門弟たちに次々と日本に関する研究論文をオランダ語で書かせて、その見返りとして、ヨーロッパの最新の科学の実験器械を与えていた。前述した高橋至時の長男・景保《かげやす》が、天体観測用の器械欲しさにシーボルトに、天文方から国禁の伊能の日本地図（大日本沿海輿地《よち》全図）を譲った。これが幕府の隠密・間宮林蔵に嗅ぎ取られて発覚、シーボルト事件が起こった（1823年）。

この事件では高橋景保が獄死しただけでなく、彼と関係のあった長崎通詞たちは一斉に処罰の対象とされた。小関三英は辛くも入獄を免れたが、幕府権力の恐ろしさは彼の脳裏に深く刻まれることになった。

日本の機密情報を収集していたドイツ人博物学者
フランツ・フォン・シーボルト

葛飾北斎画「神奈川沖浪裏」はシーボルトから
学んだ西洋絵画の技法で描いた

蛮社の獄で刑死した初期蘭学者・小関三英、渡辺崋山、高野長英

シーボルト事件ののちも、小関三英は蕃書和解御用で翻訳事業のリーダーを務めた。それは馬場佐十郎の代わりは小関にしかできない、と幕府が判断したためだった。広瀬隆の『文明開化は長崎から』（下巻）には次のように小関の業績が述べられている。

小関は、天文方に収蔵されていた輸入洋書から、フランスのディドロの無神論の思想を紹介した本を見つけだす。小関はフランス革命を準備したのはディドロやダランベール、ヴォルテールたち自由思想家（Free thinker《フリー シンカー》）たちによる『百科全書』の刊行事業（1751〜72年）だったことを洞察した。ディドロは中産階級の読者に向けて、当時のフランスの社会・宗教・哲学を批判する文章を『百科全書』に書いた。小関三英はショメールの百科事典も、まさにそれと同じ思想的意義を有するものと考えた。さらに、西洋の自然科学の根底にキリスト教の神学（Theology, テオロジー）があることを突き止めた。幕府の目をかいくぐりながら、『ショメール百科事典』から、御法度であるキリスト教に関する記述を訳し続けた。小関は月に2回、蘭学者を集めて、『ショメール』を読む読書会を開いていた（「三八の会」）。

また、小関三英が属していた（初期）蘭学者たちの私的な集まり・尚歯会《しょうしかい》には、高野長英、渡辺崋山、江川英龍《ひでたつ》（坦庵）、川路聖謨《かわじとしあきら》も加わっている。

渡辺崋山は、東アジアにイギリスとロシアの二大勢力が手を伸ばしてくることを見抜いていた。当時最新の世界地図を広げて、列強のグレートゲーム（世界列強の権力者闘争）を解説していた。崋山は『外国事情書』を著して（１８３９年刊）、このグレート・ゲームが日本に早晩大きな危機をもたらすことに警鐘を鳴らした。イギリスとロシアが世界に進出して、互いに勢力圏を広げていることを崋山はよく知っていた。

イギリスの外交政策が高度なものになっている。「無《む》二念打払令《にねんうちはらいれい》」のように、鎖国を墨守するというやり方では、日本はイギリスにつけ込まれ属国化する、と持論を展開した。これはやがて清朝中国で起こる阿片戦争（１８４０～４２年）を予知するものだった。尚歯会では、西欧列強が東アジアを植民地化する、という危機感が共有されていたのだ。

幕府の正式の学問所である昌平坂学問所《しょうへいざかがくもんじょ》の学頭だった陽明学者・佐藤一斎《さとういっさい》と安積艮斎《あさかごんさい》も、崋山の話を熱心に聞いていた。

佐藤一斎も若いときから、蘭学を学んでいる。鳴海風《なるみふう》著『星に惹かれた男たち　江戸の天文学者　間重富と伊能忠敬』によると、佐藤一斎は、20歳の時（１７９２年）に大坂に遊学したおりに、間重富（和算家、暦学者）の家に滞在している。佐藤一斎は、機械に深い関心を抱いており、舶来のクロノメーター（腕時計）のコレクションは当時日本一であったという。幕府の天文方が、佐藤一斎の所有する最新の時計を借りに来ることもあった。干支《えと》で時刻を言い表していた日本で、彼だけが西洋の時間感覚で生活していたのである。当時は、西暦で年号を表記することさえも、キリスト教との関係で厳禁だった。だから、佐藤一斎は西洋近代人（modern man《モダーンマン》）だったのだ。画家でもあった渡辺崋山が彼の肖像画を書き残している。

蘭学者たちと昌平坂学問所の儒学者たちの関係は深かった。安積艮斎、川路聖謨はのちに日露和親条約締結（1854年）の外交交渉を担当している。安積艮斎はこのときの外交文書をオランダ語で書くほど、蘭学に通じた儒学者（陽明学者）だった。

だがこの時、尚歯会にも幕府の隠密が入り込んでいた。小関三英は、蘭学者たちに「隠密の間宮林蔵があちこちをかぎ回っているから、彼が来たら蘭書はすぐに隠せ」と指示する手紙を残している。

当時幕府で権力を握っていたのは、老中・水野忠邦と、大目付《おおめつけ》・鳥居燿蔵《とりいようぞう》である。鳥居は蘭学を「蛮学《ばんがく》」と呼んで蔑み《さげすみ》、尚歯会メンバー（蛮社）の動向を監視していた。鳥居燿蔵は、幕府の官学である朱子学者の筆頭・林述斎《はやしじゅっさい》の次男で、朱子学の偏狭さを体現した人物だった。蘭学者と陽明学をともに目の敵《かたき》にしていた。尚歯会のメンバーに陽明学者が加わっていることにも、鳥居は我慢がならなかった。彼の目にはどちらも封建社会の破壊者に映っていたであろう。おりしも、陽明学者・大塩平八郎の乱が起こり（1837年）、幕府の権威は大いに低下していた。副島隆彦氏は、天保の頃に大飢饉とともに「バブル崩壊」があったと述べている。鳥居燿蔵は、「（蘭学者たちは）浪華《なにわ》（大坂）の大塩平八郎らとかねて親しく来往し、その実は皆一味

渡辺華山筆による佐藤一斎の肖像画

の由《よし》に候《そうろう》。御吟味《ごぎんみ》遅滞《ちたい》仕《つかまつ》り候《そうら》はば、由々しき大事に及びなん」という噂を信じた。これは、全くの濡れ衣とは言えない。

１８３９年8月、アメリカの商船モリソン号を幕府は無《む》二念打払令《にねんうちはらいれい》によって、砲撃して追い払った。この対応に、渡辺崋山が『慎機論《しんきろん》』、高野長英が『戊戌《ぼじゅつ》夢物語』を著して批判したのは有名だ。これに対し、幕府はついに蛮社の獄と呼ばれる、蘭学者の大弾圧を開始した（１８３9＝天保10年）。小関三英は捕吏に捕まる前に自殺した。

渡辺崋山は厳しい取り調べを受けたあと、三河田原藩（愛知県渥美半島）の自宅で謹慎中に自害した。遺書には「不忠不孝　渡辺登」と記されていた。崋山の無念は想像するに余りある。昼間は正統の朱子学者であった昌平黌の塾頭の佐藤一斎、安積艮斎も崋山たちを救出することはできなかった。自分が蘭学者との関与を疑われないように弁明するのがやっとだった。

高野長英も捕らえられて、永牢《ながろう》（無期懲役）を言い渡され、江戸の小伝馬町の牢に入れられる。しかし4年半後、牢の火災に際して脱獄した。その後6年半にわたって、全国の隠れキリシタン大名たちに匿われながら逃亡を続けた。が、江戸に戻ったところを捕吏《ほり》につかまり、撲殺された（１８５０年10月）。吉村昭の小説『長英逃亡』（１９８４年）に長英の悲惨な最期が描かれている。

長英は殺される直前、顔を薬品で焼き、沢三伯《さわさんぱく》の名を名乗って江戸に戻っていた。そして蘭学塾を開いたばかりの勝麟太郎（後の海舟）のもとを庇護を求めて秘かに訪れている。勝も公儀隠密として、逃亡中の長英を探索していただろう。勝のまわりには、この頃からすでに豪商のパトロンたちが何人もついている。伊勢射和《いざわ》の豪商・竹川竹斎《たけがわちくさい》、箱館の貿易商・渋田利右衛門、紀伊湯浅の醤油製造業・浜口梧陵《ごりょう》などだ。彼らは前述した伊能忠敬のように、特殊な能力をもって幕府に用いられていた。

勝の伝記はどれも、島田虎之助の剣術道場（浅草）に通っていた勝が、師の島田に勧められて突然蘭学を始めたとしている。そこで、勝は蕃書和解御用の訳官だった箕作阮甫《みつくりげんぽ》に弟子入りしようとしたが、なぜか入門を断られている（１８４５年）。これは勝が蘭学者グループの中では警戒されていたためだろう。勝は剣術の師範代として、江戸の大名屋敷に出入りし、大名のスパイ活動を行っていた。

だから勝海舟が、杉享二《すぎこうじ》を師範として蘭学塾を開いたのも、逃亡中の高野長英をおびき寄せるためだ。

勝海舟の父・小吉に武術一般を教えていた人物に、平山行蔵《ひらやまこうぞう》（１７５９〜１８２９）がいる。この平山が伊賀組同心《どうしん》、つまり忍者だった。清水昇著『江戸の隠密　御庭番』（河出書房新社）は、彼ら江戸時代の隠密の肖像を書いている。平山行蔵は、勝小吉を子分にしていた。息子の勝海舟も、最初から公儀（幕府）の息がかかっていただろう。その勝海舟に上から指令を下していたのが、幕臣・大久保忠寛《ただひろ》（一翁《いちおう》）だ。大久保や勝や杉享二のような人物が、後期蘭学者の典型である。彼らが1856年に設置された蕃書調所の頭取や教授を務めた。また、勝の従兄《いとこ》にあたる幕末の剣豪・男谷信友《おたにのぶとも》（精一郎）が幕府の講武所の頭取を務めている。

蛮社の獄で初期蘭学者たちの活動は一斉に弾圧された。当時最高の蘭学者たち、小関三英、高野長英と渡辺華山がここで非業の死に追いやられた。このあとは幕府の息のかかった公儀隠密や、諸藩の送り込んだスパイたちが暗躍する世界に変わる。蘭学者たちは異議申し立てをしなくなる。だから、私たちの本書では、蛮社の獄以前と以後で初期蘭学者と、後期蘭学者（＝洋学者）とを分けて考察している（95ページの表参照）。

蕃書和解御用の翻訳事業の歴史的な意義

蛮社の獄によって蕃書和解御用は、小関三英という思想的リーダーを失った。30年に及んだ江戸時代最大の翻訳事業も、小関の死んだ翌年（1840年）、ついに中断された。『ショメール百科事典』の翻訳は、幕府の上級役人の間で回覧されただけで終わり、ついに刊行されることはなかった。西洋の百科事典の意味を、幕府の中枢の人間はほとんど理解せず、お蔵入りにしてしまった。「フランス百科全書派」のディドロやダランベールらは、知識を市民（ブルジョワ）に広く公開せよ、と考えた。しかし、日本の封建体制下では行われなかった。『ショメール百科事典』の訳業は、蕃書和解御用とその後身である蕃書調所の内部に保管され、一般の目に触れることはなかった。

だがその一方、『ショメール百科事典』をはじめとして、蕃書和解御用で行われた数々の洋書の翻訳事業は、蘭学者たちを幕府の外交官、官僚として育成するという役割を果たした。

馬場佐十郎、小関三英、箕作阮甫の指導を受けた蘭学者たちはのべ数百人にのぼる。彼らは江戸で当時日本で最高の西欧言語の教育を施されたのである。志筑忠雄《しづきただお》以来、長崎通詞たちの間で蓄積されていた文法理論などが、彼ら後期蘭学者（洋学者）に叩き込まれた。そして、外国語能力が飛躍的に向上していったのだ。

幕府の翻訳機関に携わった者たちは、幕末明治にどこに行ったのだろうか？ 彼らは、戊辰戦争後、静岡につくられた幕臣たちの学校である、沼津兵学校に移っていた。だが、明治新政府の要請に応じて、校長の西周《にしあまね》をはじめとしてゾロゾロと東京に戻っていって、新政府に登用されている。彼らが、新政府を裏で支える近代的な国家官僚となっていくのである。

こうして見てきたように、幕府は初期蘭学者の力を結集して、寛政の改暦、伊能忠敬の日本地図作成、蕃書和解御用の翻訳事業と、立て続けに目覚ましい成果を挙げていたのだ。

これは初期蘭学者たちが西欧の啓蒙思想＝フリーメイソン・ユニテリアンの思想に刺激を強く受け、受容していたためにほかならない。成果だけを見れば、18世紀後半から19世紀前半までは、日本のルネサンス期といってもよい時代なのである。しかし、幕府は知識人を独占的に囲い込み、幕政を批判する蘭学者を弾圧した。だから、蛮社の獄で壊滅に追いやられた初期蘭学者の志は、後期蘭学者たちよりも、むしろ陽明学者たちによって受け継がれていくことになる。

陽明学＝中国化したキリスト教を私塾で教えた佐藤一斎、安積艮斎

ここからは、陽明学者のネットワークの話に焦点を移す。

幕末の江戸で多くの門人を育てた陽明学者・佐藤一斎、安積艮斎は渡辺崋山らと交流した。彼らは初期蘭学者たちの活動に刺激されて、幕末の日本の置かれた情況を門人たちに教えていった。

佐藤一斎の弟子の数は3000人といわれた。佐藤一斎は幕府の学問所である昌平坂学問所（現在は東京・お茶の水の東京医科歯科大がある所）を統括する教授だった。これは今でいう東大の総長にあたる。当時幕府は寛政異学の禁（1790年）を発令して、昌平黌《しょうへいこう》で朱子学以外の学問を教えることを禁止していた。だから、佐藤も表向きは朱子学を標榜《ひょうぼう》した。

彼ら昌平坂学問所の教授たちは、昼間は朱子学を講じて、「本邦《ほんぽう》（我が国）は、徳川家のご恩顧で太平の世が続き……」と教えた。ところが、夜になると、自分の私塾で、顔つきが変わったようになって、目を輝かせて陽明学を教えた。

そこから、「陽朱陰王《ようしゅいんおう》」あるいは「日朱夜王《にっしゅやおう》」という名前がついた（副島隆彦『時代を見通す力』ＰＨＰ研究所刊を参照）。

陽明学とは中国化したキリスト教——博愛の思想である。陽明学者は民衆救済、「経世済民《けいせいさいみん》」を唱えた。

佐藤一斎の門下生には渡辺崋山、佐久間象山、横井小楠《よこいしょうなん》らがいる。だから、幕末に活躍した坂本龍馬、吉田松陰、勝海舟たちの先生の先生にあたるのが、佐藤一斎である。西郷隆盛も、佐藤一斎が40年もかけて著した主著『言志四録《げんししろく》』を繰り返し読み、精神の修養を行った。西南戦争（１８７７＝明治10年）の最後で、鹿児島の城山で死ぬときまで、西郷はこの書を持っていた。

『言志四録』にある三学戒と呼ばれる一節、

少にして学べば、則《すなわ》ち壮にして為すことあり。
壮にして学べば、則ち老いて衰えず。
老いて学べば、則ち死して朽ちず。

は有名である（『言志晩録』に所収）。

１８５０年には、安積艮斎も昌平黌（昌平坂学問所）の教授となった。安積は今の福島県郡山市安積の神主の家に生まれた。森鷗外の晩年の伝記小説に『渋江抽斎《しぶえちゅうさい》』（1916年）がある。漢方医の渋江抽斎が主人公だが、安積艮斎は抽斎の先生として登場している。艮斎は19歳の時に、すでに妻もいた郡山の実家を捨てて江戸にやって来た。が、路銀が尽きて野垂れ死に寸前になった。寺の住職が、彼を世話したあと、佐藤一斎に紹介した。一斎の私塾に住み込んで、熱心に学問に打ち込み始めたと、鷗外は書いている。

艮斎ものちには、師の佐藤一斎とともに幕府の教育機関のトップで教えた。私塾「見山楼《けんざんろう》」でも教え続けたから掛け持ちで激務だった。2282名が見山楼の門人帳に名を連ねた。小栗《おぐり》忠順《ただまさ》（後述）の父・忠高《ただたか》が江戸・駿河台の屋敷の一角を、安積艮斎に提供していた。この屋敷から富士山が望めたのが見山楼の名の由来だ。

安積艮斎は門人たちの長所をとにかく褒《ほ》めた。長所が見つからなければ、その人が持っている筆や硯《すずり》を褒めたという。「長所を見つけてそれを伸ばす」というのが、陽明学の教育の特徴だ。人間の自然な性向を無理に変えることに意味はない、才能のある人間に与えることのできるのは愛情だけだ、というのが陽明学者の教育の実践法としてあった。この教育方針からは、タイプの違った人物が生まれた。

安積艮斎の私塾・見山楼では、以下のように多彩な人物が学んでいる。小栗忠順（江戸幕府最後の勘定奉行。上州権田村《ごんだむら》に所領。赤城山の埋蔵金の話で有名）、川路聖謨《かわじとしあきら》（幕府の勘定奉行、外国奉行などを歴任。本当は、幕府のスパイマスター）、清河八郎《きよかわはちろう》（新撰組の前身・浪士組を結成した。回天《かいてん》を唱えて暗殺された)、岩崎弥太郎(三菱財閥の祖)、高杉晋作、栗本鋤雲《くりもとじょうん》。小栗忠順は自邸が見山楼だったから、8歳の時から学び始めている。5歳年上の栗本鋤雲と机を並べて学んだ。「刎頸《ふんけい》の友」(死ぬまで一緒の親友)として、幕末には二人は協力した。ロッシュ公使と交渉して、フランス資本の導入のために力を合わせ、奔走した。

佐藤一斎や安積艮斎の私塾は、幕府の昌平黌よりも人気があった。陽明学の私塾が幕府官学を圧倒していたのだ。『渋江抽斎』を書いた森鷗外は、西洋文明の紹介者として、西洋の思想・文学・医学書などを大量に翻訳した。しかし、晩年になると、日本の文明開化を否定した。鷗外は、佐藤一斎や安積艮斎らの幕末の私塾の教育方法を、明治になってからの洋式教育よりも高く評価したのである。

中江藤樹から佐藤一斎にいたる陽明学=キリスト教のネットワーク

佐藤一斎、安積艮斎につながる、江戸時代の陽明学者の秘密を、本書第1章の石井利明氏の論文が解明している。石井氏は、中江藤樹《なかえとうじゅ》(1608~1648)や熊沢蕃山《くまざわばんざん》(1619~1691)を始祖とする日本の陽明学者たちが、キリシタンの流れをもっていること。陽明学は儒教の天(ティエン)や天命(ティエンメイ)を、キリスト教のGod《ゴッド》のように理解していたと、論じている。儒教の一種のふりをしながら、実はキリスト教と同じである。中江藤樹の説く皇上帝《こうじょうてい》、大乙神《たいいつしん》も、やはりデウス（Zeus、ゼウス、ダイウス）のことだった。今に至るまで日本の知識人、学者の中に「陽明学はキリスト教である」とはっきり言う者は誰もいない。

倉田和四生《わしお》氏は、中江藤樹を祖とする日本の陽明学が明治プロテスタントの源流であるとしている（以下、倉田和四生著『山田方谷の陽明学と教育実践』を参照）。

明治時代のプロテスタント・海老名《えび》弾正《なだんじょう》（1856～1937。熊本出身、横井小楠の女婿）は、〝近江聖人〟中江藤樹を「基督（キリスト）の福音を聞かずして既に基督教会の長老」と断じた。日本の陽明学の祖と言っていい藤樹が、天主教のデウスと儒教の皇上帝（上帝）を同じ崇拝対象として信奉した。これが、陽明学の本性、正体である。江戸時代を生き延びた隠れキリシタンたちは、「デウスさま」を唱えた。「主イエス」とは唱えなかったのだ。

実際に、中江藤樹も四国の大洲《おおず》藩でキリスト教の洗礼を受けているのだ（1626年）。これは島原の乱の10年ほど前だ。19世紀のフランス人日本学者・レオン・パジェスが著した『日本切支丹宗門史』（岩波文庫、1938年）の「1626年」の項に出ている。パジェスの言う「四国にいる改宗した支那学者」こそが中江藤樹だ、と主張したのは桜美林学園創立者である牧師の清水安三《しみずやすぞう》（1891～1988）である。

中江藤樹も、その弟子・熊沢蕃山も、岡山藩主の池田光政《みつまさ》に招かれた。藩祖である池田輝政《てるまさ》（光政の父）は隠れキリシタン大名だった。池田光政は蕃山の強い影響を受けた。「経世済民」（中国化したキリスト教の博愛精神）を藩政のモットーとした。庶民の教育に多大なエネルギー

「デウスさま」を唱えた陽明学者、中江藤樹

明治期のプロテスタント、海老名弾正夫妻。
海老名は中江藤樹や熊沢蕃山の思想が
キリスト教に近いと看破した。
また、夫人の海老名みやは横井小楠の娘であるを注いだ。この光政の求めに応じて、中江藤樹は自分の近親者を岡山藩に送ることになった。熊沢蕃山と、中江藤樹の長男・次男、門人たちが、藩校の「花畠教場《はなばたけ》」で講義した（1651年）。ここで「致良知《ちりょうち》」――プロテスタントの「良心《りょうしん》」と同じだ――を根本に置いた教育を実践した。だが、徳川家康が招いた幕府の儒官の筆頭だった林羅山《はやしらざん》が、キリスト教（天主教）と同類だと見破った。熊沢蕃山は非難された。そして、1657年に岡山藩を追い出された。その後、幽閉された摂津国で蕃山は『集義和書《しゅうぎわしょ》』を著している（1672年）。

この書物について、前述した明治時代の海老名弾正（新島襄が作った群馬県の安中《あんなか》教会の牧師、同志社大学総長も務めた）は、蕃山の『集義和書』はキリスト教に近い宗教書だと言っている。

キリスト教が御法度であった江戸時代に、この陽明学は危険視され、迫害されていたのだ。

こうして池田光政が開いた教場は、幕府に睨まれながら、「閑谷学校《しずたに》」へと引き継がれた。しかし、陽明学＝キリスト教は、秘かに教えられ続けている。

1873（明治6）年に太政官布告によってキリスト教の禁止令が廃止された。同年ようやく、閑谷学校で初めて陽明学を正式に講義することができた。このとき佐藤一斎門下の二傑といわれた山田方谷《やまだほうこく》（1805〜1877）が講師として登壇した。

方谷は岡山の備中松山藩（現・岡山県高梁市《たかはし》）の陽明学者である。大坂で大塩平八郎の私塾

「洗心洞《せんしんどう》」に学んだあと、佐藤一斎の門下となった。そして佐久間象山と並ぶ二傑と呼ばれた。毎晩遅くまで象山と方谷の二人は議論をしていた。象山が議論をふっかけるのだが、いつも、方谷に分《ぶ》があったという。

山田方谷は明治の初めに漢訳聖書を熟読した。そしてそこにある「良心（consciousness）」が陽明学が重視する「致良知」と何ら変わらないことを悟った。その後、1876（明治9）年に没するまで毎年、閑谷学校で講義している。

明治になって直ちに、プロテスタント教会の大きなミッション団体であるアメリカン・ボードが、神戸を基点に西日本でのキリスト教の布教を開始した。このとき、岡山での布教活動の中心となったのは、山田方谷の門弟たちであった。だから明治の新式の教育家たちもここから数多く輩出した。

陽明学者とキリスト教（ピューリタニズム）が自然に合体した。これは熊本の肥後実学党《じつがくとう》も同様だった。肥後実学党（1843年結成）は、幕末を代表する思想家の横井小楠（1809〜1869）によって組織された。横井も佐藤一斎のもとで学んだ。「経世済民」を唱えて藩内の朱子学者と対立した。横井小楠に対する激しいネガティブキャンペーンが張られ、横井は肥後熊本を離れた。その後、福井藩主松平春嶽のブレインとして活躍した。横井は、維新後の1871年に米国の砲兵大尉リロイ・ランシング・ジェーンズを熊本に招く、その足場をつくった。そして熊本洋学校を開かせたのである。

それまで攘夷を唱える勤王党だった者たちも、急激に思想の転向（conversion）を起こして、クリスチャンになった。1876（明治9）年に熊本市の花岡山で「奉教趣意書《ほうきょうしゅいしょ》」（キリスト教信仰の誓約書）に署名した人々は、横井小楠の門下生だった。

彼ら徳富蘇峰《とくとみそほう》・蘆花《ろか》兄弟、海老名弾正ら青年クリスチャンたちが「熊本バンド」と呼ばれる。これが日本のプロテスタントの三大源流の一つになった。あとの二つは、クラーク博士の「札幌バンド」と宣教師バラ、ブラウンたちによる「横浜バンド」だ。

海老名弾正は、横井小楠の肥後実学党で学んだことについて、のちに次のように述懐している。渡瀬常吉著『海老名弾正先生』（東京龍吟社、1992年）から引用する。

横井小楠は「宋の朱子」から出発して、「四書」を遡《さかのぼ》りさらに「五経《ごけい》」に至って、遂に天に到達した。天を、上帝《じょうてい》に人格化し、天が我が心を見、天が我を保護する〔と語った〕。予〔海老名弾正〕は常に良心の責めを受けて、解決し得ない窮境にあった。予はまず実学を得て、精神の活路を開発していった。

朱子学は、親を三度諫めて聞かれざれば、泣いて従えと教えたが、〔横井先生の〕実学は良心（consciousness）を基本として天下国家を論じたから、天下国家のためには、親に背いても、進みゆく活路があった。（中略）不朽なる生命、普遍なる心、永遠なる成長、斯《か》かる考え〔キリスト教〕はかつて実学にて学んだ〔もの〕以上であって、〔しかも〕結論は同じである。また儒教でいう上帝《じょうてい》、旻天《みんてん》と、基督教でいう神〔God〕とは同じではないか。結論は同じところに帰着するのだと思った。

（渡瀬常吉『海老名弾正先生』190ページ。文の並びを読みやすく変えた。〔　〕内は引用者による註）

このように、佐藤一斎、安積艮斎門下の陽明学徒たちの一派は、明治初めに一斉に陽明学者からキリスト教徒（プロテスタント）に転身した。

陽明学徒の佐藤一斎、安積艮斎、横井小楠、山田方谷らから育っていった人物群をみるとき、プロテスタントにかぎらず、幕末明治の近代化の本当の担い手たちがこの陽明学グループにいたことが分かる。

特に佐藤一斎・安積艮斎は、幕府内にあって、大塩平八郎の乱（1837年）や蛮社の獄（1839年）のときに、幕府権力に対して蜂起しなかった。ひたすら忍従を堪え忍び、生き残りの道を選んだ。「陽朱陰王《ようしゅいんおう》、日朱夜王《にっしゅやおう》」の生き方で学灯の火を絶やさなかった。

薩摩・長州のように近代兵器で政権を奪い取った人物たちよりも、後世の日本に多くの恩恵をもたらしたのは彼らである。高野長英、渡辺崋山、小関三英ら、初期蘭学者たちの無念さも、陽明学徒たちの奮闘によっていくらかは晴らされているのではないだろうか。

（了）

■主要参考文献■

嘉数次人『天文学者たちの江戸時代』ちくま新書、2016年
副島隆彦『時代を見通す力』PHP研究所、2008年（改訂版『日本の歴史を貫く柱』PHP文庫、2014年）
広瀬隆『文明開化は長崎から（上・下）』集英社、2014年
松方冬子『オランダ風説書』中公新書、2010年
杉本つとむ『長崎通詞　ことばと文化の翻訳者』開拓社言語文化叢書、1981年
田村三郎『フランス革命と数学者たち』講談社ブルーバックス、1989年
倉田和四生『山田方谷の陽明学と教育実践』大学教育出版、2015年
開国百年記念文化事業会編『鎖国時代　日本人の海外知識』開国百年記念文化事業団、1978年
清水昇『江戸の隠密・御庭番』河出書房新社、2009年
鳴海風『星に惹かれた男たち　江戸の天文学者　間重富と伊能忠敬』日本評論社、2014年
津山洋学資料館常設展示図録『資料が語る津山の洋学』2010年

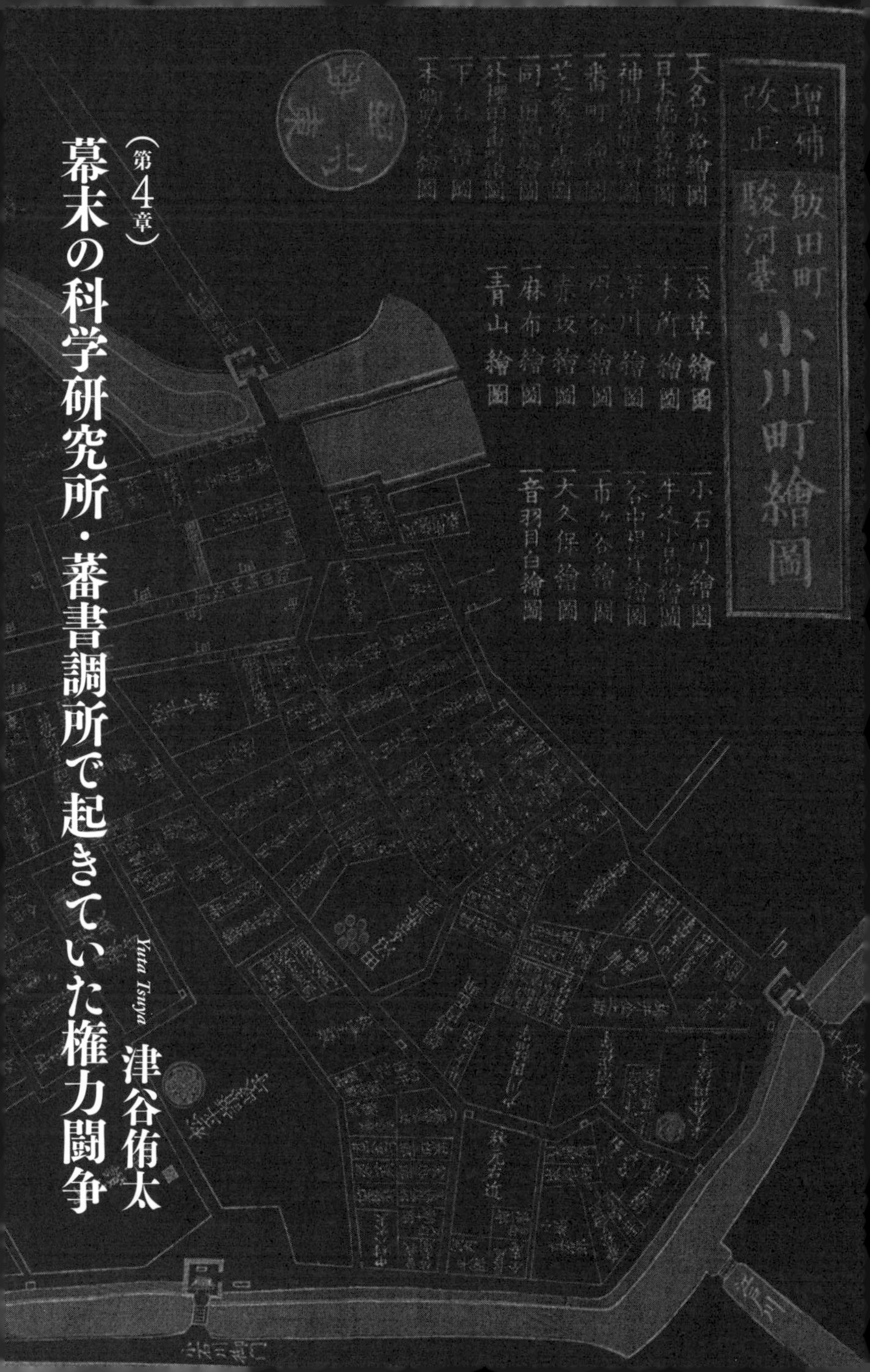

（第4章）

幕末の科学研究所・蕃書調所で起きていた権力闘争

Yuta Tsuya
津谷侑太

幕末の幕臣たちは本当に無能だったのか

幕末というと、薩長の視座から見た歴史が今の私たちに強い洗脳を施している。すなわち、「幕末の江戸幕府の幹部たちは役立たずばかりだった。だから西郷隆盛や坂本龍馬らの志士が無能な江戸幕府を倒したのだ」——と。

1868年に江戸は西郷隆盛率いる薩長軍に占領された。そして、武士の時代が終わって、明治という新時代が幕を開けるのである。ところが、である。そのあと、薩長は自分たちで大臣のポストを独占しているのだが、どうも彼らが最高権力者になったという感じがない。

また、形式上の元首となった明治天皇やその側近たちでも、日本の対外戦争をかなり嫌がっていた。この一見、勝ち組に見える薩長出身者たちや明治天皇は、日本軍が海外に行くことに反対だったのである。正常な感覚である。

明治天皇は日清戦争に猛反対した。「これは朕《ちん》の戦争にあらず」と言い切った。それでも軍部と政治家と当時のマスメディアが暴走して、日本は大清帝国とアジア人どうしが血で血を洗う本格的な戦争に突入した。1894年に開始された日清戦争はまさしく日清両国にとって、悲惨な戦いとなる。そして、1904年の日露戦争と、ますます大日本帝国は戦争に巻き込まれていく。

ここで立ち止まって、歴史を振り返ってみると、日本という国家が対外進出に積極的になった原因は江戸幕府の滅亡にあるのではないか、と私は考えるのである。江戸幕府の老中たちの考えを見ると、みんな穏健派であり、対外戦争など全く考えていない。

歴代の徳川将軍たちを見ても軍隊を外国に出すことなど、まるで考えていない。たとえば、最後の将軍・徳川慶喜が明治時代に総理大臣をやっていたとしたら、朝鮮の植民地化などという愚かな政策はとらなかっただろう。過去の植民地支配のせいで日本国は２０１６年の現在でも韓国・中国とアジア諸国に謝罪を繰り返している。

つまり、江戸時代は続けさせたほうがよかったのである。徳川幕府を倒したのは大間違いであった——。このように私は主張したい。薩長の西郷隆盛や坂本龍馬たちが欧米列強に操られて動いたのである。

なぜこのことを言いきれるのか？　この時期の幕府側には、西郷隆盛あるいは横井小楠《よこいしょうなん》などより遥かに進んだ〝国家戦略家〟が存在していた。それは幕府の奥深くに隠されてきたとびきりの隠し玉というべき天才戦略家の存在である。彼は外国との和平、つまり戦争をしない、と心に固く決めていた。そして、軍事技術を発達させて江戸幕府が欧米列強に対抗できるだけの国力を蓄えようと計画していたのである。

この計画を極秘に進めていたのは老中首座であった清廉潔白な政治家・松平定信《まつだいらさだのぶ》である。そんな昔の人が？　と読者は首を傾げたくなるかもしれない。松平定信といえば、寛政《かんせい》の改革を断行し、高校の歴史教科書に出てくる人物である。寛政の改革は1787年から1803年まで行われた改革だ。蘭学を禁止し、朱子学を盛んにした。いわゆる「寛政異学《いがく》の禁」を行った。しかし、経済面では失政が続き、松平定信の歴史的評価はあまり高くない。今では馬鹿殿扱いされるありさまだ。

老中首座を辞任した松平定信はその後も短歌サロンを形成して、自分より年下の全国の藩主たちをサークルに引き込んでいる。

そして、松平定信は1833年に死去した。

だが、先述した松平定信のサークルに入っていた藩主たちは当時まだ50代である。これらの藩主たちがその後、科学技術の発達に目を向けていくことになる。江戸には松平定信の遺産ともいうべき昌平坂《しょうへいざか》学問所がまだあった。のちに東京大学になっていく組織であり、当時の日本の最高頭脳が集結していた。

この昌平坂学問所が薩長中心の坂本龍馬英雄史観の論者に言わせると、「古臭い、無能な幕臣たちを生み出した研究所」となるのである。このことをわかりやすく表現してくれるのが評論家の倉山満氏だ。倉山氏はニコニコ動画の中で次のように語っている。

倉山「だいたい江戸時代からして公教育って大失敗してますもんね。東京大学の前身になった昌平坂なんとか学問所ってのは結局学歴主義で、延々孔子の時代と変わらんような勉強ばっかやってて、だいたい寛政の大弾圧とかろくなことやらないですね。本当に徳川家康の最大の失政は東大法学部を作っちゃった事なんですよ。これ本当にそうで藤原惺窩《ふじわらせいか》っていう反日日本人第一号なんかいきなりコリア人のコスプレをして過ごしてるみたいなすごい危ない人だったんですけど、やっぱり戦国大名はこういう奴に洗脳させて牙抜くぐらいでちょうどいいって秀吉・家康が重宝したんですよ、それが今に至っているっていう」

（ニコニコ大百科　http://dic.nicovideo.jp/a/%E3%81%8F%E3%82%89%E3%82%89%E3%81%98%E3%81%98%98）

何ともわかりやすい説明である。倉山氏は独学で日本史の通史をかみくだいて、読者や視聴者に伝えるのが巧みだ。彼の本は必ずベストセラー入りするという売れっ子の評論家である。倉山氏が語っているように、本当に昌平坂学問所は孔子と変わらないことを教えていたようだ。孔子といえば、もう二千年も前の偉人である。それを崇め奉って、蘭学を勉強しようとしない幕臣のエリートたちを倉山氏は小馬鹿にしている。

これは倉山氏だけの認識ではない。現在の日本国においての歴史評論家たちのほぼ共通する見解である。国民大衆も「幕臣たちは役立たずで馬鹿だったのだなあ」と思わされている。

しかし、私はこの通説に対して、真っ向から反論する。昌平坂学問所は内部で改革が急ピッチで進んでいたのである。その証拠に久米邦武《くめくにたけ》（１８３９〜１９３１）という極めて優れた歴史学者を昌平坂学問所は生んだ。

この男は大物で、幕末、明治、大正、昭和と歴史学界の大御所として君臨した。久米は帝国大学文科教授であったとき、「神道は祭天の古俗」とする論文を発表。明治政府を支えていた神道家たちの激しい反発に遭って、文部省は久米をクビにする。

この後、久米は在野の研究者として、活発に評論と講演活動をすることになるのである。

昌平坂学問所ではどんな講義がなされていたのか

久米は１８６３年1月に地元の佐賀藩から江戸の昌平坂学問所に入学した。久米は24歳である。当時の昌平坂学問所の教官筆頭は〝幕府最高頭脳〟ともいうべき古賀謹一郎《こがきんいちろう》（１８１６〜１８８４）という儒学者であった。私はこの古賀謹一郎に注目する（古賀の事績はあとで詳しく説明する）。

ここで久米邦武は古賀謹一郎から儒教の学問（朱子学その他）を教えてもらったのだろう。ところが、ここからが面白いところなのである。

久米邦武は才気煥発な天才肌の青年であった。その久米が昌平坂学問所でイギリスのことを勉強しはじめているのである。昌平坂学問所には西洋の文献を読んではいけない、という規則はない。しかし、今まで見てきたように、昌平坂学問所には「古い」「遅れている」というイメージがある。それを覆すかのように久米が読み込んでいたのは『大英国志』という本である。

昌平黌には、儒学者・林羅山《はやしらざん》の蔵書を始め、多年にわたって集積されてきた蔵書群があった。（中略）

久米は当然ながらそれらを活用したが、中でも『大英国志』という書物とは深い縁を持った。

（高田誠二『久米邦武』52ページ）

『大英国志』は蕃書調所《ばんしょしらべしょ》という幕府の運営する研究所から出版されたものだ。この蕃書調所のことはあとで大きく取り上げる。久米邦武は昌平坂学問所の内部の人間なので、公刊された『大英国志』では検閲されて削除されたキリスト教の箇所も存分に読むことができた。

このように昌平坂学問所は本来の儒教だけでなく、洋学——つまりアメリカやヨーロッパの文献を読んで研究することが許されていたのである。儒教の皮をかぶっているものの、中身は最新のハイテク機器を使用しているようなものだ。彼らの儒教に傾倒している表向きの顔に騙されてはならない。

久米邦武ら昌平坂学問所の若手教師たちが旺盛に昌平坂学問所で洋学研究を行っていた証拠はまだある。

久米は佐賀藩に帰国すると、実力者で科学技術の導入に熱心だった藩主鍋島直正《なべしまなおまさ》の側近に採用され、藩校のカリキュラムをつくる三人のうちの一人に任命された。

そこで久米がつくったカリキュラムは、当時としては最先端の文献を教科書として採り入れたものだった。例えば地誌（現在の地理）の授業では、福沢諭吉がアメリカで見聞きしたことを記した『西洋事情』を採用。また、１８２７年に出版された『気海観瀾《きかいかんらん》』は物理学の教科書とした。これは19世紀の日本を代表する物理学者である青地林宗《あおちりんそう》が著した日本初の物理学書だ。経済学では『経済小学』、数学では『筆算訓蒙《ひっさんくんもう》』といった本を使っている。いずれも幕末日本の秀才たちに世界の最新知識を与えてくれるものだった。佐賀藩の藩士たちは大いに刺激を受けた。ここから多くの実業家や官僚、政治家を輩出していくことになる。

そして、ここで注目したいのが、これらの最新の啓蒙書を発行していたのが江戸にある蕃書調所という組織だったことだ。

これは私の推測だが、久米邦武は昌平坂学問所で蕃書調所の出版物の研究をじっくりと行っていたのだろう。そこで数学・物理・経済など、ありとあらゆる知識を身に付けて佐賀に帰ってきたのである。

昌平坂学問所は最新の知識・学問を学ぶ日本最高の学問研究所ともいうべき幕府直属の機関になっていたということだ。

ここで先の古賀謹一郎の話に戻る。昌平坂学問所の教授たちが高齢で亡くなるなか、古賀は中堅の教授として全国諸藩から留学してくる学生たちの指導に熱心に当たっていた。実質的に

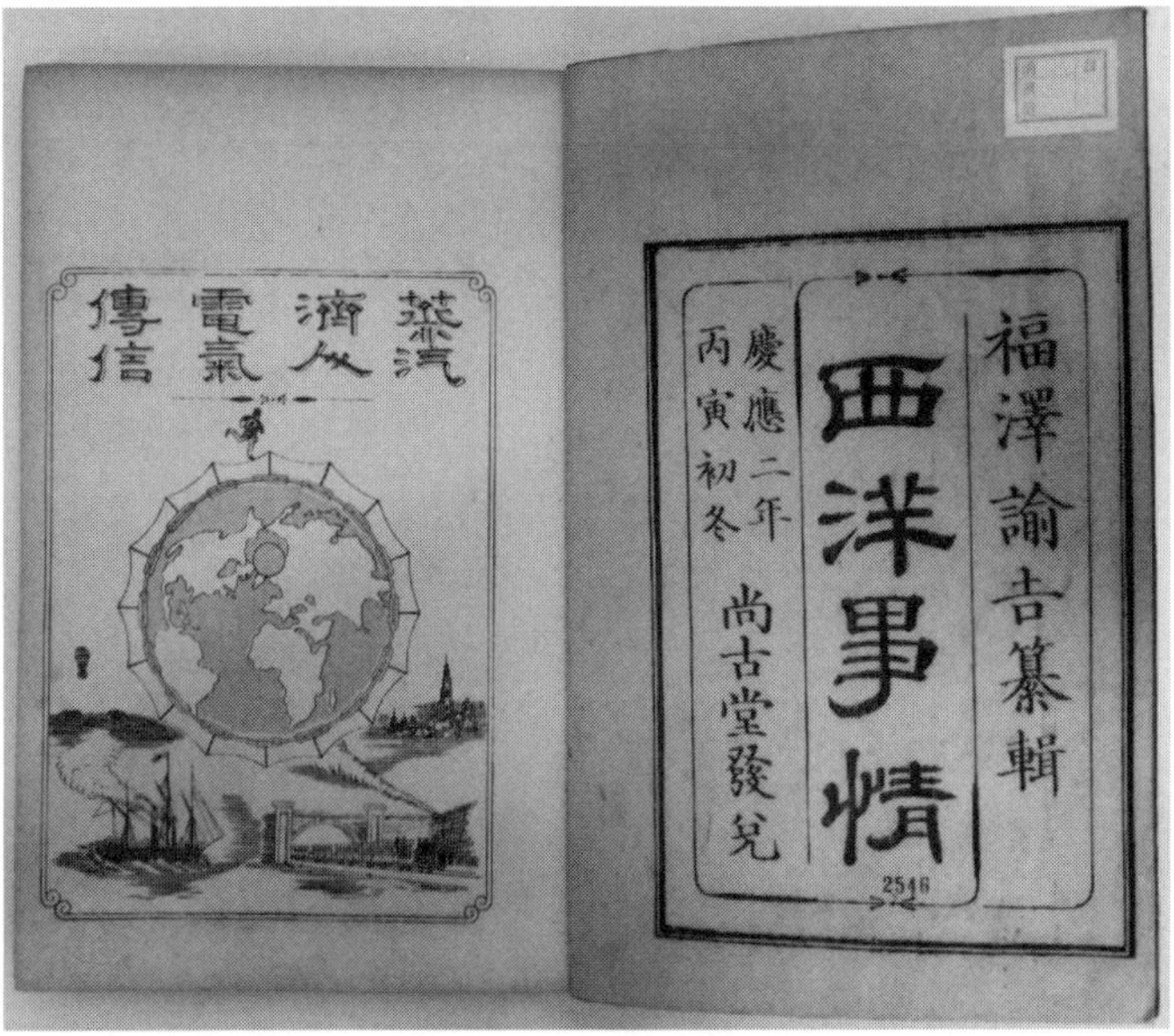

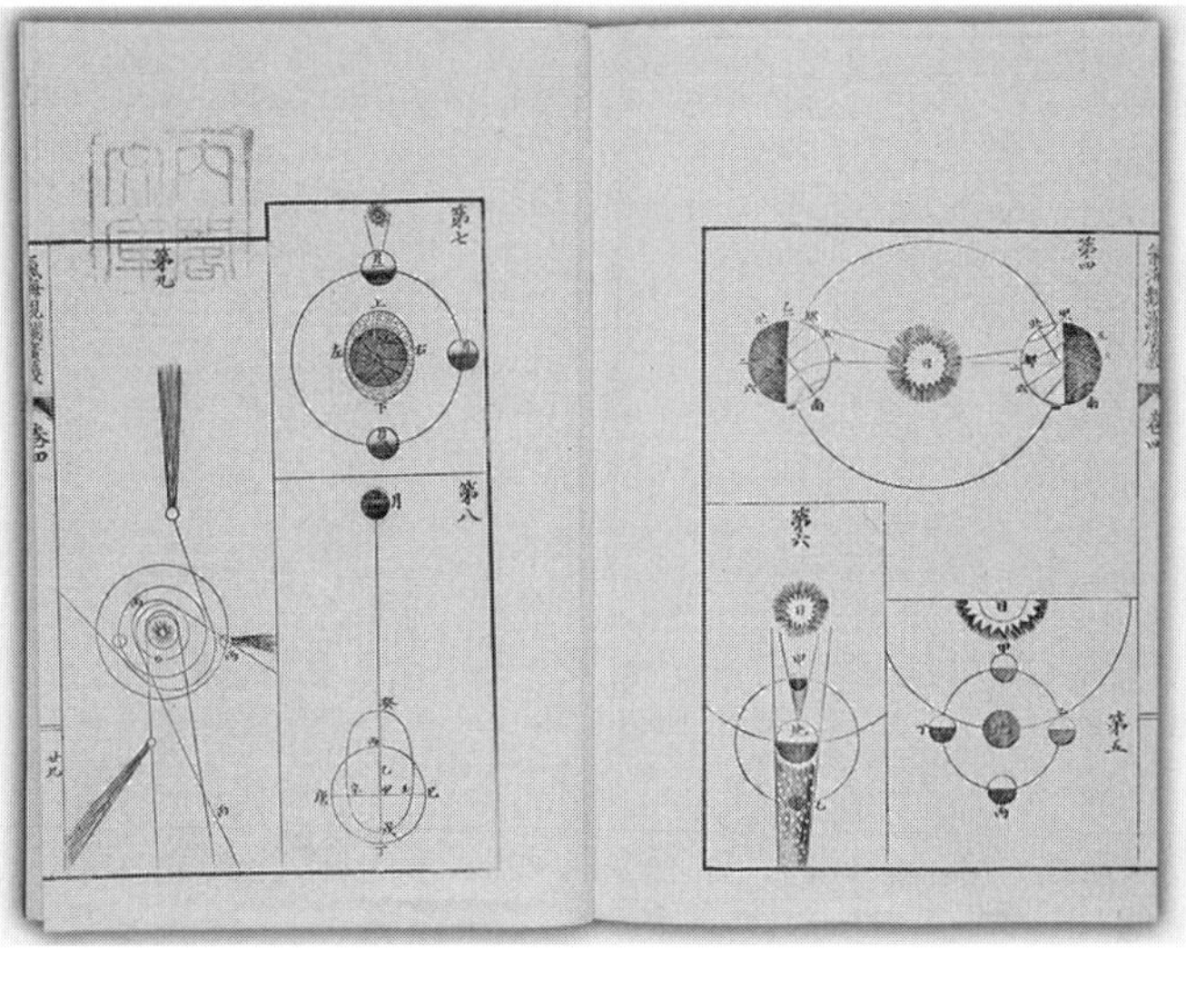

昌平坂学問所で教科書として使われていた『西洋事情』と『気海観瀾』（下）

は昌平坂学問所は古賀ひとりが動かしていたといっても過言ではない。しかし、久米邦武をはじめとする生徒たちにとって、立派な人格者の古賀に元気がなく、憔悴《しょうすい》しているさまは目についただろう（以上は小野寺龍太著『古賀謹一郎』に基づきながら筆者が当時の状況を再現したものである）。

古賀謹一郎にとって、がっくりと力を落とす、ある出来事が起きていたのである。それが久米が昌平坂に来た1863年の前年、1862年5月に起きた出来事だ。幕府は突然、古賀謹一郎を解職する人事を幕臣たちに発令したのだ。

古賀の本来の仕事は蕃書調所の頭取だ。蕃書調所は1856年から幕府の経営する科学研究所として設立された。古賀は昌平坂学問所の儒学者から、この科学研究所および科学者養成所の校長に大抜擢されたのである。現在にたとえると、東大の文学部の教授が理化学研究所の所長に抜擢されたようなものだ。

私たちの記憶に新しい2015年のSTAP《スタップ》細胞捏造騒動では、理研の理事長らが批判されたが、彼らもまた、科学者であった。読者も科学研究所は科学者が運営するもの、というイメージがあるかもしれないが、幕末には儒学者である文系の古賀謹一郎が抜擢されたのである。古賀は官僚タイプではなく、研究一筋の学者肌の人物であった。元々は松平定信が佐賀藩から招いた儒学者・古賀精里《こがせいり》の孫である。

家柄と血筋だけで能力がないかと言ったらそんなことはなく、謹一郎の学識の深さは誰もが認めるところであった。しかし、彼の存在はほとんど幕府以外には知られていなかった。それどころか、幕臣たちも古賀謹一郎のことを知らなかったのである。

幕臣の強権リーダー・川路聖謨の登場

それはなぜかというと、江戸幕府の二大勢力によって権力が分散されていたからだ。すなわち、勘定奉行系の理系の人間と儒学者のような文系の人間の対立である。

このようなことは歴史のどの解説書にも描かれていない。まるで大老の阿部正弘が一人で幕府を経営していたかのように描かれているだけだ。

このとき、幕府中枢で威勢を揮《ふる》っていたのが阿部の部下である川路聖謨《かわじとしあきら》（1801〜1868）という人物だ。ここで川路について解説しておきたい。なぜなら、この川路こそが幕末の幕臣たちのリーダーともいうべき存在だからである。それなのに司馬遼太郎の小説『竜馬がゆく』には出てこない。これは司馬が歴史を捏造したわけではなく、龍馬と川路が面識がないためだ。

私はこの川路聖謨に鋭く着目してみた。たとえば、中公文庫の『日本の歴史』でも「川路は優秀な幕臣だった」と書いている。そして、どの歴史書でも必ず阿部正弘の幕政改革で優秀な幕臣たちが多数登用されたと記述されるが、川路はそのなかの一人として記される程度だ。

ところが、それは1854年のことである。ペリーが黒船で来航してから2年後の幕府人事だ。私が調べたところでは、川路が幕府政治に登場するのは1828年が最初だ。1854年のペリー来航の26年も前である。有名な幕臣の勝海舟など、当時まだ5歳である。

川路聖謨という人物を一言で表現するならば、その急激な成り上がりぶりからして「幕末の豊臣秀吉」とでもいうべき人物である。川路家は幕臣ではなく、地方の小役人であった。現在の大分県日田市の出身だ。本当は武士の身分であったかさえ分からない。現代にたとえると、地方の私立大学を卒業した人物が霞が関の官僚トップとなり、さらには官房長官にまで出世しているようなものだ。官僚ではあるが、優秀すぎるので政治家の仕事までこなせてしまうというのが川路聖謨の強みであった。

低い身分から封建制度の強い江戸幕府のなかで出世していく――、大河ドラマ「川路聖謨」が制作されれば、高視聴率が獲得できそうなサクセスストーリーに満ちた幕臣が川路聖謨なのである。

1828年に歴史の表舞台に登場した川路は、1835年に勘定吟味役《かんじょうぎんみやく》に昇格、これは今でいえば財務省の審議官といった職責だろう。1846年には奈良奉行に赴任、現在でいえば奈良県知事だ。そこで奈良で暮らしていた中川宮朝彦親王と意気投合している。のちに幕末になって、「外国人を日本から追い出せ！」と騒ぐ朝彦親王である。

1850年には勘定奉行に就任し、幕府の財政を動かした。現在でいえば、財務大臣である。

こうして見ていくと、決して中央である江戸に留まらず、その人脈は日本全国に及んでいることがわかる。また、川路は鎖国下の日本にあって、知識人のグループにも入って、開国の考えも持っていた。江戸幕府を運営する保守的な官僚でありながらも、革新的な思想の持ち主でもあったのである。

これほど有能多才な川路聖謨だが、彼にも人に言えない負い目があった。それは彼が二流の官僚であったことだ。まるであたかも一流であるかのように伝記作家たちは川路聖謨を褒めちぎる。しかし、私はそうは思わない。それどころか、この男、二流か三流の官僚がせいぜいの男なのである。

どういうことかというと、実は川路は若いときに幕府の官僚選抜試験を受けて、不合格になっているのである。眞壁仁の『徳川後期の学問と政治』から引用する。

> 勘定方の川路聖謨の場合、一七歳のときに受験した文化一四年の学問吟味には落第し、同年の筆算吟味に及第して支配勘定出役《しゅつやく》に採用されたことが、その後の彼の幕吏としての職務と政治意識形成を決定した。
>
> （眞壁仁『徳川後期の学問と政治』444ページ）

このように川路聖謨は数学だけはずば抜けて秀で、コミュニケーション能力も高いのだが、肝心の歴史と漢文ができなかったのである。

江戸時代後期には、松平定信の寛政の改革によって学問吟味試験を採用し、漢文と歴史の試験で高い点数を挙げないと幕府の役人には採用されなかった。江戸幕府を開いた徳川家康は儒学を官僚が備えるべき教養の基本としたが、それをさらに推し進めたのが松平定信であった。川路聖謨は読書も全くしておらず、知ったかぶりを繰り返すだけの凡庸な官僚であった。

先にも述べたように、幕府を実質的に動かしていたのは学問吟味に合格した文系の官僚たちだ。ところがこの官僚たちがどうしたことか、川路聖謨との出世争いに負け始めたのである。

ロシアのプチャーチンが来航したときの次席全権が川路聖謨であった。川路は600人の大行列を率いてプチャーチンとの交渉に臨んだ。

このとき、本当の全権は筒井《つつい》政憲《まさのり》という人物だ。筒井は当時76歳の幕臣の長老である。56歳の川路よりも筒井のほうがずっと年上だ。

それなのになぜ、年下の川路が主導権を握ることになったのか？　歴史書は黙して語らない。江戸時代後期を専門とする研究者たちも説明しない。そこで私が調べてみると、驚くべき事実があった。それは当時、政治実力者たちがバタバタと死んでいるという事実だ。

1829年＝シーボルト事件でスパイ容疑に問われていた天文学者の高橋景保《たかはしかげやす》が牢内で変死。享年45。

「幕末の豊臣秀吉」とも呼ぶべき
幕臣のリーダー川路聖謨

『魯西整儀』に描かれたロシア使節団。
中央がプチャーチン

ロシア使節搭乗のパラダ号。
手前の舟艇には楽団が乗り込んでいる

1829年＝元老中首座・松平定信が風邪で急死。享年72。
1837年＝老中首座の大久保忠真《ただざね》が57歳で急死。
1851年＝失脚した老中の水野忠邦急死。享年58。
1854年＝将軍徳川家慶《いえよし》が熱中症で61歳で死亡。

政治実力者たちの相次ぐ急死で権力の頂点に立ったのは阿部正弘（当時36歳）である。そして、阿部が最も頼りとしていたのが川路聖謨であった。阿部は24歳で老中に抜擢された幕府のエリートである。だが、いかんせん阿部は若すぎた。そのため阿部の相談役となったのが川路だったのである。

しかし、川路という男、九州の代官の息子である。徳川家康の時代から徳川家の家臣であった阿部家の当主である阿部正弘が、なぜそんな下級から這い上がった人物を頼りとしたのか。それは川路が水戸藩主である徳川斉昭《なりあき》（烈公。1800～1860年）と通じていたからだ。現在の大分県日田市出身の川路と、水戸の藩主である斉昭は深くつながっていたのだ。それはどうやってかというと、私は藤田東湖《ふじたとうこ》あたりが橋渡し役ではないかと推測している。藤田は水戸学の代表的なイデオローグであり、全国的にも有名な知識人だった。

水戸は、徳川御三家の膝元でありながら尊王（勤王）を唱え、強く訴えた。攘夷思想のメッカ（根拠地）である。この思想はつき詰めると徳川打倒（討幕）、天皇親政になる。水戸学は始まりからして武家支配体制にとって危険な学派なのだ。藤田は江戸の先進的な知識人グループに入っており、そこで川路や江戸で私塾を開いていた有名な蘭学者・佐久間象山《さくましょうざん》と知識人の意見交換会を開いていたのだ。

江戸幕府は大老の阿部正弘という旗幟《きし》（旗じるし）を押し立てながら、川路と徳川斉昭が運営していたのである。実質的には斉昭の政権といっても過言ではなかった。

徳川斉昭と阿部正弘に重用された川路は、幕臣長老の筒井政憲を差し置いて、我がもの顔で威張り散らすようになる。江戸幕府の中核を担ってきた儒学者たちにとっては不愉快極まりない事態だったであろう。

数学しか取り柄のない川路に威張り散らされて、筒井政憲も心中穏やかではなかっただろう。態度の大きい後輩でありながら、筒井には手出しができなかった。なぜなら筒井は高齢のため、ボケていたからだ。

筒井の老衰に増長した川路は、筒井の配下の古賀謹一郎にもちょっかいを出して、嫌がらせをしている。傲慢《ごうまん》な態度の川路はそれまで謙虚だった川路とはまるで別人である。

〈天才国家戦略家・古賀謹一郎〉

古賀謹一郎は川路の知ったかぶりに呆れながらも、幕府に洋学所設置の建白書を提出した。

古賀はプチャーチン来航以前より開国の考えを持っていた。

これは父親の古賀洞庵《とうあん》の影響が強い。洞庵も昌平坂学問所の教授でペリー来航（1854年）のさらに50年前に開国を唱えていた儒学者だ。洞庵は漢籍（中国語訳）となっていた西洋の書物を読んで、開国の考えに至ったらしい。

ところが、古賀洞庵は昌平坂学問所の主流派である佐藤一斎《さとういっさい》に嫌われた。昌平坂学問所は佐藤ら保守派と古賀の革新派とに分かれて内部で抗争し、ついに佐藤一斎が古賀洞庵をねじ伏せてしまった。

古賀洞庵の考えは世に広まらないまま死去する。後を継いだのは息子の謹一郎である。謹一郎は昌平坂学問所で読書に没頭する。そして、ありとあらゆる漢籍の本を読みまくるのである。それらはヨーロッパの翻訳本だった。

なぜ古賀謹一郎はそれほどに最新の海外知識を吸収できたのか？　それは彼が幕臣の特殊なネットワークに入れてもらっていたからだ。父親が築いていた蘭学者のネットワークである。儒学者であるにもかかわらず、古賀洞庵は蘭学者との付き合いが深かった。蘭学者というと儒学者と仲が悪かったと後世の私たちは思う。だが、そんなことはない。古賀洞庵は蘭学者たちとの関係が深すぎたので、蘭学者への政治弾圧事件である蛮社《ばんしゃ》の獄《ごく》では蘭学者たちと同じく逮捕のターゲットに挙がっている。

このときに事件の裏で暗躍したとされるのが江戸町奉行の鳥居耀蔵《とりいようぞう》だ。鳥居は時代劇などでは悪役として描かれることが多い。当時も江戸市民たちから「妖怪」と嫌われていた。旗本鳥居家に婿に入ったので鳥居と名字は変わっているが、この男、儒学者の林家《りんけ》の出身であり、実弟はなんと林家の当主を継いだ大学頭《だいがくのかみ》・林復斎《はやしふくさい》（ペリー来航時の幕府側代表）である。つまり、蛮社の獄とは林家による蘭学者への弾圧という側面もあったのだ。このあと、鳥居は政治的に失脚するが、弟は林家当主としてペリー艦隊との交渉にも当たっている。

話を戻すと、古賀家は決して蘭学者と対立関係にはなく、むしろ蘭学に好意的であった。異色の儒学者・古賀謹一郎はこのような特殊な環境下で育った人材だったのである。私は古賀謹一郎は幕府が打倒されてゆくなかで温存した、まさしく〝秘密の逸材〟であると考える。

前述したように、古賀謹一郎は昌平坂学問所に勤めながら、読書に励み、世界情勢を把握していた。そして、世界ではイギリスがロシアとぶつかって、ザ・グレート・ゲームを演じていることも熟知していたのである。

ここで重要なことは、日本が外国の言いなりになることを古賀が嫌がっていたということだ。古賀謹一郎は日本がイギリスやロシアに恫喝され、貿易を一方的に有利に進めさせられることを苦々しく思っていた。イギリスが日本に攻め込んでくる可能性はないにしても、交渉の場で恫喝されたら弱小国の日本は腰砕けになってしまう。

そこに危機感を感じた古賀は、日本を軍事強国にしようと考えた。そのために科学技術の発展が急務と考えた古賀は幕府に意見書を提出する。

八、新役所取立ての趣意は、海内万民《かいだいばんみん》のため有益な芸事《げいごと》（科学技術）の発展であるから、それらが早く世間に広まるよう、身元正しく人物が良ければ幕臣のみならず陪臣《ばいしん》、浪人の入学も認めたい。

（小野寺龍太『古賀謹一郎』176ページ）

このように儒学者の古賀謹一郎は儒学者の立場から大いに科学技術に関心を持っていたのである。こうして、古賀を頭取として、蕃書調所が発足となる。1856年のことだ。

ここに日本全国から名高い科学者たちが結集していた。いちいち名前を挙げるのは控えよう。とにかく100名を超える科学者が集結し、600人の幕臣や各藩の藩士が入学した。一大プロジェクトのスタートである。

このあと、1862年まで古賀は頭取を務めた。ところが、ここからがおかしなことが起こる。1862年、突然の古賀免職の発表で、蕃書調所のリーダーの座が空席になってしまったのである。そのあと、1868年に蕃書調所は解散となる。

あとはご存じの通り、明治新政府のスタートだ。このあと、蕃書調所の科学技術の発展はどうなってしまったのか？　歴史書は何の説明もしてくれない。

福沢諭吉と科学の意外な関係

では一体、これらの科学技術はどこに消えてしまったのだろうか？　明治新政府の西郷隆盛も大久保利通も、科学とは無縁の人物たちだ。

私が調査してみると、意外な人物が科学技術の利権を独占していた。皆さんご存じの一万円札の顔・福沢諭吉である。

福沢諭吉といえば、啓蒙思想家として名高い。『学問のすゝめ』はとりわけ有名だろう。教育者としてのイメージがあまりにも強いが、福沢にはもう一つの隠された顔がある。それは旧幕臣のリーダーという顔だ。福沢諭吉が幕末期において、幕臣であったことをほとんどの人が知らない。

坂本龍馬や高杉晋作と同時期に活躍していたのが福沢諭吉という人物だ。幕臣時代のことを福沢は明治になってからあまり語りたがらなかった。そして、明治期においては啓蒙思想家として華々しく活躍する。

しかし、福沢の暗部については、福沢礼讃《らいさん》に終始する評論家たちはまるでなかったことのように無視している。それは日清戦争についてだ。

実は、日清戦争の黒幕というべき人物が福沢諭吉なのである。この事実を歴史家たちは大きな嘘で塗り固めて、日本人の目から隠してきた。そのためおかしな福沢諭吉像ができあがって、日中友好論者と美化されている。

その代表格が平山洋《ひらやまよう》（武蔵大学非常勤講師）という福沢諭吉美化論者だ。平山の言論はまるでカルト宗教団体が信者を説き伏せる屁理屈に似ている。この平山が「福沢諭吉はアジア侵略など、唱えていなかったのである。福沢諭吉のもとに計画的に潜り込んだスパイが、福沢先生のかわりに対中強硬論を新聞に書いたのだ」という虚偽を書いた悪党である。

私は平山と論争してきた名古屋大学名誉教授・安川寿之輔氏の「福沢諭吉は日清戦争に賛成だった説」のほうが正しいと考える。

安川寿之輔氏の肩をもって、平山に対して私は反論していかなければならない。慶応義塾大学のトップだった小泉信三の『福沢諭吉』（岩波新書、１９６６年）を用いて反論しよう。

なお戦時中福沢の人に与えた書簡でよく彼れの心事を語るものは一々数え難いが、その一つに開戦の年の暮、故郷の姉（小田部礼）に与えたものがある。そこには福沢の戦況が好況で、敵国降伏の疑いなきを喜び、それに続けて左のごとくいった。

「併し軍隊の人々はさぞさぞ不自由難渋の事ならん。これを思へば銘々共が毎日たゝみの上に居るも不相済《あいすまざる》の事のやうに被存《ぞんぜられ》候。せめては何かの加勢と存じ、私も金壱万円差し候」。

（小泉信三『福沢諭吉』１９０ページ）

このように小泉信三は、福沢諭吉が姉に送った手紙を根拠にしている。手紙では「日清戦争に賛成で献金までしている」と自白している。これは動かぬ証拠と言えよう。

平山洋は、福沢が発表した本や新聞への寄稿が弟子の代筆と主張している。ところが平山は著書『福沢諭吉の真実』では、福沢の手紙が弟子の代筆とは述べていない。福沢が実姉に個人的に送った手紙が代筆ではあり得ないからだ。

平山の福沢諭吉平和主義者説と違って、現実の福沢諭吉はやはり、戦争屋の裏のある啓蒙思想家だったのである。

薩英戦争で謀略機関と化した蕃書調所

では、幕末に戻って情勢をみてみよう。

古賀謹一郎がクビになったあと、蕃書調所のリーダーとなったのが蕃書調所のナンバー3であった蘭学者の川本幸民《かわもとこうみん》である。

摂津三田《さんだ》の出身である川本は三田藩にその才能を認められ、江戸に遊学した。そこで私塾を開いて、医者もしていた。独学で物理学の本を読み、知識を身に付けた。日本人で初めてビールを造ったのが川本である。日本一の蘭学者とも称賛される大物の蘭学者である。

蘭学者たちの誰もが認めた川本が蕃書調所のリーダーに就任した。蕃書調所の若手の物理学者たちも納得の人事である。

確かに川本幸民は飛び抜けて優秀な蘭学者だが、川本には国家戦略はないのである。そのことくらい、川本自身にもよくわかっていたはずだ。

だからこそ、川本は古賀謹一郎に代わる大物国家官僚をバックにしていた。官僚生活50年の大ベテランの川路聖謨である。おそらくこの川路聖謨こそが古賀追い落としの張本人であろう。私はそのように謎解きをする。

古賀の代わりに蕃書調所に赴任してきた小田又蔵《おだまたぞう》という人物があった。小田は川路の子分の学者であった。この小田の経歴を調べても、よくわからない。

川路聖謨は、古賀謹一郎にこのまま幕府の立て直しをされては困ると考えていた。川路はどうやら武家制度そのものを終わらせるつもりだったようだ。そのためには謹厳実直に武家制度を続けるつもりの古賀謹一郎の幕府強化策が邪魔だったのだ。

川路聖謨は幕府を守る保守的な官僚というイメージがある人物だが、伝記を読むと実像は全く違う。特に九州肥後藩の儒学者・横井小楠は川路に会ったとき、感銘を受けている。

川路聖謨については、「この人その名をきくこと久し、はたして非常の大物なり」と。

（圭室諦成『横井小楠』42ページ）

このように川路聖謨と横井は親しい間柄で儒学を通して意見交換しあう仲であった。横井はこのあと、肥後藩に帰って、陽明学と呼ばれる儒学の一派の研究に没頭する。

古賀謹一郎の前では儒学がチンプンカンプンでふてぶてしい老人を演じていたが、実は読書家で儒学にも精通していた。本当は優秀な文武両道の一流の官僚であったのだ。

横井小楠はこのあと、勝海舟や西郷隆盛たちのアドヴァイザーとなりながら、薩長の倒幕のイデオローグとなっていく。司馬遼太郎の『竜馬がゆく』で、坂本龍馬が先生と慕ったことで知られる横井小楠は薩長史観では英雄である。

ところが、横井のこの倒幕の考えに幕臣であるはずの川路聖謨が賛同していたと私は考える。川路聖謨は1868年の江戸幕府滅亡に合わせてピストル自殺した。そのため、幕府の守り人というイメージがある。そうであるならば、横井と親しくなるはずがない。

川路聖謨も反徳川ということであったと考えれば、自然であろう。幕臣でありながら川路は徳川家を潰す機会を狙っていた。

川路や横井に、「徳川家を潰そうではないか！」と吹きこんでいたのが昌平坂学問所の塾長の佐藤一斎であると私は推測する。

昌平坂学問所は、幕府直属の学問研究所だ。佐藤一斎は儒学では日本一と呼ばれ、弟子の数は優に1万人を超えたとされる。当時の日本の知識人にとって、佐藤のことを知らない人間はいなかった。
私は佐藤一斎を調べてみたのだが、その実像はよくわからない。東美濃、現在の岐阜県出身の得体の知れない男である。江戸に連れていかれて、トントン拍子に出世していた。
この佐藤一斎に鋭く着目したのが、評論家の副島隆彦氏だ。副島氏は佐藤を幕府の学者でありながら、美濃から江戸に潜り込んできた恐ろしい狸ジジイであることを見抜いた。

昌平坂学問所で正規の教授職だった古賀精里や尾藤二洲《びとうじしゅう》や柴田栗山《しばたりつざん》たちは、昼間は朱子学を講義しながら、ところが腹の底（頭の中）では朱子学を軽蔑していた。頼山陽《らいさんよう》のお父さんの頼春水《らいしゅんすい》もそうだ。彼らは徳川幕府の体制派の中で中心的な学者だった。それなのにどんどん反徳川になっている。（中略）
ところが、おかしなことに、彼らは、今でいえば東大法学部の教授のような人たちなのだが、夜になると顔が変わったようになって、夜の塾を開いて、そこで朱子学の悪口を言ってボロクソにけなしていたらしい。これを「日朱夜王《にっしゅやおう》」という。日（昼間）は朱子学を唱え、夜には王陽明の唱えた陽明学を信奉した。この事実を今の私たちが知らない。
（副島隆彦『日本の歴史を貫く柱』96ページ）

佐藤一斎もこの陽明学の正統な継承者である。

副島氏の見抜いた通り、江戸時代後期に佐藤一斎を司令塔に陽明学の理論を身に付けた川路聖謨、横井小楠らが反徳川のインナーサークルを結成していたのだ。このインナーサークルに入っていた川路にしてみれば、幕府には滅んでほしい、というのが本音だ。

そこで古賀追い落としに一役買ったのである。

では、川路聖謨が全体の黒幕であったか、というとそうでもない。前述した通り、川路はピストル自殺を遂げている。川路は自分の念願だった武士のいない明治という時代を味わえなかったのだ。

黒幕がこんなにあっさり死ぬわけがない。この川路聖謨を泳がせて、わざと古賀を追い落とした悪党がいたのである。

それが皆さんご存知の福沢諭吉その人である。前述してきたように過激な戦争屋である福沢は蕃書調所の科学技術に目をつけた。

そこで川本幸民に近づいた福沢は川本に「古賀先生がいなくなれば、川本先生が蕃書調所のトップになれますよ」とそそのかしたのだろう。その気になった川本は古賀のクビが発表されるとすぐに動いたのである。

血の流れないクーデターだ。福沢諭吉が川本幸民の側近の一人になりおおせていたのは１８６３年の蘭学者（緒方洪庵）の葬儀で二人が一緒に行動しているのが目撃されている。

福沢諭吉を広告塔として売り出した桂川家サロン

そしてこの福沢をそそのかして、蕃書調所乗っ取りを企んだのはアメリカのタウンゼント・ハリス公使である。この男こそ、蕃書調所乗っ取りの真の黒幕である。

ハリスは1857年に来日、1862年4月に帰国した。古賀謹一郎の左遷発表の2カ月前だ。あまり知られていないことだが、ハリスは蕃書調所に滞在していたことがある。そこで蕃書調所の科学実験を目の当たりにしている。

ハリスとしては喉から手が出るほどこの科学技術が欲しくなったと私は考える。この技術をアメリカのものとしてしまえば、日本の武士たちは容易に屈服するはずだ。

ハリスは幕府の優秀な儒学者の外交官たちに手を焼いていた。そこで正面突破ではなく、こうした科学者たちを狙い打ちにしたのだと私は推測する。

ハリスは幕府側にアメリカへの使節団を提案する。幕府の大老井伊《いい》直弼《なおすけ》はこれを受諾した。井伊はイギリスが清国に攻め込んで皇帝が逃げ出すのを知らされており、イギリス、あるいはロシアの軍事的脅威に懸念していた。

そうしたときにハリスの申し出はまさに〝渡りに船〟である。アメリカは中立国で捕鯨の利権のみが目当てという安心感が井伊にはあったのだろう。この話に乗った。

ハリスはアメリカ人のブルック大尉を抜擢した。ブルックは海軍士官で船の航海には長けていたので、日本使節団を連れていくにはうってつけである。

日本側からはハリスに木村家が接触してきた。木村家は幕臣であり、資産家として有名な家柄である。このときの当主は木村芥舟《きむらかいしゅう》（摂津守《せっつのかみ》）という若者だ。


木村が新たに決めたことは、まず第一に、ブルック大尉ら一一名のアメリカ海軍軍人の同乗。

（平山洋『福澤諭吉』105ページ）


この木村摂津守はこれまた幕臣の有力な家柄・桂川家の当主の義弟に当たった。日本からのアメリカ使節団派遣は、どうやらこの桂川家が強力に推進していたようである。これに井伊大老とハリスが乗ったのだ。

桂川家は八代将軍吉宗の時代から台頭し、『解体新書』の杉田玄白や、ロシア皇帝に謁見した漂流民の大黒屋光太夫《だいこくやこうだゆう》も出入りしていた桂川家のサロンともいうべき江戸時代後期における蘭学の総本山であった。

これは古賀謹一郎のような儒学者たちとは全く別の巨大勢力である。わかりやすく例えると、桂川家は現代の大富豪ロックフェラー家のようなものだ。

1780年代から続いてきた桂川家サロンの若手のホープとして登場したのが福沢諭吉である。福沢諭吉と桂川家は切っても切り離せない関係だ。

こうした桂川家のバックアップを受けて、日本へのアメリカ使節団がつくられた。木村摂津守をはじめ福沢諭吉、勝海舟、そして土佐の漂流民であったジョン万次郎までが咸臨丸《かんりんまる》に乗り込んだ。ジョン万次郎はこのときは幕府通訳の仕事をしていた。武士ではないが、幕臣の扱いである。

このとき、ブルック大尉がすべて入念に仕組んでいたことが平山洋の『福澤諭吉』で描かれている。

七年後の二度目のアメリカ来訪のときに再会して知ったことであるが、この時の盛大な歓迎会を陰で演出したのは、じつはブルック大尉だった。（平山洋『福澤諭吉』115ページ）

このように、ハリスやブルックによって咸臨丸のアメリカ行きは仕組まれていたということだ。そして、おそらくハリスやブルックたちはアメリカの「ユニテリアン」と呼ばれる宗派の信者であろうと私は判断する。

私も執筆した『フリーメイソン＝ユニテリアン教会が明治日本を動かした』（成甲書房）では、福沢諭吉がユニテリアンであったことが石井利明氏の論考によって明らかにされている。

初代駐日アメリカ公使タウンゼント・ハリス

福澤諭吉とアメリカ人少女テオドーラ・アリス・ショウの記念写真。万延元(1860)年、サンフランシスコにて

1860年に福沢は帰国し、幕府の翻訳方《ほんやくがた》に起用される。幕府には外国奉行職が設置され、外国奉行には9人のエリート幕臣が起用された。そして、そのすぐ下に福沢諭吉が翻訳方として起用された。

これはいわば福沢諭吉が外務省の事務次官に抜擢されたようなものだ。中津藩の下級武士に過ぎなかった福沢が階段を何段も飛ばしての大出世である。

アメリカへの使節団の成功によって、幕臣たちが親米派になり、福沢諭吉の出世が決まった。中間《ちゅうげん》という使用人、つまりただのアルバイトのような身分に過ぎなかった福沢が、旗本という正社員になれたうえに、肩書きも幕府幹部への大抜擢である。太閤秀吉もびっくりのサクセスストーリーである。

福沢諭吉が中津藩中間であった話はよく知られているが、幕府幹部という重職に就いた史実は案外、知られていない。これは意図的に隠されてきた歴史だ。

福沢はこの後、ヨーロッパへの幕府使節団に抜擢される。1862年1月1日、福沢諭吉は幕府の竹内使節団に加わり、プロイセン（現在のドイツ北部からポーランド西部にあった王国。首都ベルリン）、イギリス、オランダ、ロシア、フランス、ポルトガルを歴訪する。

そして1862年12月11日に帰国するのである。ミステリー小説でいえば、この間、福沢諭吉はアリバイ作りをしていたことになる。福沢がいない間、川路聖謨が川本幸民と連携して古賀謹一郎がクビになった機に乗じて、クーデターさながらに蕃書調所を乗っ取った。

福沢諭吉はこのことは当然知っていたはずだ。なぜかといえば、福沢は、この反古賀クーデター劇の参加者の一人だからである。川本幸民をおだてて蕃書調所に乗っ取りに向かわせたのが、川本が目をかけていた薩摩藩士の寺島宗則《てらじまむねのり》である。

寺島はオランダ人の医師から「ドクトル寺島」と呼ばれるほどの物理学の天才であった。明治期には外務卿になり、不平等条約の改正にも取り組んでいる。

寺島宗則と意を通じていた福沢諭吉は、ヨーロッパを見て回っている間も寺島とはいつも行動を共にしていた。

松木《まつき》〔引用者註：松木弘庵《こうあん》は寺島宗則の前名〕は福沢諭吉と箕作秋坪《みつくりしゅうへい》（箕作阮甫《げんぽ》にその才を認められて養子になった逸材）と仲良くなり、いつも三人一緒に行動した。当時松木は二十九歳、福沢が二十六歳、箕作は三十五歳である。

（北康利『蘭学者川本幸民』218ページ）

寺島宗則と福沢諭吉は大いに川本幸民をおだてておいて、古賀謹一郎の左遷も知ったうえでヨーロッパに渡ったのである。古賀謹一郎も、まさか海外にいる寺島宗則が自分をクビにした張本人だったとは思わなかっただろう。

実は蕃書調所の創設時より、古賀謹一郎が片腕と頼んでいたのが寺島宗則であったのだ。寺島は薩摩藩と古賀の仲介役として、古賀の直弟子としてこの国家プロジェクトを動かしてきた。古賀謹一郎の幕府強化策は明治新政府の幹部になろうとしていた寺島宗則には受け入れられないものだ。そこで古賀謹一郎の失脚を画策したのである。こうした見事なアリバイ工作によって、古賀謹一郎は寺島宗則の策略に気づくことはなかった。

福沢と寺島宗則は明らかにアメリカの意向を受けて、ヨーロッパを回っているのである。そこにはまたしてもタウンゼント・ハリスの影がちらつく。

福沢諭吉を強力に説得したアメリカは、次に幕臣たちを言いなりにする計画を立てた。そこで手駒として使ったのがプロイセンの貴族であるオイレンブレイク卿である。アメリカはオイレンブレイク卿にアメリカ主導の蕃書調所乗っ取り計画を明らかにして協力を求めたのだろう。オイレンブレイク卿を代表とするプロイセン使節団は来日すると蕃書調所を訪れ、古賀謹一郎頭取に電信機、写真機を献上した。

それだけではない。オイレンブレイクはハリスと親交を結び、プロイセンの外交官でありながら、アメリカに極めて友好的だった。

福沢諭吉がアメリカから帰朝すると、アメリカはこのオイレンブレイク卿を味方につけて福沢や寺島宗則たちをヨーロッパに送り込んだのだ。

その証拠に福沢はプロイセンでオイレンブレイク卿と会っている。

外務省トップ宅では日本で会ったことのあるオイレンブルク伯がいてホッとした一行は外務省での会議やディナーパーティーへも参加した。

（佐藤明子『幕末外交事始　文久遣欧使節　竹内保徳』129ページ）

このあと、日本に帰国してきた福沢諭吉と寺島宗則は、ヨーロッパで、アメリカとプロイセンの共同謀議を十分に頭に入れていた。このときにオイレンブレイク卿たちから「いいか、寺島と福沢、日本に帰ったらお前たちが上手に動いて幕府を潰せ」と洗脳されて帰ってきたのだ。――以上のことは私が立てたあくまで仮説に過ぎない。だがこの仮説を裏付けるように、1868年にアメリカに行った福沢諭吉は、「もう幕府は終わりだ」とご機嫌だったようだ。

諭吉が幕府に愛想をつかしたのは、この旅行の最中のことだったようである。自伝では、同僚の通訳尺振八《せきしんぱち》と一緒になって「幕府を潰せ」などと威勢のいいことを言っていたことになっているが、当時は脇屋卯三郎《わきやうさぶろう》の処刑に関与していた松平康英《まつだいらやすひで》が依然として外務担当老中であったから、そこまであからさまな発言はできなかったと考えられる。

（平山洋『福澤諭吉』215ページ）

尺振八は明治になって共立学舎《きょうりつがくしゃ》を創設して英語教育に尽力した大物である。平山洋は福沢諭吉の自慢話をそこまでのことは言えなかったはずだ、として、嘘ではないかと「そこまであからさまな発言はできなかったと考えられる」と決めつけている。

平山洋お得意のごまかしである。尺振八は1862年の時の遣欧使節団の仲間だからアメリカ主導での蕃書調所乗っ取りはよく知っている。秘密を共有する幕臣の一人だ。

そして福沢諭吉の上役である老中松平康英もグルである。この老中は外国奉行だったときに福沢を連れて行った遣欧使節団の幹部だった。

平山洋はとぼけているが、このこともよーく平山はわかっているのである。真実の福沢諭吉を隠蔽するために、彼は400ページを超える大著『福澤諭吉』を書きあげたのだ。

福沢の〝意図的誤訳〟とシーボルトの奸計

さて、遣欧使節団から帰った福沢諭吉は幕府を揺るがす大事件に遭遇する。「生麦事件《なまむぎじけん》」だ。福沢がヨーロッパに行っている間に起こった事件だが、これが幕府を揺るがしていた。

生麦事件は1862（文久2）年9月14日に、武蔵国橘樹《たちばな》郡生麦村（現・神奈川県横浜市鶴見区生麦）付近において、薩摩藩主島津茂久（忠義）の父・島津久光の行列に乱入した騎馬のイギリス人を、供回《ともまわ》りの藩士が殺傷（1名死亡、2名重傷）した事件である。島津久光が一千の兵を率いて江戸に乗りこんで改革案を提出し、その帰りに起こった。

意気揚々とした薩摩藩の前にイギリス人たちが乗馬したまま、現れる。乗馬とは無礼なりと激昂した薩摩武士たちはイギリス人を斬りつけたのだ。4名のイギリス人のうち、リチャードソンが死亡した。

これが事件の簡単なあらましである。一見するとリチャードソンたちはルール違反を犯したように見えるが、リチャードソンは中国での生活が長く、日本の慣習には慣れていなかった。それをいきなり斬りつけられたのだから、たまったものではない。

これまでも攘夷思想から外国人が斬りつけられ、死亡するケースは多かった。ところが、今回はイギリス商人という民間人の死亡である。明らかに殺人事件である。

しかも今回の犯人は誰か分からないが、島津久光の部下ということは誰の目にも明らかだ。イギリスのヴィクトリア女王と首相たちは遺族への損害賠償を請求する。イギリス・フランス・オランダ・アメリカの四カ国艦隊が横浜に入港、将軍代理の徳川慶喜は尊王攘夷派に同調し、支払いを拒否した。

江戸市民と横浜市民は上を下への大騒動である。四カ国艦隊がやってきたということは横浜・江戸は火の海になりかねない。薩長史観はここを描かずに西国の情勢ばかりを描いている。薩摩や長州が平和な間、江戸ではパニック状態になっていた。

ここで老中・小笠原長行《おがさわらながみち》が単独で決意して自ら横浜に行き、2万5000ポンドを支払った。イギリスは満足して撤退する。江戸から戦火が去ったのも束の間、今度は、イギリスは薩摩藩に賠償請求をはじめたのだ。

ここで福沢諭吉の出番となる。薩摩藩へのイギリスの賠償請求の問題は一旦、江戸幕府に引き渡された。翻訳の担当は外国奉行である松平康英である。

さすがの幕末マニアの筆者でも「あんた誰？」と言いたくなるほど無名の幕臣である。だが、松平康英は旗本から外国奉行、そして老中にまで上り詰めた有能な幕臣だったようだ。死去したのは1905年と、1901年に死去した福沢諭吉より長生きしている。

この松平康英の屋敷に呼び出された福沢諭吉は翻訳を開始する。蕃書調所から翻訳方に転身した蘭学者で砲術を得意とする高畠五郎《たかばたけごろう》、フランス語の研究で知られる村上英俊《むらかみひでとし》らである。

福沢諭吉はここで大失敗をやらかすのである。イギリスからの要求である「生麦事件でリチャードソンを殺した犯人を差し出せ」を、「島津久光の首を差し出せ」と誤訳したのだ。


この時英国側は戦争をするつもりはなく、賠償の受領が主たる目的であったのだが、薩摩側はそのようには思っていなかった。というのは、諭吉たちが二月一九日に訳した外交文書の中身が間違って伝わっていて、薩摩側は英国が島津久光の処刑を要求していると勘違いしていたからである。

（平山洋『福澤諭吉』176ページ）


このように大嘘つきの平山は「福沢諭吉は誤訳したのだ」の一行が書けない。それでも平山はイギリスが「諭吉たちが二月一九日に訳した外交文書の中身が間違って伝わっていて、薩摩側は英国が島津久光の処刑を要求していると勘違いしていたからである」と薩摩藩の抵抗にびっくりしていることを書いている。

イギリスは外交文書が福沢の手で書き換えられていることを知らなかったのだ。

薩摩藩は福沢の書き換えた文書にびっくりして、このような要求は呑《の》めないとイギリスとの戦争を覚悟した。

薩摩藩では人望厚く、強いリーダーシップをもった島津久光をイギリスに差し出すなど、ありえない選択であった。

イギリスと薩摩藩は福沢諭吉の誤訳によって衝突する羽目になったのである。ここで重要なことは福沢諭吉の誤訳はわざとだったか、それともうっかり間違えてしまったかである。

私は福沢諭吉のわざとミスしたのであろうと考えている。その根拠に福沢諭吉がこの翻訳作業でミスするのはありえないことだからである。どういうことかというと、翻訳の場に幻の五人目であり福沢の大親友・箕作秋坪がいた可能性があるからだ。

『福澤諭吉全集』第20巻「幕末外交書訳稿」では箕作秋坪が福沢と一緒に松平康英の屋敷で翻訳したとある（同書577ページ参照）。

福沢は自伝の『福翁自伝』でも箕作秋坪の存在を抹消して、別の人物である杉田玄端《げんたん》（杉田玄白の孫）にすり替えている。

福沢は年を取って、箕作秋坪を杉田玄端と勘違いしたのだ、という見方も一部にはある。だが、他の福沢の伝記本にも箕作秋坪は登場しない。それらはどの本も『福翁自伝』を参考文献としているからだ。ところが、平山洋は参考文献に『福沢諭吉全集』を掲げているくせに箕作秋坪が翻訳に加わっていなかったことにしている。

意図的な歴史の捏造を平山洋は行っているのだ。

平山洋と福沢諭吉にとって、箕作秋坪が生麦事件の翻訳に関わっていることは福沢諭吉ファンに絶対に知られたくなかったのである。

その理由は簡単だ。箕作秋坪は切れ者で英語がよくできた。その箕作秋坪がチェックすれば、福沢の誤訳などすぐにわかって、訂正できたはずだ。

箕作秋坪が見過ごしたということは、福沢諭吉は誤訳したわけではなく、わざと間違った翻訳をしたのである。

箕作秋坪と福沢諭吉は共謀してイギリスと薩摩藩の双方を操って激突させたのである。これに上司の松平康英も加わっていたのだろう。福沢諭吉も箕作秋坪もお咎《とが》めなしで出世していくのである。イギリスを暴走させた功労者というわけだ。

考えてみれば、松平康英たち三人は遺欧使節団で一緒だったのであり、そのときにイギリスと薩摩をぶっつけるという作戦を立てたのであろう。恐ろしい謀略家たちだ。

そして、この松平康英たち三人とともに薩摩とイギリスの戦争を仕組んだのが、タウンゼント・ハリスの子分であるアレキサンダー・シーボルトであると私は考える。

アレキサンダー・シーボルトは、かつて来日して伊能忠敬の日本地図を持ち出そうとして国外追放になったフランツ・フォン・シーボルトの長男である。再来日した父親のシーボルトは長男をハリスに預け、自分はオランダに帰国してしまっていた。

そこからアレキサンダー・シーボルトは何をしていたのか分かっていない。私の推測に過ぎないが、福沢諭吉と行動を共にしていたとも考えられる。福沢諭吉は江戸に米沢藩士の池田《いけだ》成章《しげあき》を呼び寄せて、英語を教えていた。

何とここにアレキサンダー・シーボルトもいたというのだ。「米沢有為会百年のあゆみ」というウェブサイトから引用する。

甘糟《あまかす》は慶応義塾の英学教授吉田賢輔《よしだけんすけ》に依頼して英学指導を要請したり、吉田を介して福沢諭吉や小幡篤次郎《おばたとくじろう》らとの交遊を深めたりしていた。当時上杉茂憲《うえすぎしげのり》の側役として麻布邸に起居していた池田成章も、しばしば旧師甘糟と行動を共にし、福沢、小幡らのほかに、イギリス公使館付通訳官A・G・G・シーボルトを初め外国人との知己もできていた。

（「米沢有為会百年のあゆみ」http://www7a.biglobe.ne.jp/~yonezawa-yuuikai/Yuuikai100History.htm）

シーボルトと福沢諭吉が友人関係であったことがよくわかる。この事実を隠したいのか、アレキサンダー・シーボルトの存在は平山洋の『福沢諭吉』からは消されている。

しかし、平山は福沢諭吉が遣欧使節団でシーボルトの母親に会っていることはちゃんと紹介している。


七月一七日にケルンから入った使節団は、そこで大聖堂を見物して翌日ベルリンに出発することになった。その日の夕刻、シーボルト夫人が宿舎まで訪ねてきたのである。

（平山洋『福澤諭吉』155ページ）


シーボルト夫人と面会した福沢諭吉はやはり、シーボルト家とつながっていたのである。おそらく、このあと帰国した福沢は、シーボルト夫人に紹介されたであろうアレキサンダー・シーボルトと出会うのである。

このアレキサンダー・シーボルトも薩英戦争で悪どい動きをしている。横浜でイギリスの軍艦に乗り込んだアレキサンダー・シーボルトは薩摩に到着した。そこでアレキサンダーは生麦事件でリチャードソンを斬り殺した薩摩藩士の海江田信義《かいえだのぶよし》と面会している。

〝あまりに出来過ぎた話〟であると私は考える。福沢諭吉たちの動きと連動したアレキサンダー・シーボルトと海江田信義の薩摩藩への謀略行動だ。

このときの幕末史を描いているのが歴史学者の石井孝の『明治維新の舞台裏』（岩波書店、1960年）である。この本ではイギリスの通訳であったウェールズ人のアーネスト・サトウが大きくピックアップされている。この本から研究した歴史評論家の中にはアーネスト・サトウこそが倒幕の黒幕だと主張する者もいる（加治将一『龍馬の黒幕』など）。

ここで注意しておかなければいけないのはアーネスト・サトウとアレキサンダー・シーボルトの関係だ。サトウは19歳、アレキサンダー16歳である。ところが、サトウはイギリスの通訳になったのはアレキサンダーより3カ月遅い。ということは、アレキサンダーは年下だが、サトウより立場が上なのだ。

アーネスト・サトウはのちにイギリス外務大臣となる優秀な男だ。それが3歳も年下のアレキサンダーの言うことを聞いていたのでは体裁が悪い。

そこでアレキサンダーのことをあまりサトウは語っていないのだろう。サトウの日記には薩英戦争でアレキサンダーが出てこない。

――以上が私の立てた仮説だ。あくまでもアレキサンダー・シーボルト、つまりアメリカ主導の謀略が真実の薩英戦争である。

これにより、薩摩藩は幕府を見限って、イギリスに接近していくことになる。薩摩藩は島津久光の言うことを聞かなくなり、西郷隆盛・大久保利通の倒幕路線に大きく舵を切るのである。

そして、それこそが福沢諭吉の狙いであると私は指摘したい。福沢たちはアメリカの手先に成り下がって、世界帝国であるはずのイギリス帝国を操ったのである。

イギリスのオールコック提督や外交官のアーネスト・サトウは、ここまでのことは知らされていない。

アメリカは中立国を演じることで薩長やイギリスに罪を着せた。アーネスト・サトウの動きもわざと泳がせておいたのである。本当の黒幕はアーネスト・サトウや伊藤博文らでなく、福沢諭吉たち幕臣だったのだ。

明治維新はイギリスが仕組んだのだ、という説は昔からある。これは歴史学者の石井孝が広めてきたものだ。石井孝の『明治維新の舞台裏』がイギリス謀略説の根拠となっている。東京大学史料編纂所《へんさんじょ》の所員だった石井孝は、１９３０年代に幕末の幕府の外交文書を整理する仕事をしていた。だから、石井孝は今まで私が論証してきた福沢諭吉が数々の謀略行動をしていたことなど、とっくに把握していたはずだ。

それなのに石井は、アーネスト・サトウらのイギリスの倒幕の動きしか、書いてこなかった。イギリスはアメリカに操られて倒幕に誘導されていったわけであり、倒幕の黒幕は福沢諭吉のほうだ。

石井孝は東京大学史料編纂所にいたから、資料の取捨選択は自由に行える。石井はアメリカの謀略は隠して、イギリスの悪を言いたてることによって、日本の幕末好きの読書人たちをうまくコントロールすることができたのだ。

この石井孝はおそらく幕末のアメリカの謀略を隠蔽するために東京大学史料編纂所にいたプロの工作員なのであろう。副島隆彦氏によれば、東京大学史料編纂所には公開すると都合の悪い史料が大量に隠されていたのだと言う。

今回、私が発見した福沢諭吉の謀略も東京大学史料編纂所にはしっかりした資料が眠っているのだろう。

とにかく、こうしたアメリカ主導の謀略で江戸幕府の幕臣たちがアメリカに内通して、徳川幕府は崩壊したのだ。読者には、幕臣たちが薩長よりも一枚も二枚も上手《うわて》であり、物凄く悪賢かったということが分かっていただけたであろうか。

（了）

■主要参考文献■
眞壁仁『徳川後期の学問と政治』名古屋大学出版会、2007年
石井孝『明治維新の舞台裏』岩波新書、1960年
平山洋『福澤諭吉』ミネルヴァ書房、2008年
佐藤明子『幕末外交事始　文久遣欧使節　竹内保徳』宮帯出版社、2010年
北康利『蘭学者　川本幸民』PHP研究所、2008年
副島隆彦『日本の歴史を貫く柱』PHP文庫　2014年
圭室諦成『横井小楠』吉川弘文館、1988年

小泉信三『福沢諭吉』岩波新書、１９６６年
小野寺龍太『古賀謹一郎』ミネルヴァ書房、２００６年
高田誠二『久米邦武』ミネルヴァ書房、２００７年

（第5章）

「二尺三《にしゃくさん》寸《ずん》が武士の刀」——幕末の剣術道場

副島隆彦＋古本肇

Takahiko Soejima & Hajime Furumoto

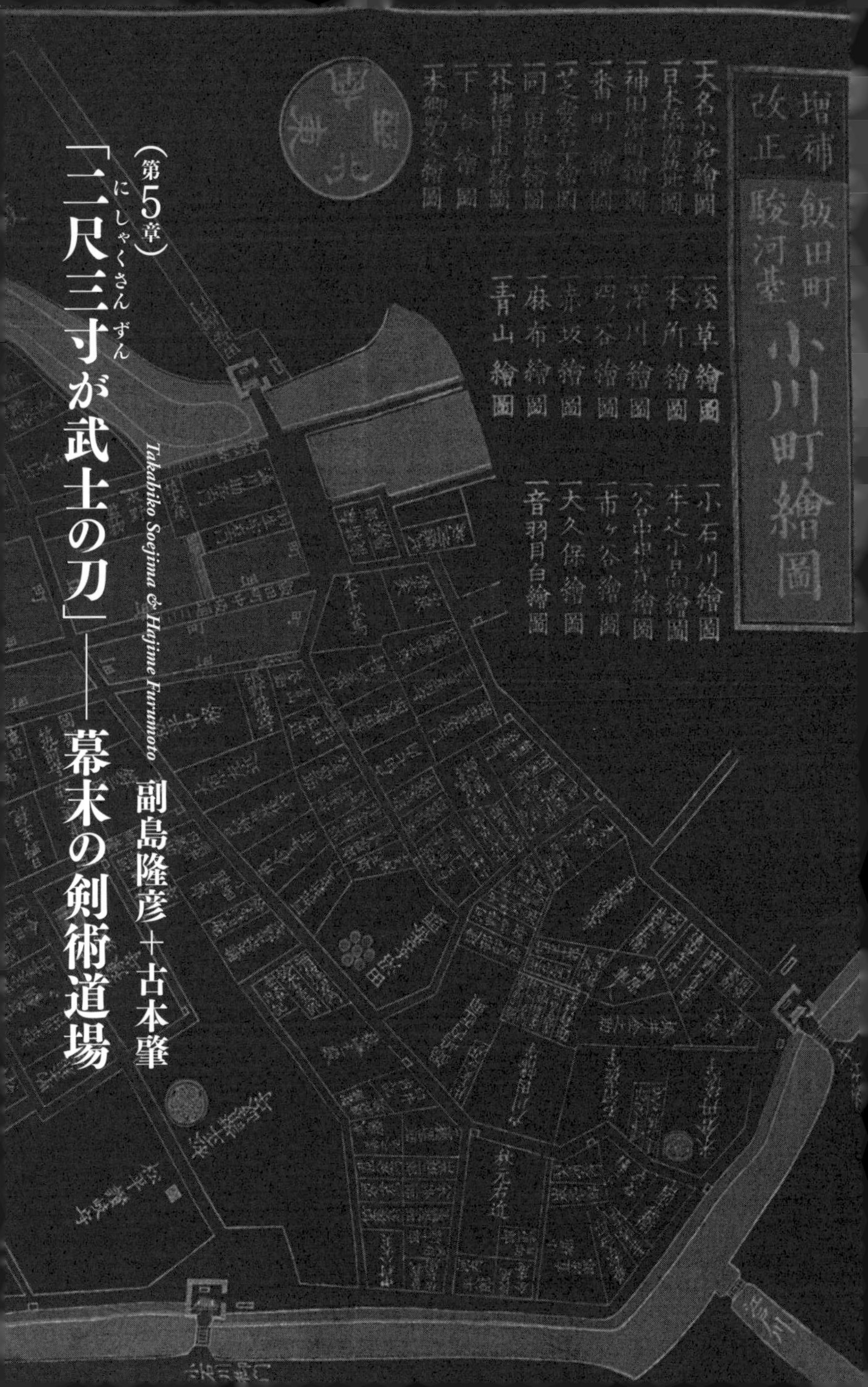

明治の元勲たちは江戸の剣術道場で何をしていたのか

この章では、古本肇氏《ふるもとはじめ》に、幕末の江戸で、大変人気があった剣術道場の話をしていただく。私、副島隆彦が質問《インタビュー》する。古本氏は「神田生まれの生っ粋の江戸っ子」だ。居合い（真剣を扱う）の修練者で刀剣の豊富な経験をお持ちだ。

この本のテーマである「蕃書調所《ばんしょしらべしょ》」と大いに関係がある。蕃書調所からすぐ近くの旧一橋家の敷地、現在のJR水道橋駅の南の方にあった「講武所《こうぶしょ》」（1856年設立）が、「幕府陸軍《ばくふりくぐん》」である。洋学の研究所である「蕃書調所」（同じく1856年設立）は、東大南校《なんこう》に名が変わり、やがて東京帝国大学になっていった。

だから蕃書調所と講武所（幕府陸軍）は幕末の兄弟組織である。幕末に全国の藩から選抜されて留学生として蕃書調所に来た若い武士たちは、同時に剣術の修行もした。剣術道場は重要な人間交流の場で、いわばサロンであった。そこは当時の世界情報と、知識が行き交う場であった。例えば、長州の桂小五郎（のちの木戸孝允）と土佐の才谷屋梅太郎《さいたにやうめたろう》（坂本龍馬）が〝於玉ケ池《おたまがいけ》〟の千葉道場で出会っている。

蕃書調所の方は、幕末の徳川幕府の正式の洋学研究所である。今の九段の靖国神社の手前（坂の下）に九段会館（敗戦前は、軍人会館）がある。蕃書調所はその隣にあった。史跡案内の写真のとおりだ。私たちは、まずこのことをはっきり知るべきだ。ここに当時、ズバ抜けて頭が良かった立派な日本人がたくさん集まっていた。この人たちが幕末の日本でピカ一の頭をしていた人々だ。

私たちの、この本のテーマは、「薩長中心史観を覆《くつがえ》すこと」だ。この考えが今の日本に歴史もの好きたちの間に広がっている。薩長（薩摩と長州）が、腐り果てていた徳川体制を倒して明治新政府をつくった、とされる。これは事実である。だが、このときのちに〝維新の元勲〟と呼ばれた人々は、江戸に来て何をしていたのか。彼らは、幕府側の重要人物たちと交流し、学び、教わっていた。藩の命令で情報収集のスパイ活動をしていた。西郷隆盛しかり、坂本龍馬しかり。

明治新政府になってから、権力を握った薩長の人間たちではどうも知識と学力が不足していた。そこで旧幕臣系が非常に能力を発揮した。どうしても旧幕臣たちの頭脳と技能を「徴士《ちょうし》」（テクノクラートだろう）として登用しなければ済まなかった。このことを本書の他の書き手たちが存分に書いている。

蕃書調所から、靖国通りを真東に2キロのところに、「於玉ケ池《おたまがいけ》の千葉道場」という有名な剣術道場があった。今のJR神田駅から北東、都営地下鉄の岩本町《いわもとちょう》駅のあたりだ。ここに千《ち》葉周作《ばしゅうさく》（1793〜1856）という有名な剣術の達人がいた。ここに全国から剣術留学に多くの若者が集まっていた。渋沢栄一もいた。坂本龍馬や、桂小五郎（のちの木戸孝允）もだ。

この二人は、より正確には千葉周作の弟の千葉定吉《さだきち》の道場（八重洲茅場町《かやばちょう》）で出会ったらしい。
私たちは、2年前の2014年の9月1日に、古本肇氏の案内で、雨の中、ずっとこの岩本町、人形町あたりから神田神保町の旧講武所《こうぶしょ》まで探索した。

これから古本氏に幕末に栄えた剣術道場のことを思いっきり話していただく。繰り返すが古本氏は、長年、居合道《いあいどう》の修練を積み、恐ろしい真剣（日本刀）の使い方に習熟している。代々、神田の地主さんの家系であり、江戸の町人の気風と遺伝子を濃くお持ちの人だ。年齢は、私、副島隆彦とほとんど変わらない。戦後の東京の変貌をずっと見ながら生きてきた。

蕃書調所を中心とした情報ネットワーク

副島　まず幕末の剣術家で一番有名な千葉道場の千葉周作と、講武所を開いた男谷信友《おたにのぶとも》という二人の剣術使いの話からしてください。

古本　わかりました。千葉周作（1793〜1856）は、北辰一刀流《ほくしんいっとうりゅう》で有名です。この道場名を①玄武館《げんぶかん》と言います。

この当時、江戸に幾つかの有名な道場がありました。この玄武館以外に、②練兵館《れんぺいかん》、③士学《しがく》館《かん》、それから男谷信友の本所亀沢町《ほんじょかめざわちょう》の道場、男谷は④講武所の頭取並、剣術師範役を勤めます。そして蕃書調所《ばんしょしらべしょ》があった。この4つが有名でした。

江戸幕末「蕃書調所」と剣術道場関連地図

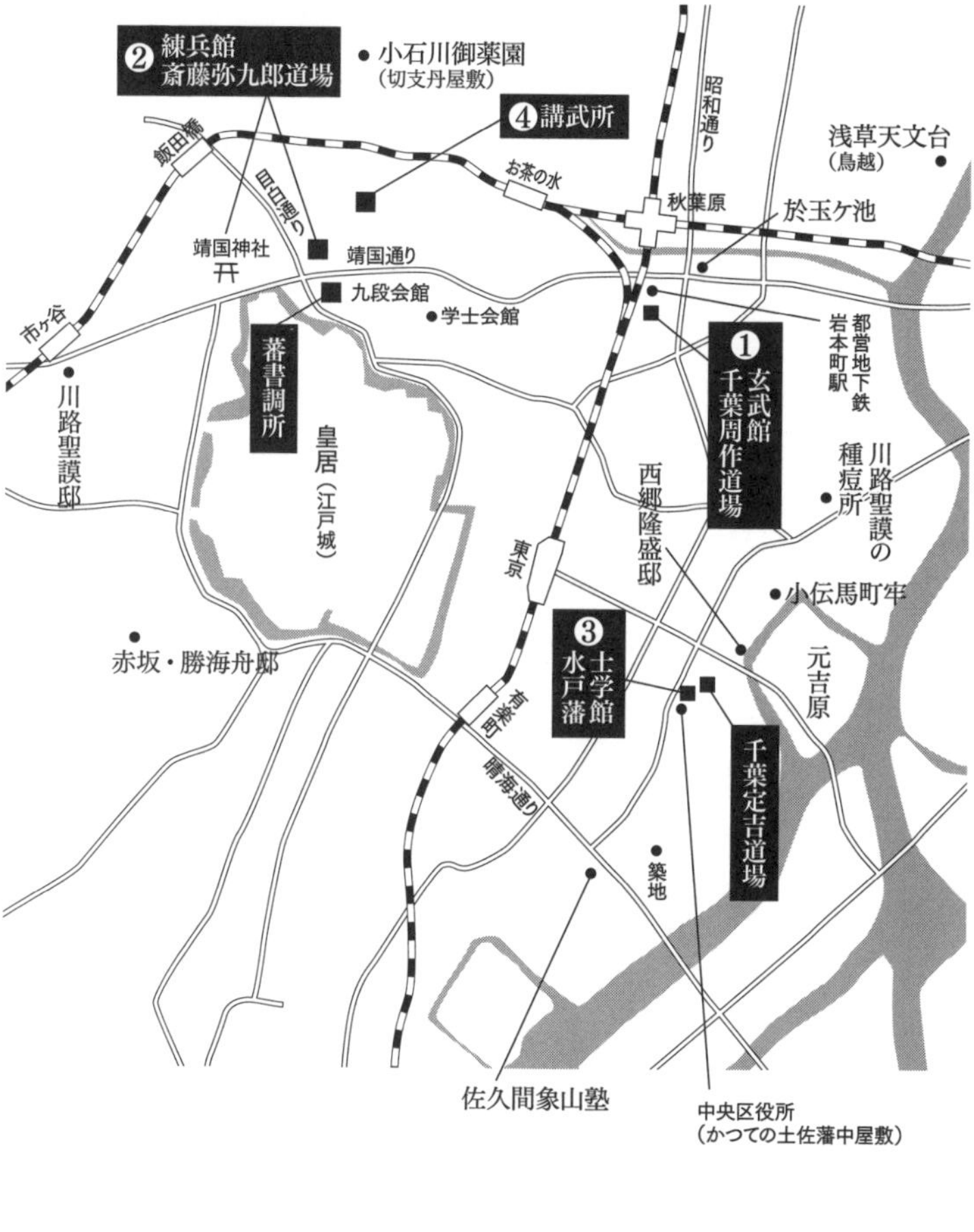

切支丹屋敷（小石川薬草園）を現地調査する副島隆彦氏

蕃書調所の敷地は現在、国立の施設・昭和館となっている（東京都千代田区九段南）

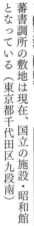

蕃書調所と道路を挟んだ真向かいが、②練兵館の道場でした。そこが焼けた後に、「今の靖国神社の地に移った」という練兵館の元の地の跡の案内板を、みんなで巡った時に見ましたね。ですから実におもしろいことに、この蕃書調所の真向かいに練兵館があった。②の練兵館は、1826（文政9）年に斎藤弥九郎《さいとうやくろう》が開きました。ここの名立《なだ》たる門人は、長州の人間たちで、師範代だった者も含めます。桂小五郎、高杉晋作、井上聞多《いのうえぶんた》（馨《かおる》。のちの内務大臣。鹿鳴館を作った）、伊藤博文（俊輔《しゅんすけ》）、それと品川弥二郎もいました。

副島　錚々《そうそう》たるメンバーですね。幕末・維新の元勲《げんくん》たちだ。

古本　そうです。こういう面々が②練兵館に習いに来た。しかもここが蕃書調所のほぼ真向かいです。だから、蕃書調所の情報がどんどん練兵館に漏れていただろうと、これは私の推測です。非常に興味深いことで、なぜ練兵館に長州の人間が多かったか。練兵館の歴史の話になります。

練兵館は九段（東京都千代田区）で、ここから東へ約2キロ強ぐらい隅田川の方に（今の靖国通りをずっと東へ）下っていく。そこに北辰一刀流の①玄武館の道場がありました。当時の江戸の侍たちの日記によると、皆、平気で九段から浅草あたりまで10キロぐらい歩いています。だから2キロは、当時の感覚では何ということはない距離で、蕃書調所は①玄武館とも本当に近かった。

北辰一刀流は千葉周作という人の人柄もあって、非常に自由闊達な道場でした。ここが防具を身につけて、竹刀で実戦のごとく打ち合うという形を始めた。今の剣道の母体となった稽古の姿です。当時の剣術は「型を練習する」というのが主流でした。だから、全く新しい実戦のあり方を想定した。これは道場主の自由闊達な発想がないと、従来の「型の稽古から離れる」というのは簡単なことではなかったろう。

そのために①玄武館は、かなりサロン化していただろうと私は思います。つまりいろんな人たちが集まることを可としていた。稽古をして、稽古が終わると、あとは当然、飲んだり食べたりして、いろんな情報の交換がある。そして、新撰組に入っていった人たちもいた。剣の名手たちが出ました。

副島　どうしても人斬りをやりたい、という暴れ者の過激派までここで育ったんですね。玄武館は、どれぐらいの大きさだったんですか。

古本　当時の道場としては決して小さくなくて、約30畳ぐらいでしょう。それ以外に多少の小部屋がいくつかあるといった程度だと思います。

副島　皆で幕末名所探訪をしたときに、この「於玉ヶ池」のあたりを歩きました。

古本　岩本町です。今の岩本町の交差点からものの20メートルぐらい外れたところです。

副島　あのあたりが幕末の江戸の本当の中心地だったんですか。南に1キロ行くともう日本橋です。

古本　そうです。現在の岩本町というのはおもしろい土地で、この玄武館以外に儒学者や蘭学者たちの私塾、すなわち私設の学問道場がありました。残念ながらこれらの私塾の資料はほとんど残っていません。佐久間象山《さくましょうざん》もこの近くに蘭学の塾を持っていた、ということは分かっています。

昼間は、お茶の水の昌平黌《しょうへいこう》で朱子学を教えていた偉い儒学者たちが、「本当は自分たちが教えたいことはコレじゃない」と、今の岩本町に私塾を開いたのです。ここは、お茶の水からも近くて、家賃が安い。だから、学問の私塾をたくさん当時の教授連中が岩本町に持っていた。だから玄武館は、そういう人たちとかかわり合いがあったはずです。残念ながら佐久間象山以外の私設の学問所の史料が残っていなくて、口伝《くでん》でしかない。だから正確なことは言えませんが、間違いないです。

西郷隆盛と新政府の微妙な乖離

副島　1868（明治元）年2月に、薩長軍が江戸に到着して3月には制圧（江戸城無血開城）。4月には上野の彰義隊《しょうぎたい》（幕臣たちの中のまだ武力で抵抗した勢力）を壊滅させた。二百ぐらいの死体がコロガったようです。薩摩藩兵がズタズタに斬ったようです。残党はみんな北方、奥州へ逃げた。この後、実質の権力者だった西郷隆盛が屋敷を構えていた場所がここらにありましたよね。

古本　今でいう水天宮《すいてんぐう》です。水天宮の神社から、歩いて5分くらいのところです。ただ、西郷隆盛ほどの人が、あの当時の位の高さからして、あそこに自分の屋敷を構えたということは、精神的に、当時の明治政府とは気持ちの乖離《かいり》があったのではないか、と私は思います。

水天宮、人形町は元吉原《もとよしわら》に近い。１６５７年の明暦《めいれき》の大火《たいか》まで吉原遊郭《ゆうかく》があったところです。彼ほどの高官だったら、もっと、今でいう千代田区、お堀の周りにいくらでも屋敷を構えられたはずです。

副島　旧大名屋敷ですね。

古本　そうです。立派なところです。

副島　皇居（旧江戸城）前の旧大名屋敷にいるべきなのに、西郷という人は、わざと下町にいたのですね。ただし、下町ですが繁華街だったと思います。町人庶民がいっぱいいて、毎日ワイワイたくさん人の行き来があったところに、わざと小さな家に住んでいたのでしょうね。

古本　そうですね。

副島　西郷という人は、まったく威張らない人で、贅沢しない人でした。やはり大《だい》人物だったと思います。他のやつらとは格が違う。ただし、西郷はこのあと国家運営でどうしていいか分からなくなって、鬱病《うつびょう》だったようです。

古本　はい。ただ、通勤ということを考えると、当時の新政府の中心の役所へ行くのに、我々の今の足で30分以上はかかる。西郷は、駕篭《かご》に乗っていたか、どうかわかりませんが、通勤は非常に不便だったでしょう。ですから、何か気持ちに乖離がない限り、あそこに居を構えることは考えにくい。

彼は江戸を引き払う（1873＝明治6年）ときにも人に任せています。人に任せて、値段は幾らでもいいと、水天宮の屋敷を売却している。そして鹿児島に帰ってしまった。そういう歴史もあって、やはり出だしからして新政府と何か気持ちのすれ違いがあった。

男谷信友こそが幕末剣術家の最重要人物

副島　幕末に、②の練兵館で木戸孝允（＝桂小五郎）が剣術を学んでいます。坂本龍馬は①の玄武館（千葉道場）のほうです。彼らはこの辺で1857（安政4）年までに出会っていると思います。この二人の出会いと、免許皆伝《めんきょかいでん》の話をしてください。坂本龍馬の免許皆伝は、刀ではなくて、薙刀《なぎなた》だったと、最近史料が出ています。他に渋沢栄一の話もお願いします。
古本　はい。坂本龍馬は、①於玉ヶ池の北辰一刀流の道場ではなくて、今の日本銀行（日本橋本石町《ほんごくちょう》）の近く、八重洲の東に千葉周作の弟の定吉《さだきち》が、「桶町《おけまち》千葉《ちば》」と呼ばれる道場を開いていて、ここで稽古をしていた。
ただ、道場の連帯意識は強く、於玉ヶ池とは距離的に今の日本銀行と岩本町で近い。龍馬は、しょっちゅう①の玄武館にも来ていたようです。その距離は、我々の足でも歩いて20分あれば十分です。当時の人たちだったらもっと速かった。しょっちゅう玄武館に来ていた。

それで、実はこの①千葉道場の北辰一刀流と、④男谷信友《おたにのぶとも》、精一郎《せいいちろう》とも仲がいい。この男谷《おたに》がキーマンです。

男谷信友（1798〜1864）が幕末の剣術家の中で一番、重要です。彼は、勝海舟（1823〜1899）の従兄《いとこ》ですが、年齢からは叔父・甥のようでした。勝海舟が幼い頃、男谷は今でいう両国隅田川を越えたところに屋敷があった。この屋敷跡は、今は公園になっています。ここで生まれ育った。男谷は、直心影流《じきしんかげりゅう》です。直心影流は幾つかに分かれて、そのうちの男谷派は、隅田川を越えたところの、今でいう本所亀沢町に道場がありました。

男谷は勝海舟の親父《おやじ》の小吉《こきち》（1802〜1850）と同世代で非常に仲がよかった。小吉は、お金はなかったけれど、男谷は直参《じきさん》でした。最初は御家人《ごけにん》、やがて旗本に昇格した。男谷信友は、勝海舟のおやじより4歳上で、しょっちゅう二人で浅草あたりに飲みに行っていた。だから、勝海舟とは男谷は親子の感じです。

勝海舟が最後の江戸城無血開城のときに、火消し連中に命じて、「いざとなったら城に火つけて」云々という俗話があります。この江戸の火消し衆の信望があって率いていたのは、男谷と父の小吉です。海舟自身が、江戸っ子気質で火消し連中とつき合っていたわけではないと、私は思います。

副島　この男谷信友が非常に重要で、④の講武所を幕府の命令と許可があって、つくった人で

千葉周作道場跡を現地取材する筆者

雨中の視察は日本橋堀留町の千葉定吉道場周辺まで足を延ばした

すね。この講武所が、〝幕府陸軍〟ですね。今のJR水道橋駅の南、日大理工学部あたりですね。講武所は、単なる個人の塾ではない。男谷が水野忠邦《みずのただくに》（1794〜1851）に進言して出来た。

古本　そうです。男谷は水野忠邦に以前からこういうものをつくったらどうか、と建議をしていた。ですから講武所のアイデアは男谷自身のアイデアです。それを水野忠邦が失脚した後の阿部正弘《あべまさひろ》（1819〜1857）が、「安政の改革」の目玉として、1856（安政3）年に建議を受け入れて講武所をつくった。

最初つくられた場所は築地《つきじ》で、その後に今のJR水道橋駅に近い三崎町（当時の地名は小川町）に移った。最初につくられた築地の講武所跡は、幕府の海軍練習所（操練所）になります。今の築地の中央市場（もうすぐ移転）の場所です。

幕府の海軍練習所（これが〝幕府海軍〟）をつくるために、講武所を三崎町に移したんだろうと、私は思います。陸軍なら海の近くでなくていい。

副島　そうか。それで、海軍であるところの築地の練習所は、やがて明治の中頃（1888年）に呉（広島県）に移って、海軍兵学校になっていくわけですね。

古本　ええ、そうです。注目すべきは、だからこのとき幕府の海軍、そして陸軍が出来たということです。男谷は、④講武所が創設されたときに頭取並《とうどりなみ》という役職についています。したがって、この男谷と勝海舟が幕府の陸海軍の練習所というか練兵所、訓練所のトップだった。この男谷一族の二人が2つともを占めた。

副島　そして男谷信友はこの功績で3000石取の大身《たいしん》旗本に出世をした。大身というのですか。

古本　はい。

副島　旗本階級としては一番の出世頭になるわけですね。

古本　そうです。二人は盲目の男谷検校《おたにけんぎょう》の孫です。男谷検校から分かれていった。

副島　男谷検校という人は偉い人だったんですか。

古本　いやいや、偉くないです。御家人株を買っただけです。検校《けんぎょう》という、中世・近世日本の盲官（盲人の役職）の最高位の名称を買った。

副島　将軍にお目見えしている。中世、江戸時代でも盲人のマッサージ師は世の中から尊敬されていたんですよね。

古本　はい。子供が二人いて、一人が男谷家、一人が勝家になった。御家人株は男谷家のほうが持ちました。勝家のほうにも御家人株を、男谷信友のおじいちゃんが買い与えた。まあ非常に蓄財のうまかった人だから、大名や何かに金も貸し付けることをやったようです。

副島　そうか、大名貸し、か。王様（国王）貸しをやったイタリアのメディチ家のようですね。金融業もやっていた。

古本　その通りです。

あの新撰組も輩出した千葉周作道場

副島　私が古本さんに教わって一番ビックリしたことは、この千葉周作も、この男谷信友も、②の斎藤弥九郎《さいとうやくろう》（1798〜1871）も、幕末の殺し合いに参加していませんね。

古本　してないです。

副島　そんなバカなことするんじゃないという考えだ。自分が人殺しの部隊を率いて敵に突撃すれば自分も殺される。だが突撃しなければ、自分が殺されることもない。

古本　ええ、そうですね。

副島　その意味でも、私は幕末の江戸の有名な剣術家たちは立派な人たちだっただろう、と思います。きっと人格者だった。②の練兵館の斎藤弥九郎（神道無念流）も戦闘には参加しませんでした。斎藤弥九郎は、江戸が薩長（官軍）に占領されたあと、旗本たちによる抵抗であった上野の彰義隊の首領《しゅりょう》（総大将）に推された。まわりがそのように期待した。しかし、斎藤弥九郎は動きませんでした。この大人の態度がいいですね。今さら人斬り包丁を振り回して何になるか、と分かっていました。

古本　はい。男谷に関しては、はっきりいろんな文章が残っていて、かなり人望が厚かった。そして、彼は他流試合を歓迎しました。やはり他の流派と戦ってみないと自分の実力はわからない。そして自分の向上にもつながらないと。しかし、当時の考え方は、他の道場の人間と争う、戦うということを非常に嫌がっていました。負けると道場に傷がつく。

その意味では、最初に申し上げた、③の士学館（桃井直正《もものいなおまさ》）は非常に荒っぽい道場でした。例えば我々が知っている人間では、土佐の武市半平太《たけちはんぺいた》（瑞山《ずいざん》。1829～1865）と、岡田《おかだ》以蔵《いぞう》（1838～1865。〝人斬り以蔵〟と呼ばれた）です。それで、実は士学館が、練兵館と争った（他流試合をした）ときに、千葉周作（玄武館）が審判をした。

副島　③の士学館は誰が指導者だったんですか。

古本　桃井直正です。士学館の館主は、代々、桃井春蔵《しゅんぞう》を襲名した。直政は4代目です。士学館は、1773（安永2）年に、江戸日本橋南茅場町《みなみかやばちょう》の長屋を道場としたのが始まりです。

副島　武市瑞山と岡田以蔵は、幕末の激闘のピークである1863年、64年に、京都で新撰組や会津の市中見回り組と本当に刀で殺し合いをやった人たちだ。いちばん潔い、裏表《うらおもて》のない尊王攘夷の者たちだ。水戸の天狗党と同じ純粋さです。彼らは捕まって土佐藩に連れ戻されて、ひどい殺され方をしています。この人たちが士学館で学んだんですね。

古本　そうです。ですから、③の士学館と②の練兵館は、一言で言うと荒っぽい道場です。それに対して、①の玄武館（千葉周作）と、④の直心影流の男谷信友は、剣は立ったが、非常にジェントルマンです。

副島　その①の千葉周作の玄武館で新撰組の連中が習ったのは、驚きです。

古本　そうです。

副島　私の知識では、新撰組は三多摩壮士団《さんたまそうしだん》といって、本当は百姓なんですよね。今の八王子あたりの百姓だと思う。

古本　そうですね。

副島　八王子とかあの辺の百姓たちが、「武士になりたい、武士になりたい」と必死で思う気持ちで、自分たちは刀を振り回して人殺しをしてもいいと考えた。とにかく侍になりたい一心の人たちだ。それぐらい身分差別というのは、当時の日本人にとっては骨身に染みるものだった。それで半分、騙《だま》されたようにして京都まで連れて行かれて、〝反革命突撃隊〟になっていったわけですね。

古本　そうです。

副島　そうすれば、武士として取り立てられますからね。勝海舟に騙されたんだ、と私は思っています。

古本　ええ、そうです。

副島　最後の瞬間は、名前ばっかりの大名にまでなっているんですよ。薩長軍（官軍）が甲州路からも攻めてくるから、甲府城で戦えと。近藤勇《こんどういさみ》や土方歳三《ひじかたとしぞう》は、大名待遇にしてやる、と。それで、国境で負けて江戸に逃げ帰る。だから本当は、新撰組の始まりも江戸の剣術道場なんですね。

薩長中心史観ばっかりで明治以降の日本の歴史を描くものだから、幕府があっけなく倒れる（1868年3月）までは、中心の動きは江戸にあった。このことが皆にわからなくさせられている。だから最近、薩長中心史観を見直そう、という歴史研究の流れになってきました。

渋沢栄一のビジネス感覚を磨いた玄武館

副島　では、渋沢栄一はどうですか。

古本　渋沢栄一は、伝手《つて》をたどって①の玄武館（千葉周作）に入門しています。渋沢は、まだ故郷の埼玉の深谷にいた頃に、大川平兵衛《おおかわへいべえ》から神道無念流《しんとうむねんりゅう》という剣術を習っています。だけど、彼には剣術の才能が全くなかった。それでも、伝手を頼って江戸で①の玄武館に入っていった。

このことは渋沢栄一の伝記に書いてあります。彼は剣術を身につけたかったのではない。自分には剣術の才能がないことに気づいていた。冒頭に申し上げた、①の玄武館には、いろんな人たちが出入りしていた。そのサロンの雰囲気に交わりたかった。そのうちの一人に一橋家のお側用人だった三野村利左衛門《みのむらりざえもん》がいました。

副島　三野村利左衛門が渋沢を育てたんですよね。

古本　ええ。それで、三野村が渋沢を一橋家に紹介して、彼はそこで一橋家の用人《ようにん》（中間《ちゅうげん》）になる。これが、渋沢栄一が江戸で階段を上る第一歩になった。だから、①玄武館は非常に幅広い。一方は新撰組にもなっていく。ただし、先ほど副島先生が言った、多摩組と、玄武館のメンバーを比べてみますと明らかに違います。新撰組の中では、玄武館出身のほうが、思想的には洗練されています。尊王及び攘夷か徳川氏寄り（佐幕《さばく》）かは別に、学問もした人たちだから洗練された思想を持っていました。

副島　渋沢は、今の埼玉県の深谷の北の、利根川に近い血洗島《ちあらいじま》のあたりの豪農の家の息子です。当時は、生糸、絹織物がすごく貴重で高価だった。世界に輸出されていた。開国する前から。その生糸をつくっていた豪農で大きなお金を持っている家の息子が渋沢栄一です。私は、渋沢の生家を訪ねましたが、幕末で既に大きな資本の蓄積があったようだ。マニュファクチュア（工場制手工業）ですね。使用人が数百人もいたでしょう。渋沢家は武士ではない。惣庄屋《そうしょうや》というか惣村《そうそん》共同体の大百姓ですよね。

古本　そうですね。私も渋沢の生家を訪ねたことがあります。

副島　彼らも武士になりたくて、かつ刀を差していた。彼らは、いわゆる権利、武士の株を買っている。苗字帯刀《みょうじたいとう》を許された。渋沢は1859年に、開港直後の横浜の租界《そかい》に行って、「エゲレス人を斬り殺してやる」みたいなことを思っていた。ところが何があったのか、コロリと考えが変わった。「そんなことじゃあ済まない。世の中は進まない」ということで、この三野村利左衛門に教えを乞う。

この三野村利左衛門が〝三井の大番頭〟です。三井家を幕末から明治にかけて、江戸と大坂の両方を支えたのはこの人だ。官軍と幕府の両方に軍資金（冥加金《みょうがきん》）を差し出して保険をかけた。この人が渋沢栄一を育てた。

1860（万延元）年に、パリで「万博」が開かれたとき、幕府の御用商人の小間使い、中間として、渋沢は早くもフランスに渡っています。そのときにフランス・ロスチャイルド家から銀行経営や近代会計学（複式簿記）を習った。そして、それが身についた才人だった。このことが渋沢栄一のすごさだと私は思います。

古本　渋沢は一橋家の用人になって、そこで初めて武士になりました。武士階級に出世した。彼は豪農の出とはいえ、もともと国際市場を相手にする生糸の商売の中で生まれ、育っていました。普通の田舎の豪農とは違うビジネス感覚を持っていた。つまり、マニュファクチュアリングという。それがさらに磨かれたところが、①の玄武館でした。それから一橋家に入って、出世の階段を上っていきました。それだけ玄武館というところに当時の非常に幅の広い人間が集まっていた。渋沢が開明的な要素を得たのも①玄武館だと思います。

副島　そうですか。①玄武館（千葉道場）は、サロンとして人脈交流の非常に重要な役割を幕末に果たしたのですね。玄武館には金持ちたちまで集まって、彼らからお金を取って武道、武術を見せていたそうですね。

古本　はい、そうです。

副島　幕末の剣術道場は、人間交流の場としても非常に重要だったと。

古本　はい。当時の剣術道場には大きなパトロンがついていました。ある藩のご指南役として俸給をもらうとか、剣客として招かれて武芸を披露する。それから、当時のお金持ちの商人、もしくは地方の豊かな農民（豪農）たちから、今でいう稽古料を取っていた。剣術を教えることが道場経営の根幹です。また、①の玄武館は日本橋にも近いので商人たちもたくさん習いに来た。

それからもう一つ、意外と我々が江戸時代を知らない。それは、今でいう警察権力が強く働いていない。そのために、日常生活においては泥棒の類い、旅をすれば追いはぎに多く遭った。実は、旅をするときには刀を商人といえども帯刀できた。ただ、この刀は武士とは長さが違った。長刀だけで脇差は差せないとかの決まりがありました。当時のやくざとか浪人の様子は、何となく映画でご覧になっているとおり、彼らは一本差しです。

「幕臣は愚かだった」は捏造された歴史観

古本　もう一つ、④の講武所で注目すべき点は、講武所が出来た初期（１８５６年）、一番最初の頃の教授、先生の中に、勝海舟と、大村益次郎（村田蔵六）らがいる。彼らが砲術を教えていた。そして近くに蕃書調所があった。

今の日本人の歴史観だと、幕府は幕府のことしか考えていなかった、だから滅んだ、という感じです。しかし、講武所には長州の大村益次郎までいて、いろんな西洋の技術、軍隊の近代式教練も含めて、幕府は本当に日本の将来を考えていた。こういう側面が、忘れ去られている。細かいことが調べるとたくさん出てくる。築地に出来た、海軍の練習所（幕府海軍）も活動している。

このあたりの事実を掘り起こしていけば、明治以降につくられた薩長中心の歴史観だけでなく、幕府への見方が変わってくると思います。

副島　幕府は悪者にされてしまったんですね。

古本　そう。江戸の幕府の人間たちは、狭い世界でしか生きていなかった、自分たちのことしか考えてなかったという見方は、後からつくられた歴史観だと私は思います。

副島　老中の堀田正睦《ほったまさよし》（1810〜1864）、その前の阿部正弘（1819〜1857）は偉かったんですよね。

古本　はい。

副島　彼らは政治の実務の責任者として、世界性を持たざるを得なかった。

最近、〝長州テロリスト〟と言って、言い過ぎの歴史見直し（リヴィジョニズム、revisionism）が流行《はや》っています。「長州のやつらは、吉田松陰まで含め、皆、テロリストだ。人殺しなんだ」と。しかし、この理屈はあまりに粗雑だ。1857（安政4）年から1864（元治元）年までの8年間の、当時の切迫した雰囲気を分かっていない。

長州の藩士たちは、はじめは公武合体《こうぶがったい》でいいと考えて穏やかでした。ところが途中から徳川体制を打倒すると言い出して攘夷（白人への攻撃）を主張しだしたのです。が、本当はその裏側にイギリスがもういた。それにもかかわらず尊王と攘夷で京都の天子《てんし》様を担いで、かつ攘夷で毛唐（白人）どもを打ち払え、毛唐を打ち払え、打ち払えと言いながら、その裏側にイギリスがいた。

本当に長州は悪い藩だと、私も思います。久坂玄瑞《くさかげんずい》たち長州藩の中でも最初の純粋な人たちは、松陰《しょういん》先生の教えに忠実に、１８６３（文久３）年5月10日の攘夷決行の日に下関でアメリカの商船に大砲を撃っている。ところが、全く勝てない。すぐに下関の砲台を占拠され破壊された。翌年（１８６４年6月）には、激高して京都の朝廷（天子さま）を奪おうとして、そして久坂たち真面目な尊王かつ攘夷の連中は全員死んでしまった。

このあとは、もう高杉晋作や伊藤博文のようにイギリスと裏でつながって操《あやつ》られながら、表面だけは尊王と攘夷を言う。自分たちが生き残るためとはいえ、このときのねじくれ方がその後の日本の骨格を決めた。薩摩も同じだ。いい人（立派な人）はさっさと死んでいる。いい人間は不器用だから、さっさと殺される、死んでゆく。これは、人間の歴史の真実、全ての歴史を貫く法則だ、と私はつくづく思います。長州はワルいのが、その後、たくさん出てきて現在の自民党の政治家たちまでつながっている。

古本　はい。

副島　生き残って長生きするやつらは本当に悪いやつらだ。最悪なのは、やはり山縣有朋《やまがたありとも》（1838～1922）でしょう。桂太郎《かつらたろう》（1848～1913）もその人脈です。彼らがずっと明治、大正、昭和、そして戦後まで、今の岸信介から安倍晋三に至るまで、長州というのは本当に悪いやつらだ。福島県に行くと、今でも「長州だけは許さん、薩摩はまだ許す」みたいなことを言いますからね。やっぱりこれは、日本人の非常に悪いところ（あるいは、薄汚《うすよご》れた現実主義）を長州がずっと引きずっているということです。

だから、本当に旧幕臣系の立派な人たちの優れた頭脳、才能の再評価をしなければいけないと思います。

古本　それにはやはり坂本龍馬に対する解釈を変えないとダメですね。彼はジャーディン・マセソン社の手先だったという大きな事実がある。

副島　そのとおり。ジャーディン・マセソンは阿片商人であり、武器商人ですからね。

古本　そうです。ジャーディン・マセソン（マジソン）は、もともとイギリスの東インド会社の管轄の中でつくられた。

副島　ジャーディン・マセソンと、サスーン財閥が阿片戦争（1840～1842年）の元凶です。

古本　そう。あまりにも悪《あく》ど過ぎるので、彼らはインドから香港に放逐された。

副島　そうですね。イギリス東インド会社の元船医で貿易商人のウィリアム・ジャーディンとジェームス・マセソンの二人はスコットランド人ですが、デイヴィッド・サスーンはバグダッド生まれでインド人のように肌が黒かった。

古本　それで、ジャーディン・マセソンは、イギリス本国に戻ることを許されなかった。だから、香港の地場《じば》の企業として生きていかざるを得ない。阿片貿易は、やはり巨大な犯罪です。このジャーディン・マセソンのエージェントとして日本に来たグラバーが、日本でさんざん悪いことをした。グラバーは、明治新政府ができて、自分はもう用が済んだからイギリスに戻ろうと思った。ところがイギリスどころか香港にも戻れないとなった。だから、結局、最後まで岩崎弥太郎が面倒を見ることになった。

副島　トマス・グラバーは岩崎弥太郎の三菱財閥から金をもらって余生を暮らしています。

古本　そう。だから、このグラバーの手先であった坂本龍馬が、なぜ海援隊で、あれだけの洋式船とあれだけの資金力を持っていたのか。どうやって、彼らは全国へ散らばって動けたのか。龍馬と海援隊の出張費、運営費は膨大でした。軍隊における兵站《へいたん》（物資の補給）と同じで、そんなことが坂本龍馬の独力でできたわけがない。その金はどこから出ていたか。

司馬遼太郎『竜馬がゆく』には種本が存在した

古本　坂本龍馬は、私が小さい頃は、そんなに有名ではなかった。坂本龍馬は一旦、歴史から抹殺されていた気がします。

副島 ええ、消えるんですよ。忘れ去られていた。

古本 龍馬が浮き上がってきたのは、どうも太平洋戦争の手前ぐらいからです。私の小さい頃でも、坂本龍馬はマイナーな江戸末期の人間だった。やっぱり司馬遼太郎の作品あたりから脚光を浴びたのでしょうね。

副島 司馬遼太郎というのは最悪の作家です。

古本 本当に、そうですね。

副島 許しがたい人間だ。司馬の龍馬本『竜馬がゆく』の原型になったのは、アメリカの日本研究学者が書いた本です。マリウス・ジャンセンというプリンストン大学の教授をしていた日本研究家が書いた『坂本龍馬と明治維新』（1961年刊）という本です。これが種本《たねほん》です。さらに、このマリウス・ジャンセンの種本になったのは、永倉新八《ながくらしんぱち》という新撰組の生き残りが後に述懐した『新撰組顛末記《てんまつき》』という本です。この本は、自慢話ばっかりで信頼性がない。それから土佐（高知県）の新聞記者が書いた本。これらの文献からマリウス・ジャンセンの『坂本龍馬と明治維新』という英語の研究書ができ上がった。それを種本にして司馬遼太郎がきれいごとだらけで、嘘八百をたくさん混ぜて書いてしまった。

ジャーディン・マセソンが資本金を出した〝日本支店〟が、グラバー商会だ。この資本関係には証拠がある。坂本龍馬は、このグラバーの手下として動いた。そしてグラバー邸の屋根裏部屋でのフリーメイソンの会合にも出ていた。彼らイギリス商人とイギリス政府が幕末から明治の日本の権力者たちを育てていった。

坂本龍馬は、土佐の藩政《はんせい》（家老）の後藤象二郎《ごとうしょうじろう》（1838〜1897）と組んで、「天皇（天子）を国家元首にして、将軍を総理大臣にする。そして300諸侯の大名を国会議員にする」という国家体制に変えるという案を実行しようとした。これ自体は、まさしく公武合体路線であり、横井小楠《よこいしょうなん》のアイデアであり、もともとはイギリスの戦略外交官のアーネスト・サトウ（日本語ができた）の提言です。龍馬は、この策に乗っかった。しかし、それだと幕府を倒せない。そうすると、フランスが後ろにいる幕府のほうが利権が大きくなる。イギリスが損するとなって、取り止めになった。

古本　はい。

副島　それで、龍馬は要らないから殺せということで、イギリスに殺されたんですよ。

古本　ええ。

副島　要らなくなった者は消せ、ということだったと、私は思いますよ。

古本　まあ要らないだけじゃなくて、害が出てきたからでしょう。

副島　そういうことですね。

古本　だから、グラバーだってもう用なし、特別に害もないとなったときに、それでも帰国ならずという形になった。私はジャーディン・マセソン社のことを日本で知ったのではない。若い頃、私は仕事でしょっちゅう香港に行ってまして、それでジャーディン・マセソンとは何かということを知りました。現在もあるイギリス3位の大商社です。だから、司馬遼太郎が勝手につくった坂本龍馬像に対する今のような見方は、昔はなかった。

副島 そうですね。ジャーディン・マセソンの他にサスーン財閥がワルです。

古本 そうですね。サスーンです。

副島 デイヴィッド・サスーン（1792〜1864）が現在の香港上海銀行（HSBC《エイチエスビーシー》）をつくった。この二社が阿片戦争（Opium War, 1840〜42年）を仕掛けた。そして、清朝（大清《しん》帝国）という、それまで世界のGDPの25%を持っていた、大帝国だった中国の帝国をたたき潰した。その後の150年間の、今に至る中国人の地獄の苦しみをつくった。だから悪いのはイギリス帝国なんですよ。

古本 はい。

副島 それに比べれば、その後、日本が帝国化して中国に対してやったことは、トンマな物真似ですね。

古本 かわいいもんです。

副島 日本は、アメリカに騙されて中国への侵略戦争をやった。というか、やらされた。

古本 ええ。

武士はなぜ「二本差し」だったのか

副島　古本さんは、20年以上の剣の習練を持っておられる。日本刀（真剣）の居合抜きの剣術を習っています。神田の神保町にビルをお持ちの地主さんで、今の九段から水道橋、神田駅近辺と飯田橋との間の全体だった神田のお生まれです。ずっと江戸の雰囲気を体で覚えながら生きてこられた。年齢は私より少し上で、ほとんど同世代です。１００年前、２００年前の江戸の情緒を知っておられる。

刀というものは一体どういうもので、幕末の剣術とはどういうものか。このあとさらにお話ししていただきます。

古本　江戸幕府が開かれて、正保《しょうほう》年間（１６４５〜４８年）の武家諸法度の改正（１６１５年）の中で、刀の長さの制限ができました。これは、今我々が想像している刀の長さとは違う。「二尺九寸」です。佐々木小次郎が持っていた刀は二尺七寸です。二尺九寸はすごく長い刀です。武家諸法度の中で、附則、附記、御触書《おふれがき》として、どんどんどんどん改定されました。例えば、「二本差し」とは、武士は二本差しでなければいけないと、この附記の中で寛永12（１６３５）年に定まった。改定されたのです。

時代劇の映画のやくざや、浪人がなぜ一本差しか。なぜ武士が二本差しか。刀そのものを幕府としては町人に持たせたくなかった。それで何度も刀狩や、刀禁止のご法度を出した。だが、守られない。そこで少なくとも武士の威厳として、二本差しにせよ、という形が生まれた。逆に武士でない者は、二本差しはできないとされました。

江戸市中では、刃物でのケンカ沙汰を抑えるために、場所や藩によっては武士でも二尺三寸の刀しか持てない、という決まりになりました（『徳川実記』）。これを定尺《ていしゃく》と呼びます。

副島　二尺三寸は、約70センチ弱ですか。思ったより短いですね。

古本　そうです。これは刃長です。柄《つか》の部分は別で、刃渡りの部分だけです。

副島　つかとは、手で握る部分ですね。

古本　そうです。鍔《つば》を境にして刃物のほうが約70センチ弱です。

副島　江戸市中は、この長さより長い刀を差して歩けなかった。それに対して、商人が護衛、自衛用に持っていたり、いわゆるやくざ者が持てるドスは、もっと短いということですか。

古本　ドスは厳密に言うと「一尺九寸八分」です。

副島　60センチぐらいですか。

古本　そうです。

副島　ほぼ二尺ですね。

古本　二尺です。だから60センチちょっとです。

副島　一尺を約30センチとすると、もう簡単に二尺で60センチなんですね。

古本　そうです。60センチです。

副島　武士のものは70センチで、いわゆるやくざ者や商人たちが一本差しで持てる刀は60センチだったのですね。

古本　そういうことです。二尺三寸はあくまでも江戸市中内ことですが。

副島　こういう事実を、今の日本の歴史物の作家たちさえ知らないのではないか。誰も教えてくれないですから。忘れ去られていますね。あまりにも世の中で当たり前過ぎることが時間が経ったから、忘れ去られたとも言える。歴史には、こういう部分がある。

古本　はい。

副島　こういうことは、誰かが書いて残さないといけないんですよ。

古本　はい。ですから、一番最初の武家諸法度の附則（寛永6＝1629年）で、脇差は二尺までなんです。

副島　ということは、脇差で60センチと。

古本　そういうことです。

副島　一番長くてですか。

古本　そうです。ですから、裏返して言えば、脇差の長さまでは、町人たちでも自分の護身用として、旅をするときなどは、それを帯刀してもいいという雰囲気があったんだろうと思います。

副島　それで、古本さんがご自分の居合抜きで——真剣で殺し合いをすることはないでしょうが（笑）——真剣を構えて切るという術を鍛錬されてきた経験から、話されることが非常に大事だと思います。「間合《まあ》い」が非常に大事だということですよね。

古本　そうですね。「間合い」に入らなければ、どんな剣の達人も相手を負傷させる、もしくは致命傷を負わせることは絶対不可能です。当たり前のことです。

副島　間合いとは、剣を構え合ったときの、足をあと一歩踏み込んだときの相手方に届くまでの距離ですか。

古本　そうです。どんな短い刀でも、長い刀を含めて、切っ先が鋩子《ぼうし》といって、刃《は》が尖《とが》り始まる部分があるんですが、そこが互いに触れ合うようになったら、これはもう絶対に間合いに入っていることになります。

副島　お互いの剣の先っちょですね。

古本　お互いの鋩子《ぼうし》の部分です。丸の部分。簡単に言えば、先っぽが合えば、絶対、間合いに入っています。したがって、逆に、離れている限りは相手が一歩、大きく踏み込んできてもスーっと身を引けば、間合いに入らないことになります。実際は剣の勝負は間合いに入らない時間のほうが長いんです。間合いに入った瞬間、少なくともどちらかが怪我をしています。

副島　私たちは、剣道は知ってます。竹でできた竹刀でバンバン打ち合うだけで、0・1秒か何かの差で、どちらかが先に相手を打ったから勝ちという判定をしているのでしょう。が、実際には大きな包丁で相手を殺そうとするわけで、血だらけになる。もうとんでもないことです。いわゆるチャンチャン、バラバラという、ろくでもないバカ映画を、明治時代からずっとつくり続けて、あげくの果てに日本人は刀というものの恐ろしさがわからなくなってしまった。歌舞伎だって、昔の歌舞伎にはあんなチャンバラはないですよ。

古本　はい。

副島　人斬り包丁を振り回すことが、どんなに怖いことか。ですからこの間合いが、リーチですね。そして、武士だけが江戸の中では二尺三寸すなわち70センチ以下の刀を持てた。武士といえどもそれ以上の長刀は絶対に持たせなかった。その見張り番として赤坂見附《みつけ》とか四ツ谷見附があったんですよね。それから、金持ち商人が苗字帯刀《みょうじたいとう》とかで、刀を持ってもいいという許可が出た。大きなお金をお奉行様とかに貢いで苗字帯刀を許されたのでしょう。それぐらい、やっぱり武士の格が高かった。

古本　帯刀を許されるというのは、多分、二本差しのことだと思います。

副島　ああ、なるほど。でも普段は、腰に二本差しをした商人はいませんよね。

古本　おそらく、ふだんは二本差ししない。だが商人でも正式な場所では、帯刀が許されていれば二本差ししたと思います。

副島　ほう。ということは、武士と同格になってしまったということですか。

古本　そうですね。

副島　どれぐらいのお金を貢いだら、武士の身分をもらえた、買えたのでしょうか。
古本　分かりません。江戸時代でも、時代で違ったでしょう。
副島　今でいうと3000万円や5000万円ぐらいではないでしょうか。
古本　当時の御家人の株が幾らか、が参考になりますね。
副島　では、3億円から5億円かもしれない。
古本　ちょっと御家人の株の値段は調べないと分かりません。
副島　1970年代まで、東京証券取引所（兜町《かぶとちょう》）の、株仲間である証券取引所正会員の資格は10億円と言われた。そうすると相撲の親方株なんかも一緒でしょう。これと同じ感覚ではないかな、と私は思いますね。ものすごく高いものだったと思います。
古本　そうですね、はい。
副島　次の話も大事で、ドスを持っていたやくざ者たちは、60センチ以内ですから、武士には絶対にかなわないということですね。幕末の国定忠治や清水次郎長でも。
古本　そうです。基本的に、技術（腕前）以外で勝負の差というのは、刀の長さです。ですから、薙刀《なぎなた》と刀が争ったらどっちが強いか。もう基本的に絶対、薙刀が勝ちとなります。それはなぜかと言えば、長いからです。薙刀は、斬ることもできるし刺すこともできる。槍《やり》は刺すことしかできませんが、薙刀は両方できます。
　戦国時代の剣士の塚原卜伝《つかはらぼくでん》（1489～1571）の逸話が残っています。並みの技量を持った槍の使い手と塚原卜伝が行った一戦で、剣豪と言われた塚原卜伝がやっとのことで勝った。これが槍ではなくて薙刀だったとすれば、もっともっと卜伝は苦戦したと思います。

副島　槍や薙刀は、六尺とか八尺とか、あるということですか。

古本　そうですね。六尺ぐらいはあります、全部を含めると。

副島　六尺は一間《いっけん》だから1メートル80センチとか。

古本　そうです。

副島　本当の戦国時代の槍には4～5メートルあったものがあると思うんですけどね。

古本　ええ、あります。

副島　百姓たちは竹槍ですからね。竹の長さを考えれば、とにかく相手に先に届いたほうが勝ちですからね。

古本　はい。ですから基本的に長ければ長いほど有利になります。それで、（④の講武所の）男谷信友がいた頃に、ほとんど後世に知られていないですが、剣の名手として大石進《おおいしすすむ》という人がいました。この大石に男谷は負けています。それから（①玄武館）千葉周作は、やっとのことで引き分けでした。大石進が試合で使っていた刀が、普段、使っていたのとちがって、五尺三寸です。

副島　1メートル60センチ。では、相当に長いということですね。

古本　はい、長いです。大石進がどう戦ったかというと、これで突きました。それで、最初の試合では男谷と戦って実は引き分けました。男谷は突きをかわしましたが、自分の間合いには入れない。だから引き分けとなりました。ところが、男谷と大石が日を改めて再試合をしたときに、大石が勝ちました。つまり、突きの位置が高過ぎたから引き分けたということで、突きの位置を変えることによって男谷に勝ちました。

副島　「突きの位置」とは何ですか。

古本　突く位置です。大石が突く場所を変えていくことによって、男谷はかわすことができなかった。あの男谷が、今まで不敗を誇ってきた男谷が、負けたのです。当時の男谷のすごさは、3本勝負の場合、必ず相手には1本取らせてやって、2本取って勝つというほど、技量の差が他の者とありました。

副島　だから人格者と言われた。

古本　そういうことですね。ところがこの大石進の五尺三寸の突きにはかなわなかったということです。つまり、薙刀や槍、刀とドスと、つまり長い刀を使うということは絶対的に有利ということです。

剣豪・宮本武蔵の真の姿を探る

副島　塚原卜伝は、戦国時代の人で、1550〜60年に活躍した人です。それで、私たちが知っている知識では、宮本武蔵（1584～1645）が老境の塚原卜伝のところに武者修行で行って、武蔵が卜伝に斬りかかったところを、鍋《なべ》ぶたで受けたという有名な話があります。そのときの塚原卜伝は、もう爺《じい》さんです。でも、卜伝が亡くなった（1571年）あとに武蔵は生まれ（1584年）ています。だから、この話は、後世の人がつくった剣豪どうしが戦ったら、という想像話です。

ただし、卜伝は将軍足利義輝《よしてる》（1536～1565）に剣を教えたというくらいだから相当の剣士だったのでしょう。義輝は義昭《よしあき》（1537～1597）の前の将軍で、織田信長が土下座して仕え、最初に挨拶に行った将軍です。卜伝は、鹿島《かしま》神宮の神官の一族で茨城県の人です。鹿島神宮の関係で京都まで行ったのでしょう。

古本　そうですね。

副島　さっさとお聞きしますが、宮本武蔵とは、本当は、どういう男だったのか。名前だけはものすごく有名で、NHKの大河ドラマなど、取り上げられることが多い。

宮本武蔵に関しては、いろいろ言われています。簡単に私が彼の略歴だけ言います。彼は1600年の関ヶ原の戦いには、東軍の黒田勢に足軽《あしがる》の雇われ兵で行っていて、大体20歳前です。

古本　そうです。

副島　関ケ原の戦いから15年後が大坂城の戦い（豊臣氏滅亡）で、武蔵は今度は豊臣方で、ここにも雇われ兵で入っている。でも機を見るに敏の人だから、危ないと思ったら、お金だけもらって夜中に大坂城から逃げた人だと思う。そういう人間だったでしょう。出身は岡山県の北のほうの美作《みまさか》と言われています。武蔵は、大変な剣術の使い手だったと思いますが、やがて平和な時代が来てしまう。平和な時代になった1624年ぐらいに、いわゆる巌流島《がんりゅうじま》の決闘をした。このあと今の北九州の小倉《こくら》藩（小笠原家）に雇われて、その後、熊本藩の細川家に雇われた。このように日本人にずっと代々語り継がれている宮本武蔵とは、本当は、どういう人だったのですか。

古本　僕は、武蔵のことを剣術家というよりも兵法家（ひょうほうか、へいほうか）だと思います。兵隊の「兵」に、法律の「法」の兵法家です。武蔵は剣術で勝つことだけを考えていたわけではありません。武蔵の全盛期は、槍の吉岡一門との決闘です。このときも、吉岡一門の70余名を一人で全部殺したわけではない。敵の大将の首を取れば勝ちということで、吉岡又七郎の首を取って逃げた。後ろから近寄って行って、藪《やぶ》の中から出て、又七郎の首を取って、またさっさと逃げてしまう。俗説ですが、これは剣術家ではありません。兵法家です。

それから、巌流島の決闘の佐々木小次郎のときも、今でも本当か嘘か、僕も調べているわけではありませんが、武蔵は舟の櫂《かい》を使って小次郎との戦いに臨みました。

副島　巌流島は、今の下関海峡を西側に出たところにある小島で、砂浜がずっとあった。その決闘の日は、小笠原小倉藩の奉行たちが天幕を敷いて、真ん中で行司みたいにして、目撃しているというか監視していた。時間の待ち合わせして果たし合いをした。「遅いぞ、武蔵」と言った佐々木小次郎という人は、長い剣を持っていたんですよね。

古本　はい。

副島　佐々木小次郎は、「ツバメ返し」で有名な人です。小舟で乗りつけた宮本武蔵は、とっさに考えたのか分かりませんが、その舟にあった櫂《かい》を。櫂といえば、ボートではオールですけど。櫂は長いです。櫂を木刀代わりに持っていって、ワァーっと走り込んでいって、頭ごなしに佐々木小次郎を一瞬で叩き潰したのだろうと私は思います。

古本　ですから兵法家なんです。

副島　それが兵法家ですか。剣術家のルールも何もない。実戦だけがすべての戦闘家ですね。

古本　戦いに勝つということしか考えていない。だから単純で、今の剣道の試合みたいに、「はい、始め」と言って、竹刀を合わせるがごとく、ではなくて、ただ相手に勝つことだけです。武蔵がなぜ自分の刀を使わずに櫂を使ったかというと、佐々木小次郎は、二尺七寸を使っています。武蔵の刀が二尺三寸五分とすれば（武蔵は二刀流ですから、もっと短い）、小次郎は三寸五分の長いものを使っていた。ということは10センチ以上長い刀です。

副島　10センチ長い。

古本　ええ。ただし、二尺七寸の長い刀となると普通では抜けないのです。佐々木小次郎の身長が幾つあったかちょっとわかりませんが。

副島　背が高かったんですね。

古本　はい、それでも二尺七寸は抜けないと思う。

副島　刀を抜くというのは、自分の手で刀を帯刀した刀を抜こうとしたとき、自分の片腕の長さプラス身幅以上の長さの刀は抜けないいんですね。

古本　はい。小次郎は背中に刀を背負っていて、どういう抜き方をしたか知りませんが、別な抜き方をしている。

副島　ああ、そうか。

古本　ですから、宮本武蔵は佐々木小次郎が二尺七寸の刀を使うことを情報として知っています。そうすると、自分の刀は、小次郎の刀より短いので自分のほうの間合いがとれない。相手の間合いに入ってから自分の間合いに入っていくと、絶対的に不利になる。だから刀を捨ててより長い櫂を使った。

　武蔵は並みの剣術家ではないから、相手に一撃を与えればもうそれで勝負は終わると。それで、櫂の先っぽを刀のように斜めに加工したんだと思います。

副島　斜めというのは、舟の櫂を、刀の形状のようにですか。

古本　そうですね。

副島　しかし、力を入れて上から振りおろさないと相手に打撃を与えられないでしょう。

古本　いや、でも場所によっては、例えば、急所を突けば可能でしょう。

副島　あっ、突きですね。

古本　喉仏に入れれば。しかも先を尖らせておけば、それで一発で致命傷になる。
副島　何か削っていたみたいですね、舟の中で。
古本　ええ。そうですね。ほんの先っぽでも、例えば木刀の類いでも先を尖らせて、ある程度、刀みたいにして、頸動脈を断っただけで相手は、ほぼ致命傷です。ばっさり首を落とすような致命傷ではなくて、頸動脈や眉間を断ることで相手に致命傷を与えた。
余談ですが、新撰組の土方歳三《ひじかたとしぞう》が自分の身の行き先を察して、故郷多摩に遺品と思われるものを送っています。その中に実戦に使った鉢金《はちがね》（兜《かぶと》の鉢）が入っていて、今に残っています。その鉢金には数本の刀の斬り跡が残っており、そのうちの一本は深い。つまり、その時その鉢金を土方が額に充ててなかったなら、彼は京都から函館まで行くことはなかったでしょう。
そこで、剣術で剣道のように「面一本《めんいっぽん》」を狙いにいったら、どうなるか？
副島　ほう。
古本　人間の頭はけっこう滑るし、刀剣も滑る。つまり、どんピシャの頭上位置（打突点《だとってん》）と刃筋の角度で当たらないと、剣が頭から滑って致命傷にはならないのです。しかも確実に相手の間合いに入っていますから、こちらが致命傷ないし深手を負う可能性が高い。急所でなくとも、右脇下の前のほうの筋肉への切っ先斬りでもいいのです。相手はもう右手が挙がりませんから、剣が振れなくなります。
つまり、今の私たちが想像するのとは違い、急所などへの切っ先斬りが非常に有効なのです。

ここに江戸時代の居合の神髄があり、有効性があったがために、どんな名門流派でも、新しく居合斬りを採り入れていったのです。

副島　「宮本武蔵は一生涯に60数回試合をして、一度も負けなかった」と言われているのは、実戦的な兵法家としてすごかったということですね。

古本　そうだと思います。ですから、彼は平和になった江戸期ではなくて戦国時代に腕を磨いていきました。だから、今でいう総合格闘技に近い形で剣術を考えていたと私は思います。こういうシチュエーションの場合だったらこういう戦い方をする、こういうシチュエーションだったらこういう戦い方をすると自分で考えた。戦国時代のあの戦《いくさ》の中で相手を倒す、もしくは自分を守る。だから、逃げるのも一つの方法です。これはやはり江戸期の武士とは違う、明らかに兵法家だったと思います。

副島　宮本武蔵は1645年に死んでいます。最後の5年間は熊本の細川藩の客分で、剣術指南役です。

古本　はい。

副島　その前、1637年の島原の乱に老骨に鞭《むち》打って馬に乗って出征しています。原城《はら》に2万人ぐらいが立て籠っていた。そのとき、女のキリシタンが原城の上から投げ落とした石に武蔵は当たって馬から転げ落ちて怪我したんですよね（笑）。だから真実はそういうものであって、こういうことのほうが大事だと私は思います。確かに強かった人の話は素晴らしいですが、人間なんて本当はそういうものでしょう。

「手のうちを見せる」「しのぎを削る」の意味すること

古本　話を戻しますと、江戸時代の刀での斬り合いは情報戦とも言えます。ですから、できるだけ多くの剣客の刀の特徴とか、剣筋（得意技といってもいい）、癖などを事前に知っておくことが重要なのです。

ですから、普段から侍（武士）は手のうちを見せる動作を嫌うのです。小笠原流作法の随所にその特徴が出ています。縁起かつぎの面もありますが、常にその心構えが必要とされていますす。一方、やくざ者は「手のひらを見せる」。

副島　ドスというのは大体60センチ、二尺しかなかった、と。だから侍（武士）に対して、やくざ者は「手のひらを見せる」。それに対して「手のうちを見せない」のが侍だ、と。

古本　そうです。

副島　この「手のひら（うち）を見せる」という話をしてください。

古本　今のやくざのしきたりにも残っていますが、自分の手を見せる。「お控《ひか》えなすって」と言ったときに、相手に対して自分の手のひらを見せる。つまり自分はあなたに対して一物《いちもつ》も持ってないという挨拶です。

副島　計りごとはないと。

古本　ないと。

副島　あなたを襲撃しようとは思っていませんと。

古本　思ってない。全部、腹の底を見せる、という挨拶の仕方なんですね。武士は全ての礼儀で、手のひらを見せません。例えば、小笠原流の礼儀の仕方は、絶対に相手に手のうちは見せません。武士は、挨拶の仕方にしても、例えば剣を構えるときにおいても、手のひらを相手に見せることは一切しません。

副島　それはなぜですか。

古本　手のうちを見せると、自分の身が危ういという直観、精神的なものです。だから手のうちを見せません。今の勝負事の「手のうちを見せない」という言葉は、ここから来ています。意外と刀にまつわる言葉がさまざまな意味で、今の我々の慣用句になっています。例えば「しのぎを削る」とか。こういう言葉がたくさん刀の名称から来ています。

副島　「しのぎを削る」ってどういうことですか、具体的に。

古本　「しのぎ」とは、刀の上（刃の部分とは反対側）のほうに溝がついています。

副島　背中の分厚いほうですよね。

古本　そうです。あれをしのぎと言います。

副島　ああ、それの溝のことをしのぎというのですか。

古本　そうです。あれは削っていくのですが、刀鍛冶が刀をつくるときに、その作業がとても大変なのです。

副島　そうでしょうね。

古本　そうです。普通、まず刀を打ち鍛《きた》えて作った状態では、あのしのぎはないんです。そのあと削っていきます。削る理由は簡単で、刀は振り回すものです。だから、できるだけ重量を軽くしたい。ところが強度が弱くなってはいけない。あそこの溝をつくることによって強度は落ちないけれど、軽くなる。ですから普通の二尺三寸五分で、同じ身幅で同じ素材で、しのぎがあるのとないのでいえば、しのぎを削ることによって20〜30グラムぐらい軽くなります。

副島　日本刀は、どれぐらいの重さなんですか。刃の部分だけで、二尺三寸五分の定尺の70センチの長さで。

古本　定尺レベルで大体900数十グラムです。

副島　1キロ弱なんですね。

古本　1キロ弱です。

副島　ものすごく軽いものなんですね。

古本　いや、でも野球のバットはもっと軽いですよ。

副島　そうなんですか。

古本　だから、野球をやっている人から、「刀ってどれぐらいの重さですか」と聞かれたときに、「刀の刃の部分だけで900数十グラムです」と言うと、「えっ、そんな重い物を振り回すんですか」と驚かれます。しかも、刃の部分だけで鍔《つば》や柄《つか》などが入っていません。刀には、いろんな鍔があって、そうすると刀は総重量で1キロを超えます。

副島　うん、なるほど。

古本　ええ、バットに比べると刀はかなり重い。

副島　この間、私は警察官に拳銃の重さを聞きました。日本の警官が持っているのは、今はニューナンブのあとのスミス&ウェッソン（S&W）かな。38口径の小さなものです。それでも1キロもないと言っていました。たしか500グラムぐらいと言っていました。1キロも腰にずっと下げていたら、腰を悪くすると言っていました。

古本　そうですよ。

副島　本当にそういうものなんでしょうね、きっとね。

古本　昔の我々の幼い頃の警官のアメリカ軍のお下がりの拳銃じゃあ、きっと重かったでしょうね。

副島　昔の日本人の伸長は男でも150センチ（五尺）ぐらいしかないですよね。

古本　そうですね。

副島　刀のような重たい物を、ずーっと毎日持っているということは大変なことだったでしょうね。

古本　大変です。ただ、意外と刀はうまくできていて、帯に差すと重さをあんまり感じないんです。

副島　ほう。

古本　身体の動作全体としては不便になりますが、重くて歩きづらいというのはあまり感じたことがない。ちょうどいいバランスの体の位置に差しているからだろうと思います。

副島　ほう。平和な時代になって、一生の間に一回も刀を抜いたことがない侍たちが、たくさんいたでしょうね。

古本　はい。

幕末の国際情勢が剣術道場の隆盛を呼んだ

副島　幕末になって、なぜ江戸で剣術道場が流行《はや》ったかというと、何だか本気で刀を抜かなきゃいけない時代に入っていったと、みんなが感じたということですよね。

古本　そういうことですよね。

副島　阿片戦争（1840〜42年）で中国が大負けした情報も入っていて、日本人は鋭く感じとっていたようです。それで、気合いが入ってきた。昭和の軍人たちと一緒で、特攻隊（決死隊）はまだなかったけれども、もしかしたら自分も死にに行かなければいけないと悲壮感が漂ったときに、剣術がものすごい勢いで流行ったのでしょう。

古本　そうです。それは文政年間で1825年頃からです。そのあたりぐらいから各道場が盛んになっていきます。それ以前の剣術道場というのは、大名や何かの剣術指南《しなん》という形でないと道場経営はできなかった。1830年代になると門人がたくさん来るようになって、どこかの藩のお抱えという形ではなくて、フリーな剣術道場ができていきました。その道場に、誰かスポンサーがつくということは当然ありました。ですから、どこかの藩の指南役としてという形でなくても、道場経営ができる時代になっていったんだと思います。

鎌倉時代ぐらいから、刀というものができました。戦国時代の戦《いくさ》の時代から、ちょうど300年後の江戸の末期になりますと、市街の建物の中や、細い路地での斬り合いになりました。ふだん持っている刀で戦う。長い刀だと、あっちこっち、鴨居《かもい》とかにひっかかってしまう。狭い路地だとかえって使いづらい。だから定尺の二尺三寸五分、長くても二尺五寸もいかなかったでしょう。

居合いは、それ以前からありましたが、江戸期になって戦場での戦いではない戦い、つまり市中戦や家の中を想定した。そこで一瞬で勝負をつける居合いというものが生まれた。それ以前は、居合いというものはありませんでした。

副島　居合いは幕末からなのですか。

古本　いや、江戸期に入ってからです。

副島　江戸の平和な時代になってから。

古本　ええ、平和な時代に。つまり、もう戦のための剣術ではない。

副島　何百人どうしでぶつかり合う、合戦ではなくて、市内で、細い路地や家の中で一瞬の内に相手を殺す、そのための。

古本　はい、居合いというのが非常に有効な手段として発達しました。なぜ剣術の一つとして認められたのか。それは居合いが有効だと認知されたからです。刀を抜いてしまうと周りの鴨居や、壁に刺さって逆に自分が制約されてしまう。それよりも、抜刀しない状態で、相手が打ってきたときに、それに応じてこっちも刀を抜く。これが「後《ご》の先《せん》」、「後《うし》ろの先《せん》」です。

副島　後《ご》って、後《うし》ろで、後《あと》から抜いて先に斬る。

古本　そうです。それが「後《ご》の先《せん》」。正確には、抜こうとしているところを斬りつける。もしくは、斬ろうとしているところを斬りつける。つまり、ボクシングでいえばカウンターです。このほうが有効だ。相手に手出しさせてから、技術の差で勝つ。どんな状況の中でも使える剣術が必要だった。正確には剣術は抜刀しておいてからの技術ですが、この場合、居合も含めています。むろん、相手の意表をついて、抜く前に斬る「先の先」などもあります。

ボクシングには、リングというスペースがあります。部屋の中では鴨居がある、天井も低い。当時の天井は低いです。相手を絶対に上段から打てないんです。だから、あの坂本龍馬の暗殺のシーンを、以前にお話ししたことがあると思いますが、土佐藩によって現場検証されている。

まず最初に横一文字に龍馬は額を斬られていきます。縦（上段）の剣は、なかなか使いづらい。相手が剣を抜いてしまえば、打ち方は決まっていく。

居合いは、相手の対応によって、どこからでも剣が抜けます。つまり、「振れる」のです。かえって剣が相手に入っていいます。二つ目に、相手に間合いが見えません。相手が先に刀を抜いて構えてしまうと、間合いが見えます。どんな刀を使っているかも見える。居合いではまだ刀が鞘《さや》に納まっていますから、相手にこっちの間合いが見えない。どのぐらいの長さの刀を持っているかが相手に見えない。相手に先に打ち込ませるほうが有利なのです。だから幕末には居合い合戦みたいになっていった。有効なのは居合いと突き、この二つです。

副島　近藤勇が、新撰組の組長として池田屋襲撃（1864年6月5日）をして討幕派（薩長の「勤王の志士」たち）を殺戮《さつりく》したときも、わざと短い刀なんですよ。

古本　ええ。

副島　それこそきっと二尺、60センチですよ。それで前のほうに突き散らかしながら進んでいったかもしれない。

古本　ええ、そうですよね。だから新撰組でいえば、沖田総司。彼は「三段突き」という、突きが得意でした。先ほどの話の剣客の大石進なんかも「左手突き」です。突き一本というほどだ。これは槍の原理ですね。

副島　ああ、なるほど。一瞬で突いて、相手を倒すわけですね。

古本　そうですね。ですから、最近よく言われます。突きは、いろんな部分に入ると、斬るよりも致命傷になる。「剣道は剣術じゃない」というのは、剣道での突きは、ほんの体の一部、喉にしか有効にならないから、やっぱり剣術ではないという話がある。突きが、やはり有効なのです。

副島　先ほどの話に戻しますが、薙刀《なぎなた》が、ものすごく強い。薙刀はたしか腰元《こしもと》たちが、奥方様を守るためにあったとか、僧兵、戦闘坊主たちがもっぱら使ったみたいに思われています。また、中国の歴史物を読んでいると、猪八戒《ちょはっかい》みたいな暴れ者が持つ、先のほうがイチョウの葉のように広がっている、末広がりの大きい、鉄《かね》の棒とつながった大きな刃物になっているものが出てきます。あれを振り回したほうが勝つに決まっています。

古本　はい、そうです。

副島　力士《りきし》と言って、ものすごい力で、後世の相撲取りではなくて、恐ろしく大きい体格の人間たちが、最先頭で鉄の棒を振り回したら、どんな人も勝てないですよ。

古本　そうですね。

副島　それが日本では薙刀だと思います。

古本　薙刀の大きな刃は足、踝《くるぶし》を狙います。

副島　足を払って切ってしまう。

古本　ええ。つまり上半身は、ボクシングでいうウィービングができます。上体を反らすのです。しかし下半身は後ろに引くしかできません。瞬間的に身体を後方へ引くことはできますが、すぐに自分の間合いには入れません。そのうち、追い詰められて、もうそれ以上、下がれない。ですから薙刀の主力の技として踝《くるぶし》や脛《すね》を狙うのが確かに正解ですね。

副島 だから坂本龍馬は、薙刀で免許皆伝だった、と。

古本 はい。

副島 このことは各所《あちこち》に書かれて、最近は世に知られてきた。龍馬は形だけで、さっさとお免状がもらえる薙刀の免許皆伝だった。当時の剣術のことをもっと私たちは知るべきだ。こういうことを説明する歴史小説家もいない。知らないから何にも真実が伝わらない。古本さんのこの発言は、今後、非常に貴重なものになると思います。あと一つ、島田虎之助《しまだとらのすけ》（1814〜1852）という重要な剣術使いがいました。

古本 ああ、はいはい。

副島 この人は、小説『大菩薩峠《だいぼさつとうげ》』のモデルになった人だ。『大菩薩峠』は、昭和、そして戦後もずっと人気のあった中里介山《なかざとかいざん》（1885〜1944）という小説家が、ずっと新聞に連載した長編時代小説です。その中に机竜之助《つくえりゅうのすけ》という剣士が出てきます。彼は片目で、振り向きざまに何の罪もない人をばっさり斬り殺す。このシーンから始まる小説が『大菩薩峠』です。これは虚無《きょむ》の思想と言われました。島田虎之助がモデルだ。

古本 そうですね。島田虎之助は男谷信友と同じ直心影流《じきしんかげりゅう》で、男谷の弟子でもありました。

副島　では、④の講武所系ということですね。
古本　そうですね。
副島　なぜ、この島田虎之助の名前が今も残っているのですか。
古本　男谷と並ぶぐらいの剣術使いだったからでしょう。
副島　ほう。だけど彼も実際の幕末の殺し合いには参加していませんね。
古本　そうです。

勝海舟の正体は薩長とつながった二重スパイ

副島　やっぱりこの剣術使いたちは、偉いんだ、というのが私の考えです。刀なんか抜いて、欧米白人、毛唐を実際、斬り殺しに行った者が一番アホでした。悲しいまでにアホです。つまり、攘夷《じょうい》そのものの単純過激派の純粋な人間たちだ。白人を斬ったら必ず自分も殺されて首をさらされた。軍事力と近代学問《サイエンス》が進んでいる悪賢い白人たちが許すわけがない。襲撃されたことを口実、因縁《いんねん》にして、幕府にネチネチと文句をつけた。そして多額の賠償金を踏んだくった。彼ら襲撃者（下手人《げしゅにん》）は、自分の藩に連れて帰られてから処刑されました。

江戸の剣術道場の先生たちは、そんな愚かなことはしなかった。剣術修業を建前にした人間交流というところに、幕末の剣術道場の本当の意味があったのですね。

古本　そうです。その意味から、山岡鉄舟《やまおかてっしゅう》（1836〜1888）も忘れてはいけない人物です。勝海舟の命によって、西郷隆盛と品川宿で会う話が有名です。山岡鉄舟は、①の千葉道場の北辰一刀流でありながら、実はその前に④の男谷道場の直《じき》心影流の門弟でした。

副島　ああ、そうですか。

古本　はい。だから山岡自身は男谷と非常に近い人間です。だから講武所ができ上がって、男谷が頭取並《なみ》になったときに、男谷と一緒に山岡鉄舟は世話役として講武所に創設時にいます。

副島　そして、その後、1868（明治元）年の3月の江戸城無血開城（江戸が燃えなかった）をした功績があったと。今のJR田町駅から近くの大通りの三菱自動車のディーラー店の前に記念碑があります。昔は、後ろがすぐ海に面していたと思います。あそこに、薩摩藩の下《しも》屋敷があった。そこで荷物の荷揚げもして倉庫もあった。そんなに立派なお屋敷で西郷と勝海舟が会見したのではない。ほとんど夜陰に紛れた密会でしょう。

薩長軍が攻め上がってくるときの先鋒隊に一番荒っぽい連中がいる。山岡鉄舟は、その連中の中を堂々と、「幕臣、山岡鉄舟がまかり通る」みたいなことを言って、立派だったと言われています。

実は私は、勝海舟と山岡鉄舟が嫌いです。この二人は幕臣の裏切り者だ。勝海舟は、蘭学者たちの中に潜り込ませるために計画的に育てられた人物だ。育てたのは、大久保一翁《いちおう》と川路聖《かわじとし》謨《あきら》です。この二人は、目付《めつけ》（公儀隠密）であり、今で言えば秘密警察の長官です。だから勝海舟はスパイだ。しかも薩長ともつながった二重スパイだ。
　鉄舟寺という、今の静岡市清水区にお寺があって、その寺は鉄舟が復興させた。私が思うに、自分たちは長生きした勝海舟と山岡鉄舟は生き方上手なんですよ。

古本　そうです。確かにそうです。

副島　ええ。剣術使いで、実際の人殺しには参加しなかった①〜④の先生（師範）たちは、まともな人たちです。

古本　その意味では、山岡鉄舟は、男谷信友がジェントルマンであるごとく、その影響を受けています。剣が強いからといって、やたら戦うのは無意味で、恨みを買うと分かっていた。だから男谷は三本勝負ならば、必ず相手に1本とらせて、そして2本取りました。それだけの剣術使いでした。そこには相手の武士としてのプライドを傷つけてはいけないという一種の思いやりがあった。男谷は、気さくに飲みにも歩く男でした。講武所を水野忠邦に建議してつくりました。だから山岡も、その当時彼が目にしているリアリズムを持っていると思います。

　それに加えて、山岡鉄舟は、初めは①千葉周作の北辰一刀流の玄武館に属しており、開放的ないろんな思想の人たちが集まった玄武館のサロン的な要素にも触れていました。

副島　山岡は薩長とつながっていた。

古本　はい、当然ですね。

副島　だから旧幕臣たちの真面目な人たちから見たら山岡は裏切り者です。

古本 ええ、そうですね。

副島 とんでもないやつで、自分は明治政府の高官になった。

古本 だから私が言ったリアリズムなんです。

副島 それはそうだ。しかし清河八郎《きよかわはちろう》と浪士隊（その一部が新撰組になった）を作って、京に上った。しかし清河が「回天《かいてん》一番」と尊王倒幕を言い出した。清河を売って殺させたのは山岡鉄舟です。

古本 だから男谷が、なぜ3本のうち1本をとらせたか。やはり長生きする術《すべ》を男谷も知っていた。いくら自分が強いからといって、敵ばかりつくっていいことはないと分かっていた。このリアリズムというか、合理性、合理主義ですね。

山岡鉄舟は自分が生きていく中でリアリズムを、幕府からみれば裏切り者というのは彼のリアリズムです。山岡は、頭脳だけでなく、品川の薩長軍先峰隊がいた一番怖いところに乗り込んでいけた。剣術で長年の稽古を積んできて、勇気というより胆力があったのだと思います。つまり雑魚《ざこ》相手、何人でも斬れる。

副島 山岡鉄舟が西郷との連絡をつけたわけですね。

古本 そうですね。

副島 それから西郷が品川まで着いたところに勝海舟が出ていった。

古本 そうです。最初、山岡鉄舟が西郷に会いにいったときに、西郷が条件を出しました。いくつかの条件のうち、慶喜公を備前藩（岡山）にお預けにすると。しかし、それだけは絶対に呑《の》めないと鉄舟は拒んだ。鉄舟は西郷に「もし（自分の藩主である）島津侯が（将軍慶喜と）同じ立場であったら、あなたはこの条件を受け入れられますか」と反論した。それで西郷隆盛が呑んで、その条件を外した。

副島　本当はイギリス全権公使（大使）のパークスとニールが「江戸を焼くな」、「江戸を戦乱の地にするな」、ということで、すでに決まっていたんですけどね。

古本　ええ、そうです。

副島　でも、何でも日本人が決めた、ということにしなければいけないという感じが常にあってね。

古本　日本人が決めたということで。

副島　もう横浜で決まっていたんです。

副島　最後に。「やくざ者は左手の小指を詰める」という慣習も、先ほどのドスの理論から出てくるのですか。

古本　いえ、これはドスというより、刀自身を扱う点で、左の小指がないと刀を扱えない。

副島　小指を切られたら、ですか。

古本　そう。剣道の竹刀でもそうですが、小指がないと刀を握れません。そのシンボルとして左手の小指を詰めるということです。そして、「もうあなたには、人殺しはできませんよ」と。

もう戦《いくさ》はしませんという証拠で、左手の小指を詰める。ドスの語源は「威《おど》す」から来ています。

副島 ああ、なるほど。

古本 威嚇《いかく》の「威」です。ここからドスという言葉が出来た。

副島 そして「ドスしか持たない自分たちは、お侍さんとは絶対に殺し合いはしません」という理屈が生まれた。

古本 そうですね。何人もで、取り囲んでという形になればわかりません。が、相手が2〜3人ぐらいだったら、それだけの間合いの違う刀を持っていれば、胆力のある侍ならいけると思うんです。

副島 ああ、そうですか。あと、鎌倉、室町時代の頃の刀というのは、もっと大きくて、刃の部分が下で、しのぎの部分が上で、上に反り返っている形で、武士たちは帯刀していた。

古本 そうですね。刀の曲がっている部分を反りと言います。刀に変化が起きたのは室町時代です。鎌倉時代は刀を提《さ》げるということは、必ず基本的に騎馬、馬に乗っていた。野原で、馬で駆けながらの戦です。そのときには、我々がふだん江戸時代の武士に見るように帯刀していたのではなく、刃を腰から提げています。ですから、そのますっと抜けます。しかも鎌倉武士は馬に乗って、刀はつり提げる形ですから、かなり長い刀でも抜けた。だから鎌倉時代の刀を「大太刀《おおたち》」と言います。大きい太刀です。それは、後のものとは構造が全く違い、つくり方も違った。

鎌倉時代の太刀は、それ以降の我々が知っている刀とは違って、製法が違うためにしばしば折れました。室町時代になってくると、いろんな乱が起きた。野外の戦《いくさ》で、馬に駆け乗るというより、応仁の乱（１４６７年）以降（ここから戦国時代）は、市街戦が中心になりました。よって、刀の製法も変わり、また馬に乗っていないから、長い太刀や、重い刀は使いにくい。だから、江戸時代の刀は室町時代に生まれています。

副島　一瞬で抜けなければいけないから、長い刀は持てない、というところから、はじめの二尺三寸（定尺《ていしゃく》）が生まれたのですね。

古本　ですから、江戸時代の初期の１６３０年ぐらいの武家諸法度に、「これ以上の長い刀を持ってはいけませんよ」という基準では二尺九寸です。これはかなり長いです。佐々木小次郎が二尺七寸ですから、それよりもっと長い刀です。だから抜き方は、鞘《さや》を放り出して抜かないと、二尺九寸は抜けません。だから、だんだんだんだん短くなっていきました。つまり、だんだん刀の用途が変わった。

稲田朋美説「旧陸軍・百人斬りは不可能」を検証する

副島　あと、昭和の軍人たちの軍刀のダメさ、どうしようもなかった、という問題はいかがですか。

古本　明治になって、近代陸軍ができました。武士からつながる将校は、サーベルを指揮刀にしました。兵隊を突撃させるときに採用されたものが、刀ではなくてサーベルです。

副島　サーベルは、日本の刃物や、かみそりのようにズリッと切れるようなものではない。

古本　そうです。近代陸軍を創設して指揮刀として西洋のサーベルを採用したのは正解だったと思います。なぜなら、もう江戸が終わって、実際に刀を扱う技術が消えました。技術がないときに刀の取り扱いは非常に危険です。鞘《さや》に納めることもできない。でもサーベルだと切れません。あくまで指揮刀もしくは護身用です。

副島　刀を鞘に入れるだけのことさえも、大変なことなんですね。自分で自分の手を切ってしまうということですね。

古本　そうです。刀の刃の部分と手が最も接近するのは、鞘を抜くときと納めるときです。

副島　指を落としてしまう。

古本　まあ落とさないまでも、ひどいケガをします。太平洋戦争の末期になって、将校にサーベルを配ることができなくなると、何をしたかといえば……。

副島　古い江戸時代の家の伝統の刀を持ち出して。

古本　はい。「おまえら、刀を持っているんだったら、家の刀を持ってこい」と。

副島　家の刀を仕立て直して軍刀にしたのですか。

古本　いえ、仕立て直すというよりも、もしかしたら長い刀ではなかったかもしれません。いわゆる地方の農家の出身で、家に刀があったとしたら、ドスに近い刀でしょう。とにかくあまり長い刀ではなかったと思います。

ところが、その刀による事故が多発した。つまり、当時の日本軍人といえども刀なんか扱ったことはありませんから、自刃、自分の手を切って、かなりのケガをした。

副島 とても痛いわけですね。

古本 そうです。

副島 自分で切ってしまうわけですからね。大きな包丁ですからね。

古本 そうですね。

副島 最後にもう一つ教えていただきたいことは、日中戦争、中国侵略戦争のときに、上海、南京のあたりで、最初の勝ち戦で調子に乗って、「俺は30人、斬ったぞ。おまえは40人か」という「百人斬り」を日本の将校、軍人たちが競争した。それが日本の新聞記事に載ってしまいました。それで日本人の右翼の家族がそんなものはなかった、と新聞社を訴えて裁判を起こした。でも実際に新聞記事も残っていて「百人斬り競争」はあった。

私が知りたいのは、弁護士から国会議員、防衛大臣になった自民党の稲田朋美が、「刃こぼれして、そんな20人、30人の首は斬れない。日本人の軍刀では首は斬れない」と反論していました。いかがでしょうか。

古本 刀自体が、本当に首を全部、落としたかどうか、それだけの技術を持った人間がいたかどうか、を横に置いて、20～30人は殺せると私は思います。即死ではなくても、日本刀で20～30人ぐらいに致命傷を負わせることはできる。日本刀はそんなヤワではないです。

刀はその製法上、折れないのです。その代わり、けっこう簡単に曲がりますが。でも、簡単に曲がるということは、簡単に何度も元に戻せるということです。曲がり癖はつきますが。

副島 しかも相手は、捕まえた捕虜で、首を差し出させておいて、その首を落とすわけですからね。

古本 はい。でもきれいに切れたかどうかは分かりません。三島由紀夫の例があるように。

副島 はい。実に汚いものだった。三島の首なんて、頭に近いところから何回も斜めに切られてぐちゃぐちゃですからね。

古本 はい、何回も。

副島 がっつん、がっつんとね、刀を。最後はゴリゴリと鋸《のこぎり》みたいに引いたと思いますよ。胴体から切り離すために。

古本 ええ。

副島 周りは血だらけで、血の海の中に森田《もりた》必勝《まさかつ》の首と二つ並べてあった。『アサヒグラフ』に写真が載りました。きれいごとじゃないですよ。本当に恐ろしいことですよ、刀で人を斬るということは。

古本 ええ。ですから、首を落とすときの、座位も含めて、切り方があります。昔のドラマの

「子連れ狼」の主人公のような人は、実際にいました。彼が首を落とすときは、上に本当に高く構えて、もう重力、上から刀を振り落とす力で首を落とします。刃も厚く、身幅も広い刀を使ったのだと思います。当然、重くなりますが、振り回すわけではないので支障はありません。

副島　真下に落としていくのですね。

古本　真下です。刀の構造に、なぜ反《そ》りがあるかです。刀の場合は、普通に切っても、包丁の場合の引き切ることと同じ作用を起こします。ところが骨にガツッとぶつかりますから、簡単には引き切れない。そのときに、引き切りをするためには速度と重みがとても重要になります。

それから、硬い物を切り落とすには重量が必要です。だから速くて重い剣さばきが一番です。したがって高い位置の上から、構えます。でもふだんは絶対にしない構え方です。

副島　一瞬に振りおろす。

古本　刀をドーンと落とす。このときは、しのぎを削ったような刀は使いません。

副島　首を切り落とす職業の賤民《せんみん》というか、日本にも被差別民の家系があります。浅草弾左衛門《あさくさだんざえもん》みたいな人たちです。そして非人と言われた人たちが、磔《はりつけ》で槍で脇腹から突き上げて心臓を刺す、とかの役目でした。ヨーロッパ、イギリスにもいました。代々サンソン家の者がメアリー・スチュアート女王の首も落としました。あれは、鉞《まさかり》というか、大きな斧《おの》ですよね。鉞で、木の切り株の上に首を置いて、薪《まき》割りと同じで上からたたき落として首を切り落とした。あれが正攻法なのでしょうね、やっぱり。

古本　そう、首を落とすのであれば。居合いに戸山流《とやま》があります。新宿の戸山の近辺です。戸山流は、明治に日本陸軍ができてから日本陸軍の中でつくられました。

副島　戸山練兵場があった。

古本　そう。そこでつくられたので、戸山流と言います。戸山流のこの試斬《しざん》、試し斬りの大会があります。巻藁《まきわら》を何本も何本も重ねたものを、本当に鉞のようにバサッと斬る。これは他の流派では、絶対にない斬り方です。まるでお相撲さんがしこを踏んだときのようにがっつり構えて、それで上から、カーっと落とします。これは、戸山流独特の斬り方です。

あの斬り方でも20〜30回程度なら、いや、もっと斬っても砥《と》ぎなど必要ないはずです。水に数日浸して堅く巻いた畳表一畳分の一本が、人骨一本分と言われますが、本当のことは分かりませんん、何しろ私自身、人骨を斬った経験がないものですから（笑）。

副島　でも間違ったら、自分の足を斬ってしまうでしょう。それが恐ろしい。

古本　まあ、刀を床にぶつけるかもしれません。それよりもっと怖いのは、刀は鋼《はがね》ですから、思い切ってバーンと床を叩いたとすると、バネで自分に跳ね返ってきてしまう。

副島　うわっ、恐ろしい。

古本　ええ、うまい具合に刃が床に刺さってくれればいいですよ。ところが、うまく刺さらなかったら、バネで戻ってくる。

副島　自分を切ってしまいますね。

古本　自刃事故になります。バネのようにバシーンと自分に跳ね返ってくる。全部、切れないなら切れないで、そこで止まります。切れたときは床から15センチぐらい上で止めるという技術も必要です。

副島　ああ、なるほど。これで剣術というものが少し分かりました。

幕末に蕃書調所という学問所があって、幕臣たちの中の一番頭脳の明晰な人たちが集まって洋学を始めた。そして同じ年（１８５６年）に、幕府陸軍の④講武所も出来た。そして、そこからわずか2キロ先の、今の岩本町（日本橋の近く）から人形町に、①の千葉道場（玄武館）があった。幕末の剣術道場のお話もたくさんお聞きできて、大変よかった。古本さん、本当にありがとうございます。

古本　どうもお粗末さまでした。

（第6章）

東京大学の原型「蕃書調所」をつくった勝海舟

吉田祐二
Yuji Yoshida

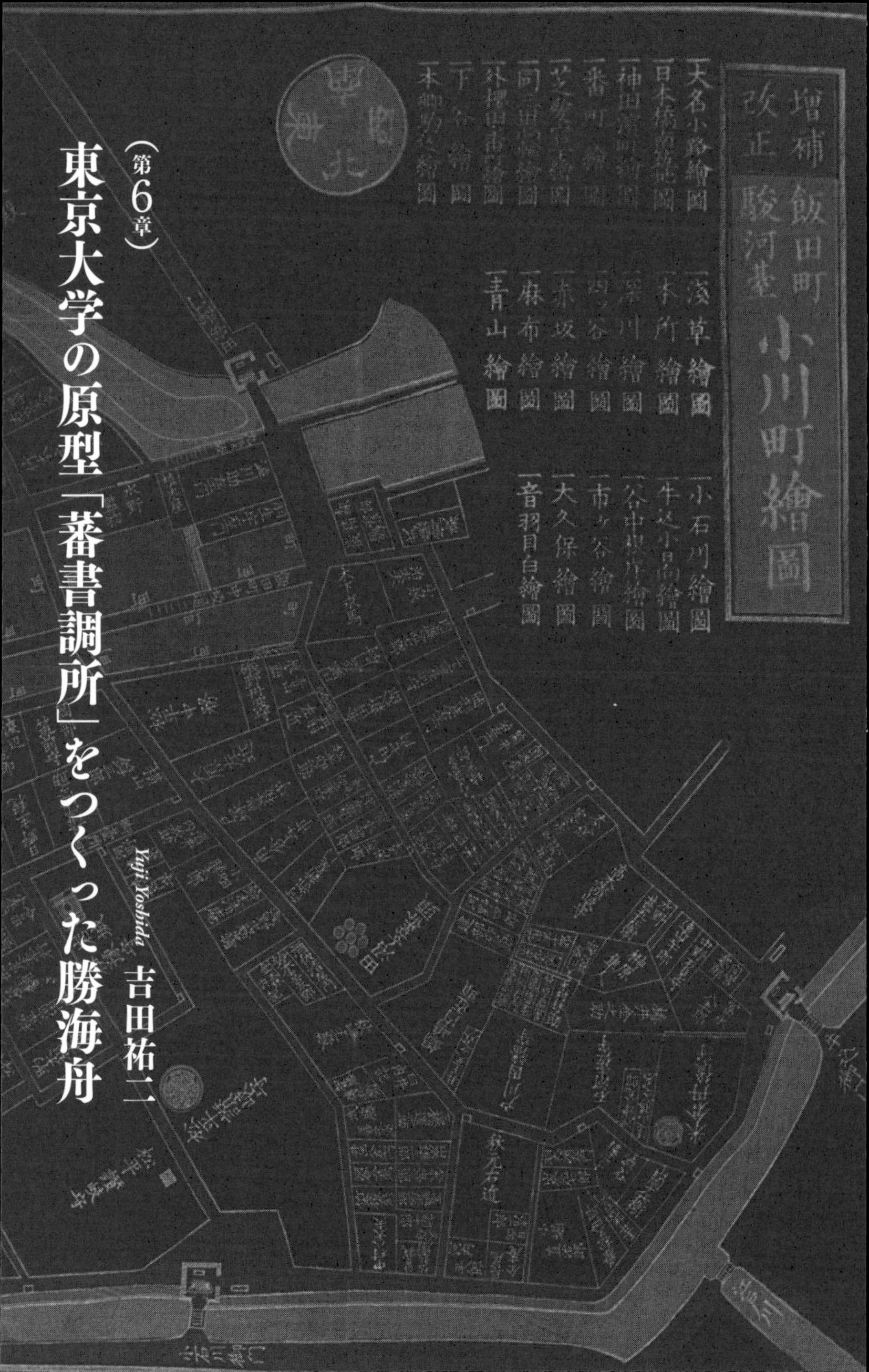

幕藩体制の墓堀人

「蕃書調所《ばんしょしらべしょ》」は、江戸末期に設立された。そして現在の東京大学となった。高校で習う日本史の教科書に、この蕃書調所は名前だけ登場する。江戸幕府が、慌てて西洋の知識・思想を自力で取り込もうとして独自に進めた、国家を近代化させるための施策である。山川出版社の高校の歴史参考書『詳説　日本史研究』は、次のように書いている。

幕府は欧米諸国との交流を深め、国内の政治的な立場を強化するとともに、国家的な自立を確保するために、その進んだ文化・学術を取り入れて近代化をはかろうとした。開国後まもない１８５５（安政２）年、蛮書和解御用《ばんしょわげごよう》を独立させて洋学所《ようがくしょ》を建て、蕃書調所と改称し、欧米各国の語学や理化学の教育・研究及び外交文書の翻訳にあたらせた。のちに洋書調所、ついで開成所《かいせいじょ》と改称し、医学・軍事などの自然科学に片寄っていた洋学が、哲学・政治・経済の分野にまで発展した。なお開成所は、明治政府のもとで開成学校となり、さらに東京大学となった。

（『詳説　日本史研究　改訂版』３２３ページ）

この蕃書調所を設立したのは、勝海舟（１８２３〜１８９９）である。勝の献策（提言）で生まれた。

勝海舟は、司馬遼太郎の小説『竜馬がゆく』の主人公である坂本龍馬が師事したことでも知られている。まだ若い龍馬が、外国かぶれと見られていた勝海舟を斬るために会見を申し込んだところ、逆に世界の最新情勢を滔々《とうとう》と語る勝海舟に龍馬は説得されてしまったというエピソードが語り継がれている。このあと大政奉還した幕府の責任者として、新政府軍の西郷隆盛と談判して江戸城を無血開城したことでも有名だ。明治維新後は伯爵であった。

勝海舟は維新の元勲ではないし、明治期に活躍したわけでもない。勝海舟とは何者か？ひと言でいえば、「幕藩体制の墓堀人《はかほりにん》」である。なぜなら、勝海舟は何といっても幕府の家臣のくせに、江戸幕府300年の歴史の幕を閉じた人物だからだ。

当然、彼を非難する人々もいる。旧幕臣たちは、自分たちが不遇な目に遭《あ》っているのに、新政府に仕えて出世までした勝を、裏切り者とみた。

そうした人物が設立したのが、蕃書調所である。

組織はそれを設立した者の遺伝子（DNA）が残る。ならば、蕃書調所の現在の姿である東京大学には、勝海舟の遺伝子が流れていることになる。本稿では、勝海舟が蕃書調所の設立にどのようにかかわったのか、そして明治維新期にどう生き延びたのかを、蕃書調所の変遷を中心に追ってゆく。

勝海舟の伝記はたくさんある。なかでも、勁草書房版の『勝海舟全集』を編集した勝部真長《かつべみたけ》（お茶の水女子大名誉教授）による『勝海舟』（PHP研究所、1992年）が上下巻1000ページを超える、もっとも浩瀚《こうかん》な伝記である。しかし勝部の伝記は海舟を褒《ほ》めあげるばかりで批判がなく、退屈だ。次に、歴史学者石井孝《いしいたかし》による伝記『勝海舟』（吉川弘文館、1986年）がある。この著者は、明治維新を外国からの圧力と経済的視点から描いた『明治維新の舞台裏』（岩波新書）の著者でもある。比較的新しいものでは講談社版『勝海舟全集』の編集にかかわった松浦《まつうら》玲《れい》の『勝海舟』（中公新書）が評価の高い伝記である。

他に、小篇だがジャーナリストの神一行《じんいっこう》による『人物相関日本史　幕末維新編』（本の森出版センター）が面白い。神には日本の支配階級を論じた『閨閥《けいばつ》　特権階級の盛衰の系譜』（角川文庫）という著作がある。この本は歴史を「偉人」が主人公である物語ではなく、つねに周りの人物たちとの関係を軸に描くことを旨としている。

本稿ではこれらの伝記を参考にした。

希薄だった幕府への忠誠心

勝海舟は文政6（1823）年に生まれた。幼名は麟太郎《りんたろう》という。父親の勝小吉《こきち》は男谷平蔵《おたにへいぞう》の三男で、勝家の分家を相続した。勝小吉は幕臣（徳川家の家臣、御家人《ごけにん》）であったが、40俵

勝海舟の三態。上は幕臣時代、中は羽織に草履、腰には脇差を差しながらズボンの和洋折衷姿。下は伯爵を賜った晩年。

取りの貧乏武士である。江戸末期には、何の役職もない武士は「小普請《しょうぶしん》」といって、小規模の工事があったときだけ呼び出されて仕事をした。普段は何もせず生活した。今でいう在宅勤務の社内失業のような状態であった。

父の勝小吉は小さい頃から手のつけられない無頼漢だった。家出を繰り返し、20歳の時に父親に座敷牢に入れられている。37歳で隠居し、家督を海舟に継がせた。しかし剣術の腕があり、ひとの面倒見がよかったから、町の顔役のような存在になっていた。つまり、今でいうヤクザである。

小吉は『夢酔独言《むすいどくげん》』という、当時ではめずらしい自叙伝を書いている。自らの無頼の人生を綴っている。戦後の作家で『堕落論』の坂口安吾《さかぐちあんご》がこの『夢酔独言』を激賞している。また、作家の子母沢寛《しもざわかん》が小吉と海舟を主人公にした小説『父子鷹《おやこだか》』、『おとこ鷹』を書いている。

こうしてみると、勝海舟は貧乏ではあったが、武家の血筋であると思うだろう。ところが、勝海舟は、実は武家の家系ではない。勝海舟の祖父・男谷平蔵の父親は、越後国（今の新潟県）から流れてきた盲人であった。名前を山上銀一《やまがみろういち》という。山上は生来の盲人であったが、江戸へ出て高利貸しとして成功し、大きな富を得た。そして、武家である男谷家の株を買い「男谷検校《けんぎょう》」と名乗った。検校とは、盲人の最高の地位である。

盲人は身体障碍者であり、その生活は常人には想像できないほど辛いものであっただろう。しかし、江戸時代には社会政策というべきか、正業に就くことができない盲人のため、平曲・

箏曲《そうきょく》等の演奏、あるいは鍼灸などの仕事を盲人に独占させる政策があった。そして、通常は禁止されていた高利貸しを盲人の特権として認めていた。ある種の逆差別というか、特別な権利を付与されていた。このため、暴利を得ていた盲人も多かったという。盲人の最高位の検校ともなれば、外出の際には徒党を引き連れて駕籠《かご》に乗る暮らしぶりであった。

勝海舟の曽祖父の男谷検校は、そうした盲人の典型であった。そして金銭の力により、検校の地位を買い、さらには武家の株までをも買ったのである。だから勝海舟の祖先は三代前は越後の農民であり、歴代の幕府の家臣（旗本）ではない。

歴史家の石井孝は伝記『勝海舟』の冒頭で以下のように書いている。

このような家系からすると、父方の男谷家は本来の旗本男谷家とはなんらの関係もない越後の農民の子孫であった。また母方の勝《かつ》家は、近江国《おうみのくに》勝村の出身、天正年間以来徳川家に仕えてきたといわれるが、わずか四十一石余の微禄《びろく》で、必ずしも徳川家の「御高恩」をこうむっている家とはいえない。

（同書2ページ）

この石井による指摘は重要だ。勝海舟の伝記ではよく「幕府の家臣でありながら、幕府の利益だけを考えずに世界へ目を向けていた」などと言われているが、幕府への忠誠心の希薄さは、勝の生まれに関係がある。

すなわち、勝が幕府の家臣となったのはわずか二代前のことであり、成金の盲人が武士の権利（地位）を買い取ったのだ。そして幕府からの給与（＝禄）はわずかなものであった。これでは幕府への忠誠心など湧きようがない。勝海舟の人生をとらえるには、この視点が重要であろう。

献策を受け入れられた〝生き方上手〟の幕臣たち

勝海舟がはじめに身につけたのは剣術であった。海舟の従兄《いとこ》に当たる男谷精一郎は「江戸第一の剣客」と謳われ、300俵から1000石に取り立てられた。彼は幕府が設立した武術練習場である「講武所」の頭取になった。講武所では洋式の武術も採り入れたことから、高島秋帆《たかしましゅうはん》や村田蔵六《むらたぞうろく》（大村益次郎《おおむらますじろう》）などが砲術教授として務めている。勝は男谷精一郎の門弟、島田虎之助から剣術を習った。

島田虎之助は剣術家であるから蘭学の教養はなかったが、時代を見る目はもっていた。勝海舟は島田から、これからは蘭学が必要な時代になると諭されて、22歳から蘭学を学び始めた。勝はその頃に年齢がひと回り上の佐久間象山と出会い意気投合している。象山はのちに勝の妹（順子）と結婚した。だから象山は勝の義弟である。勝が大部の蘭和辞書『ズーフハルマ』を借金して借り受け、2部筆写して1部を自分の手元に残し、もう1部を売り払ったというエピソードはこの頃のことだ。勝は几帳面な性格で、手紙は必ず同じ文面で2通書き、1通を手元に置いた。フォトコピーがない時代の知識人の生活である。

28歳で勝海舟は自分の塾を開き、蘭学者として世に出ている。大秀才である。当時、諸藩から優秀な若者は江戸へ遊学に来ており、評判のいい塾で学んだ。佐久間象山と勝はたがいの塾を行き来した。だから象山塾に来ていた吉田松陰、橋本佐内、河井継之助とも面識ができた。

ペリーが来航した時（1853年7月8日。和暦では嘉永6年6月3日）、勝は30歳になっていた。幕府は慌てふためき、優れた人物であった老中阿部正弘《あべまさひろ》は対応策を幕府内だけでなく諸藩に公募した。その時に少壮蘭学者としての勝は意見書を提出し、それが認められた。その内容は積極的な開国論であり、大船を造って外国と貿易し、その利益で大砲など武備をととのえることを説いた。また、そのためには幕府、藩を問わず優秀な人材を集めることが必要だと主張した。意見書が幕府に認められたことが、勝海舟の出世の糸口となった。

勝の意見書が通った背景には、勝より六歳年長ながら、勝の蘭学門下生になっていた大久保忠寛（一翁《いちおう》）の存在が大きい。大久保家は高級旗本の家で、当時目付・海防掛（現在でいえば外務省の局長クラス）に任じられており、幕閣へ意見できる立場であった。勝と大久保一翁は盟友関係であり、幕末から明治を通して、ずっと行動を共にした。狡猾な生き方上手の者たちだ。

勝海舟の献策が受け入れられて、幕府は洋学所（翌年に蕃書調所）を設立した（安政2＝1

855年)。33歳の勝はそこに勤務することになった。

長崎伝習所での勝海舟

ジャーナリストの立花隆が「東大は勝海舟が作った」と論じた。立花は『天皇と東大』という本で、東京大学の由来と沿革を、当時の世相とともに論じている。『天皇と東大』は、昭和7(1932)年に刊行された『東京帝国大学五十年史』を元資料として使用している。この本は維新の元勲《げんくん》大久保利通の孫にあたる歴史家の大久保利謙《としあき》によって書かれた。大久保家は侯爵家であり、大久保は日本近代史学の祖といわれる人物である。

日本には、戦後になるまで本格的な近代史の研究は無かった。天皇を神として崇拝する「皇国史観」が正統の思想であるから、戦前は実証的な、事実に基づく歴史研究はタブーだったのだ。それを大久保利謙が切り拓いた。大久保の学者としての自叙伝として『日本近代史学事始め』(岩波新書、1996年)がある。

『東京帝国大学五十年史』は豊富な内容で書かれており、これが立花に2000ページを超える『天皇と東大』を書かせた。大久保には、この大著『五十年史』をコンパクトにまとめた別の著作として『日本の大学』(玉川大学出版部、1997年)という著作がある。そのなかで大久保は蕃書調所の設立経緯にふれて、次のように書いている。

安政元年にはペリーが再来航し、遂に和親条約が締結されたが、幕府としては外使との接渉を重視し、六月十八日特に対外的識見のあった筒井正憲・川路聖謨《かわじとしあきら》・岩瀬忠震《ただのり》・古賀謹一郎《きんいちろう》を異国応接掛に任命し、又十二月には水野忠徳《ただのり》をもこれに加えた。何《いず》れも阿部閣老に抜擢された俊才で、外国の事情にも通じ、当時外交政策の推進力となった人々である。彼等は更《さ》らに閣老の意を含み、外交事務を輔《たす》ける機関として愈々《いよいよ》調所《しらべしょ》設立を実行に移さんとした。

翌二年正月十八日小普請小田又蔵・同勝麟太郎（海舟）、箕作阮甫《みつくりげんぽ》、和蘭通詞森山栄之助が筒井・川路・水野・岩瀬の手附《てつけ》蘭書翻訳御用《ごよう》に任ぜられ、且つ調所竣工まで当分の内天文方山路彌左衛門《やまじやざえもん》役宅にて御用を取扱ふべき旨を命ぜられた。これは結局調所設立の実行委員の任命で、特にこれを担当したのは小田・勝の両名であった。そこで両名は夫々《それぞれ》原案を作成して提出している。その内容は先《ま》ず蛮学の意義より、調所設立の目的・学科・教官・翻訳及び経費・建物等の一切に渉《わた》っている。

（『日本の大学』１４３ページ）

このように、勝は蕃書調所の設立実行委員として、設立の趣旨や学科の構成、教師の人事など一切を任されていたのだ。勝は人事リストを作成して人材を集めた。そして学科の構成などを決定した。ここに全国から優秀な洋学者たちが、津田真道《まみち》、寺島宗則、加藤弘之、箕作麟祥《みつくりりんしょう》、大村益次郎、西周《にしあまね》、杉田玄端《すぎたげんたん》などが集められた。

ところが、勝は、長崎に開設（1855年）された海軍伝習所にさっさと移っている。新設の伝習所に生徒の監督官として勤務することになったのだ。勝は本の上の学問だけではなく、実技としての操船術を自ら学習しに行ったのだ。

当時、日本人で西洋式の操船術を教えられる者はいなかった。このため、当然教師陣はオランダ人であり、授業はすべてオランダ語であった。学問ではなく実習であるから、授業といってもメモも取らせず口頭のみで行ったという。この伝習所で学んだ人物は、幕臣では榎本武揚、肥前の佐野常民《さのつねたみ》（日本赤十字社の設立者）、薩摩の五代友厚《ごだいともあつ》、川村純義《かわむらすみよし》たちがいた。勝は年長でもあったから、彼ら「生徒」を統率するリーダー格の役割であった。

この長崎伝習所の首席教官がオランダ人のカッテンディーケ（W.J.H. van Katendijke）である。カッテンディーケはオランダ国王ウィレム三世の侍従武官も務めた優秀な人物で、帰国後は海軍大臣を務め、一時は外相も兼任した。当時の先進国であったヨーロッパでも一流の人物である。カッテンディーケは、話の通じない幕府の役人よりも、オランダ語が理解できて、人当たりが好い勝を激賞した。そのため勝は伝習所における実質的な日本代表として操船術を会得した。

長崎は江戸から遠く離れており、幕府の官僚機構による統制もすぐには手が及ばない。この幕府出先機関である長崎伝習所で勝はあたかも幕府の代表のような存在となった。薩摩藩主・

長崎海軍伝習所は幕府が海軍士官養成のために設立した教育機関

長崎海軍伝習所首席教官、オランダ人のカッテンディーケ

島津斉彬《しまずなりあきら》と会見したのもこの時である。島津斉彬は英邁《えいまい》の誉れ高い君主で、薩摩一国で独自に近代化政策を採っていた。幕府は薩摩藩が行っていた密貿易を探索していた。ちょうど長崎にいて、船を操縦できる勝に探索を命じた。勝は隠密の仕事もしたのだ。

しかし、この時の幕府の探索は鹿児島領内までに留まり、琉球への探索はなかった。島津斉彬と勝のあいだで談合があり、勝はそれを見逃すことで島津斉彬に恩を売ったのだ。ここで両者はつながった。

安政6(1859)年、長崎での使命を果たして3年4カ月ぶりに江戸にもどった勝は、幕府が米国へ使節を派遣するという計画があることを知り、自薦運動を開始した。それが功を奏して、操船術のエキスパートとして万延元(1860)年に咸臨丸《かんりんまる》で太平洋を渡ることになる。日米修好通商条約の批准書を、ワシントンのブキャナン大統領へ提出することを目的とする遣米使節団は、外国奉行・新見正興《しんみまさおき》を正使として、神奈川奉行・村垣範正《むらがきのりまさ》を副使として米国海軍のポウハタン号で渡航した。実質的な幕府代表は目付として同行した小栗上野介忠順《おぐりこうずけのすけただまさ》であった。正使一行とは別に、護衛船として咸臨丸が派遣された。

咸臨丸が追加されたのは、荷物が一隻では積みきれないほど多かったことと、日本人でも航海できることを示すという面子《メンツ》の問題があったという(村上泰賢『小栗上野介』33ページ)。咸臨丸には若き福沢諭吉も同乗している。

世界覇権国イギリスの命令で果たした「江戸無血開城」

サンフランシスコに到着した小栗ら遣米使節団のポウハタン号は、そのままワシントンへ向かい、批准書の交換を済ますとニューヨークから大西洋まわりで日本に戻った。一方、咸臨丸はサンフランシスコに到着すると、損傷した船の修理を待って再び太平洋を渡って日本に戻った。このあと勝は蕃書調所に戻り、頭取を務めている。文久2（1862）年には軍艦奉行に就任し、神戸に海軍操練所を設立した。慶応2（1866）年7月に将軍徳川家茂《いえもち》が暗殺された。徳川宗家を継承した徳川慶喜に疎《うと》まれながらも、勝は長州側との人脈があることを期待されて、第二次長州征伐の停戦交渉を任された。

第二次長州征伐に敗れた幕府は次第に劣勢になった。将軍慶喜はついに大政奉還に同意する。この時に慶喜の側近として、イギリス議会のことを説明して慶喜を納得させたのが蕃書調所教授で、オランダ留学帰りの西周《にしあまね》であった。このことは、『フリーメイソン＝ユニテリアン教会が明治日本を動かした』（成甲書房）で田中進二郎氏が指摘している。慶喜自身は、大政奉還しても徳川家が諸侯のなかで最大勢力であるから、実質上は徳川家の天下が続くと考えていた。

蕃書調所を設立したときの実行委員長であった勝海舟は、このとき何をしていたか？

勝は江戸に進撃する新政府軍に対して、江戸を火の海にしないように新政府軍参謀の西郷隆盛と談判していた。江戸城を明け渡すかわりに、幕府を攻撃しないことを取り決めた。平和裏に江戸城を明け渡した幕府と、攻撃を加えなかった薩長のあいだでの美談とされている、いわゆる「江戸無血開城」である。

しかし、これには裏があって、「江戸無血開城」はイギリスの指図《さしず》である。歴史学者の石井孝は『明治維新の舞台裏』（岩波新書、1975年）のなかで、イギリス公使パークスと西郷の関係を次のように書いている。

東海道先鋒《せんぽう》総督府参謀木梨精一郎《きなしせいいちろう》は、西郷の命を受けて横浜におもむきパークスと会見した。江戸で戦争がはじまると必然的に横浜にも大きな影響をおよぼすので、それについてあらかじめパークスの了解を得ておくのが目的であった。ところがこれにたいするパークスの態度は、まことに意外なものであった。パークスは、慶喜が恭順の意を表しているのに討伐《とうばつ》するのは、人道に反する、といきなり慶喜討伐に強硬な反対を表明し、（中略）パークスの反対意向に接すると、西郷は、しばし愕然としたというが、パークスの談話を隠しておいて、十四日、田町の薩摩藩邸で勝と会見した。

（石井孝『明治維新の舞台裏　第二版』197ページ）

当時、〝七つの海〟を支配していたイギリスこそが世界覇権国であり、その時の世界史の枠組みで明治維新を眺めれば、イギリスの言うことを聞かない勢力である徳川幕府に対して、みずからの息のかかった薩長勢力によって政権を交代させることが、イギリスの極東地域における政策であった。そのために、イギリスは文久3(1863)年に長州藩からは井上馨、伊藤博文らを、慶応元(1865)年には薩摩藩から五代友厚や寺島宗則らを留学生として受け入れ、親イギリス派勢力を育てていった。

イギリスの日本支配の工程表(ロードマップ)は高度に洗練されている。背後にチラチラと武力を誇示することで恫喝する砲艦外交(ガンボート・ポリシー)は、イギリスの外交政策としてはすでに採られていない。武力による威嚇《いかく》外交を継承したのは、アメリカである。セオドア・ルーズヴェルトが、1903年にパナマ運河の租借権を獲得したのを皮切りに、砲艦外交によってアメリカは中南米で支配権を確立した。

イギリスにとって有利になるように日本を誘導することで、外交の目的は達成された。政権交代(体制変更)も日本人が自分たちで政権交代をしたと思わせればいいのである。イギリスの政権中枢から公使パークスに出した指示は次のようなものであった。

外務長官ハモンドからパークスにあてた私信の形で出された第二の訓令は、最初の外相訓令を補完するという意味で注目される。(中略)ハモンドは、「日本の国内問題にたいするあまりに熱心な干渉」をいましめ、「日本における体制の変化は日本人だけから出るような外観を呈しなくてはならず、どこまでも日本的性格をもっているという印象を与えるようなものでなければならない」と結んでいる。

（石井前掲書106ページ）

イギリスの手のひらで動かされた東洋の後進国である日本。この視点から眺めれば、その時イギリス公使館があった江戸が火の海となり、それが横浜港を中心とした貿易に影響が出るような戦争を、イギリスが許可するはずがなかった。

幕府の軍事機密をスパイ同然に情報提供

さて、そのような状況のなかで勝はなんと、イギリスへの情報提供を行っていたのだ。イギリス人（ウェールズ人）で通訳官（現地人との接触係）として活躍したアーネスト・サトウの回顧録『一外交官の見た明治維新』のなかに、勝海舟が（伊藤博文ほどではないが）頻繁に登場する。

勝がサトウに接触している箇所を抜き出してみる。

勝安房守《あわのかみ》は私たちに、大君（タイクーン）〔引用者註：将軍のこと〕派が事を早まった結果、内乱が勃発する恐れがあることを懸念していると言った。

（『一外交官の見た明治維新（下）』82ページ）

私の入手した情報の主な出所は、従来徳川海軍の首領株であった勝安房守であった。私は人目を避けるため、ことさら暗くなってから勝を訪問することにしていた。（中略）今や徳川軍の総帥となった勝は、自分と大久保一翁《いちおう》の両名が官軍との談判に当たることになっていると私に語った。

（同書190ページ）

勝が〔引用者註：私、アーネスト・サトウに〕話した中で最も驚くべきことは、二月に前将軍の閣老とロッシュ氏が協議した際、ロッシュ氏はしきりに抗戦をそそのかし、フランス軍事教導団の士官連中も、〔引用者註：薩長の討幕軍に対する〕箱根峠の防禦工事やその他軍事上の施設を執拗に勧告したというのであった。

（同書193ページ）

このように、勝はイギリスに対して詳細な報告を行っていた。特に、当時幕府側は勘定奉行の小栗忠順を中心としてフランスと協力体制にあった。フランスは日本利権の一部をイギリスから奪おうと画策していた。幕府にとってはこれらの内情は致命的な軍事機密であったはずで、それを勝はあっさりとアーネスト・サトウ（イギリス）に知らせている。これは明らかに「イギリスの手先」としての行動である。

しかし、勝海舟の研究者である勝部真長は次のように述べている。

これまで西郷は、イギリス公使パークスは薩摩の味方だとばかり思い込んでいた。それが少なくとも中立的立場に廻っている。というよりも勝と気脈を通じている。ということは西郷にとって驚きであった。勝は、パークスをしてこういう出方をさせるために早くから手を打っていた。（中略）このような国際感覚、外交手腕は、勝の独壇場で、とうてい山岡（鉄舟）やその他の幕臣たちの太刀打ちできるところではない。しかも事は隠密に運ばれているから、幕臣たちは誰も知らない。知っているのはイギリス公使館通訳のアーネスト・サトウである。サトウは夜陰にまぎれてしばしば海舟の氷川邸に連絡にきている。そのことは彼の『一外交官の見た明治維新』に出てくる。

（『海舟覚え書』14ページ）

このように、勝のイギリスへの密告も、勝海舟を賛美する研究者にかかると「国際感覚」「外交手腕」に変わってしまう。勝部は当然、石井孝『明治維新の舞台裏』も参照文献に挙げているが、それを読んだにもかかわらず、なぜ右のような評価になるのかよく分からない。

同じような解釈は、文藝春秋編集者であった半藤一利《はんどうかずとし》にもみられる。半藤による勝海舟の評伝『それからの海舟』（ちくま文庫）は勝とサトウの交渉について、以下のように述べている。

幕末最高の美談として語られる勝と西郷隆盛の「江戸無血開城」を実現させた会談だが、その背後にはイギリスの思惑があった

幕府の極秘情報を勝から提供されていたアーネスト・サトウ

機敏な勝は、サトウとの会話をとおして、勝ち誇っている西軍にたいして、イギリス公使パークスがかなりの影響力をもっているのを看てとった。ついでに、パークスなる男の人物までを見抜くチャンスとしたものと思われる。たしかに、パークスは幕府の衰微を予見して、薩摩を無茶苦茶に応援し、幕府に不利を図った男に違いないが、まったくの帝国主義的硬骨漢というわけでなく、融通無碍な真底の外交官らしい。これを幕府のために利用しない手はないと、勝っつぁんは貴重な情報をついでに得たといえようか。まったく、いいときにサトウが訪ねてきてくれたものである。

（『それからの海舟』86ページ）

半藤も勝部と同様に、勝海舟の外交手腕はすばらしい、と無邪気に称賛している。それは当時のイギリスの極東政策に理解のない、稚拙な議論である。当時の現実的な外交感覚からみれば、勝の行動はイギリスのためのスパイとしか言いようがない。なぜ誰もそれを論じないのか。

勝の本性を見抜いていた福沢諭吉の慧眼

その後の蕃書調所はどうなったか。幕府の崩壊とともに一旦閉鎖されたが、明治政府により「開成学校」として再興した。明治4（1871）年には「大学南校」と改称され、「大学東校」（医学校）と統合され、明治10（1877）年に東京大学として設立された。前出の大久保利謙の『日本の大学』では、蕃書調所を次のように総括している。

（蕃書調所の）歴史は僅々《きんきん》（わずか）十余年に過ぎないが、機能は頗《すこぶ》る多面であって、学校として又幕府当局のブレイントラストとして重要な役割を果した。併し転換期の産物であったから、伝統的な制約を受けている一方、又新時代への展望を持っていた。明治新文化の原動力がこの裡《うち》から多く輩出していることは、その存在の意義を重からしめる。

（『日本の大学』１４３ページ）

蕃書調所の教授として活躍した西周《にしあまね》や津田真道《つだまみち》、加藤弘之《かとうひろゆき》らは幕臣であった。このため、維新後、静岡藩へ移動した。もちろん給料は大幅に削減されたはずだ。

しかし、ほどなく明治新政府から声が掛かり、今度は新政府へ出仕することになる。彼らの能力の高さが明治新政府に必要とされたのだ。蕃書調所のなかでも重鎮の古賀謹一郎《こがきんいちろう》は幕臣としての筋《すじ》をとおして明治政府には仕えなかった。他の多くの者は新政府に出仕した。

明治新政府は薩長土肥による「藩閥政治」であると言われる。実際に大臣クラスには薩長土肥からの人材が多い。しかし、中堅官僚には幕府の旧臣が多く採用されていた。実数ではむしろ薩摩や長州を圧倒していた。津田真道は司法省に入り元老院議官となり、西周は陸軍省に入り軍事技術知識の翻訳・輸入に携わり、のち宮内省に出仕している。そして加藤弘之は蕃書調所の後身である東京大学の初代総長となっている。

蕃書調所に関わった者たちは当時最新の知識を修得した有能な者たちであった。蕃書調所で西洋知識の修得に努めた者たちは、明治になってから、福沢諭吉率いる慶應義塾の関係者たちと、言論結社である「明六社《めいろくしゃ》」を結成し、機関誌『明六雑誌』を発表、新知識の啓蒙運動に参加した。

こうなると蕃書調所に、設計者である勝海舟の影響をみることは難しい。勝海舟は、蕃書調所の設立時こそ実行委員として組織の策定に関わった。が、その後は自らの政治活動に忙しくて、蕃書調所の運営にはほとんど関わっていなかったようだ。勝海舟はイギリスの手先として働き、幕府を終焉に向かわせた。明治政府から認められ、論功行賞によって伯爵の地位にまで昇り詰めた。

そのことを批判したのが、福沢諭吉である。福沢は『瘦我慢《やせがまん》の説』という小論を書き、幕臣ながら新政府に出仕して栄達の道を選んだ勝海舟と榎本武揚を批判している。


すなわち徳川家の末路に、家臣の一部分が早く大事の去るを悟り、敵に向《むか》いてかつて抵抗を試みず、ひたすら和を講じて自《みず》から家を解きたるは、日本の経済において一時の利益を成したりといえども、数百千年養い得たる我日本武士の気風を傷《そこな》うたるの不利は決して少々ならず。得を以て損を償《つぐな》うに足らざるものというべし。

（『瘦我慢の説』55ページ）

独り怪しむべきは、〔勝海舟〕氏が維新の朝《ちょう》に曩《さ》きの敵国の士人と並立《ならびたち》て得々名利《とくとくみょうり》の地位に居るの一事なり。

（同書59ページ）

蘭学者としての勝海舟はどこに行ってしまったのだろう。勝の弟子である杉亨二《すぎこうじ》が明治の頃の海舟を次のように語っている。

私どもは明六社というものを組織しましたが、或る時、明六社で、勝を招待しようという説が起り（中略）、精養軒に、加藤弘之、福沢諭吉、森有礼、ほか四、五名集まりました。どうだろう、勝が来るだろうかと言っているうちに、蝙蝠傘《こうもりがさ》を杖《つ》いて、尻を端折《はしょ》って来ました。何の話しをするだろうと、思っておったら、おれに、軍艦三艘貸さないか、大変儲けて来ると言った。あまりの事に、先生なになされますと尋ねたら、日本が貧乏になったから、シナに強盗に行こうと思う。向うから、やかましく言って来たら、あんな気狂いには構うなといってやれば、よい。ねい、福沢さん、儲けたら、チット上げますと言われた。あたりの人も、黙ってしまいました。

（『海舟座談』262ページ）

勝海舟を賛美するひとは、これを勝の韜晦癖《とうかいへき》とみる。自らの偉大さを謙遜し、ごまかしてわからないようにする。それが勝一流の美学なのだ、と。しかし、これまでの勝の人生を振り返ってみれば、勝がなぜ、本当のことを言わないのか分かるだろう。勝は英国の手先となり、幕府を売り、自らの栄達を遂げたのだ。だから、本当のことは口が裂けても言えるわけがない。

（了）

■主要参考文献■

佐藤信ほか編『詳説　日本史研究　改訂版』山川出版社、２００８年
勝部真長『勝海舟』ＰＨＰ研究所、１９９２年
石井孝『明治維新の舞台裏　第二版』岩波新書、１９７５年
石井孝『勝海舟』吉川弘文館、１９８６年
松浦玲『勝海舟』中公新書、１９６８年
神一行『人物相関日本史　幕末維新編』コアラブックス、１９９７年
立花隆『天皇と東大』文春文庫、２０１２年
大久保利謙『日本近代史学事始め』岩波新書、１９９６年
大久保利謙『日本の大学』創元社、１９４３年
アーネスト・サトウ、坂田精一訳『一外交官の見た明治維新』岩波文庫、１９６０年
勝部真長『海舟覚え書』エルム、１９７４年
半藤一利『それからの海舟』ちくま文庫、２００８年
福沢諭吉「瘦我慢の説」「学問の独立」（『日本の名著33　福沢諭吉』所収）中公バックス、１９８４年
巌本善治編『海舟座談』岩波文庫、１９８３年
村上泰賢『小栗上野介　忘れられた悲劇の幕臣』平凡社新書、２０１０年
福沢諭吉『明治十年丁丑公論・瘦我慢の説』講談社学術文庫、１９８５年

（第7章）

大隈重信の旧幕府と新政府反主流派にまたがる人脈

Haruhiko Furumura
古村治彦

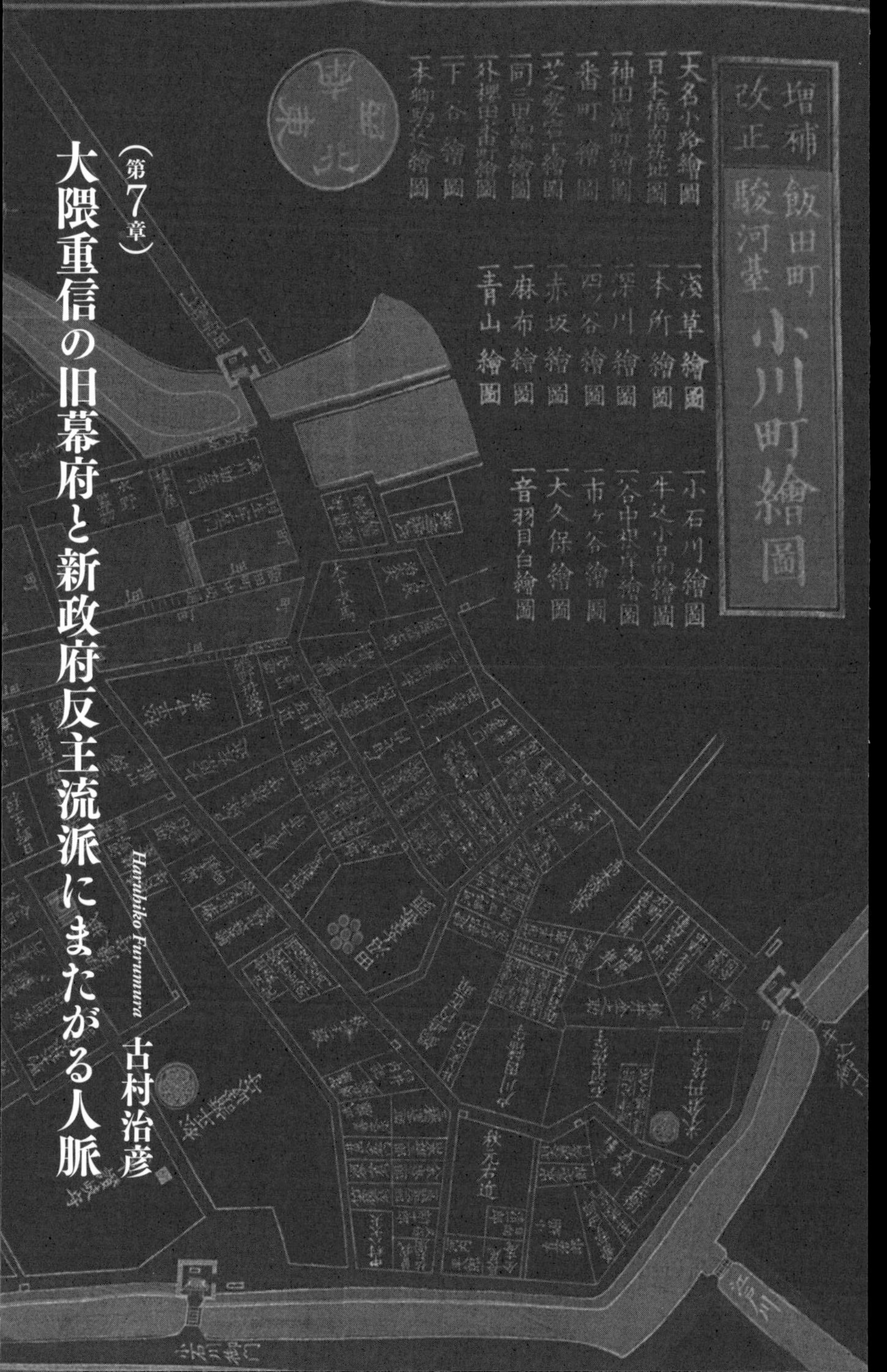

私は本稿で、大隈重信《おおくましげのぶ》（1838～1922年）を取り上げる。

大隈重信と言えば、何と言っても早稲田大学の創立者として有名である。早稲田大学のキャンパスにある大隈重信銅像や大隈記念講堂を直接見たことはなくても、テレビ番組や新聞の写真などで見たことがあるという人はたくさんいるだろう。

だが、それでは大隈重信とは何者か？

「お金と人事」で権力を掌握した元勲

大隈重信は幕末から大正時代にかけて活躍した政治家だ。大隈重信は、明治維新を成し遂げた薩長土肥《さっちょうどひ》四藩のうちの肥前（現在の佐賀県）の出身だ。二度の内閣総理大臣（在任期間：1898年、1914～16年の二度）をはじめ、参議、大蔵卿、外務大臣といった明治政府の重職を歴任した。

外務大臣として外国との不平等条約改正交渉中の1889年には爆弾テロに遭い、右足切断という重傷を負った（52歳）。大隈重信は薩長藩閥政府に対抗する政治家として、国民的な人気の高い政治家であった。大正デモクラシー期には、憲政擁護運動の高まりを受けて、77歳という高齢で総理大臣に就任した。

大隈重信は国民的な人気の高い政治家であった。その人気はどこから来ていたかというと、やはり、薩長藩閥政府に対抗する悲運の、そして孤高の政治家というイメージと、判官びいき（弱いものを応援したくなる気持ち）からだった。

この「薩長藩閥に対抗する悲運孤高の政治家・大隈重信」というイメージが確立されたのは、明治14（1881）年に起きた政変、いわゆる「明治十四年の政変」である。このあと、大隈は参議《さんぎ》筆頭の座から引きずりおろされ、失脚して下野した。また、大隈に引き立てられた政府高官たちも、次々と免官処分となり、明治政府から追い出された。

これ以降、大隈重信は、東京専門学校（早稲田大学）を創設し、人材育成を始め、そして政党（立憲改進党→憲政党→憲政本党）を組織し、藩閥政府と時に対決し、時に協力していくことになった。

大隈はただの反対党、野党気質ばかりの政治家ではなかった。

阿部眞之助《あべしんのすけ》という人がいた。この人は、戦前に政治記者・政治評論家として活躍し、特に政治家の人物評伝を得意とした。この人の著書『近代政治家評伝　山県有朋から東條英機まで』の「大隈重信」の章で、大隈の本質を、

「彼が権謀術数の政治家であるとは、当時の定評であったようである」（140ページ）

「彼の性格は生れるから死ぬるまで、権力意欲で一貫していた。ただ時の情勢により、猫の如くにもなり、虎の如くにもあった」（141ページ）

と書いている。

大隈は権力を握るために、たとえ敵とであっても手を結んだ。自分を追い出した薩長藩閥政府から請われれば、外務大臣に就任し、条約改正に奔走した。政敵である板垣退助と一緒に内閣を組織もした。彼が二度目の総理大臣になった時（1914年、77歳）には、仇敵《きゅうてき》であるはずの長州閥の支持を受けた。大隈は、悲運の政治家として人気を持ちながら、同時に権力志向、権力を握るための忍耐力、そして融通無碍《ゆうづうむげ》さをも兼ね備えていた。

私は本稿で、大隈重信のこれまであまり知られていない部分に光を当てたいと思う。それは、彼が若き日を過ごした長崎時代（27歳から31歳）と、明治新政府成立直後から明治十四年の政変（1881年、44歳）が起きるまでの間の時期だ。

大隈は長崎で世の中に出るチャンスを掴み、明治十四年の政変（この年から伊藤博文が実権を握った）が起きるまで、明治新政府の中で力をつけ、最後は、日本の財政と貨幣制度を牛耳《ぎゅうじ》る大蔵卿、そして参議筆頭の地位にまで昇りつめた。大隈の急激な地位上昇には、彼自身が築いた人脈が大きくものを言った。

大隈重信は、1873（明治6）年の明治六年の政変後から1881（明治14）年に起きた明治十四年の政変まで、日本の財政を牛耳《ぎゅうじ》った。

今でもそうだが、組織を掌握する上で重要なのは「お金」と「人事」である。そのお金の面を握ったことで、大隈重信はこの時期、参議筆頭兼大蔵卿として、伊藤博文や井上馨たちをも

権謀術数と権力欲に塗れながらも国民的人気を誇った元勲、大隈重信。下は肥前藩士時代

子分として従えた。大隈重信は短期間ながらも日本の最高実力者となったのだ。驚くべきことである。その基礎となったのは長崎留学時代と中央政府に呼ばれて最初に居を構えた築地時代であった。この時代に築いた人脈と蓄えた知識が大隈の原動力となったのである。

長崎――大隈重信の基礎を築いた街

大隈重信の明治維新までの足取りについて簡単に書く。

大隈重信は、1838年に佐賀藩の四百石取りの上士《じょうし》（上級武士）の家に長男として生まれた。大隈家は代々、砲術家として佐賀・鍋島家に仕えた。佐賀藩は江戸時代を通して幕府から長崎警護を命じられていた。大隈重信の父・信保《のぶやす》も、藩命で長崎に警護のために赴任していたこともあった。

砲術、すなわち大砲の技術において重要なのは、大砲の弾を遠く離れた目標に、きっちりと命中させるための計算力だ。そのために大隈重信は、家業とも言える砲術にとって重要な数学（算術）の訓練を受けた。そのために、彼は後々まで数字に強かった。このことが大隈重信の最大の強みだったのである。

大隈重信は、藩校・弘道館に入学する。だが、その頃の儒教（朱子学）一点張りの教育に反発し、蘭学を教えていた蘭学寮に入学し直した。蘭学でめきめき頭角を現し、藩主・鍋島直正《なべしまなおまさ》

（1815〜1871）にオランダ憲法について進講するまでになった（1861年、23歳）。その後、弘道館と蘭学寮が統合された時には、弘道館教授になって蘭学を教えた。大隈重信は、1860年に幕府が派遣した遣米使節団に加わっていた佐賀藩士で蘭学寮の同僚であった小出《こいで》千之助《せんのすけ》（1832〜1868）から、英語を学ぶ重要性を教えられた。それは1861年のことであった。

大隈重信は藩の命令で長崎に派遣された。幕府が1858年に開いた長崎英語伝習所で学ぶことを命じられた。ここで大隈は彼の人生にとって重要な三つのミッションをこなすことになる。その三つとは、英語の習得、英学教授のための藩校の設立、そして佐賀藩の物品を売りさばくための貿易組織である代品方《かわりしなかた》として勤務して利益を出すことであった。

大隈は長崎で英語を学びながら、西洋の知識を吸収するとともに、数学的な才能を商売に活かすことになった。これが1861年頃であった（24歳）。大隈重信に関する伝記を数冊読んでみても、大隈がいつ長崎に行ったのかをはっきりと書いているものはない。しかし、前後関係からみて、1861年であったろう。

大隈重信と大隈の10歳年上の友人で、明治新政府では参議や外務卿を務めた副島種臣《そえじまたねおみ》（1828〜1905）は、長崎で1861年頃からオランダ系アメリカ人の宣教師グイド・フルベッキ（Guido Verbeck, 1830〜1898）の個人教授を受けた。フルベッキの自宅で、「聖書」や「アメリカ合衆国憲法」の講義を受けながら、英語を学んだ。江戸幕府がまだ健在で、ご禁制であったキリスト教について聖書を通じて既に学んでいたことになる。

フルベッキという人物は、1859年にアメリカから長崎にやって来た（29歳）。元々はオランダ人である。22歳（1852年）の時にオランダからアメリカに渡った人だ。最初は自宅で聖書を使っての英語教授をしており、この時の初期の生徒が大隈重信と副島種臣だ。1864年からは幕府が創設した長崎英語伝習所の教師となった。当然、オランダ語と英語の両方ができたフルベッキは、オランダ通詞《つうじ》（幕府通訳方《つうやくかた》）からも重宝がられ大事にされただろう。

梅渓昇《うめたにのぼる》著『お雇い外国人　明治日本の脇役たち』によると、フルベッキの長崎時代の門下生については、「大隈重信、副島種臣、江藤新平、大木喬任《おおきたかとう》、伊藤博文、大久保利通、加藤弘之、辻新次《つじしんじ》、杉亨二《すぎこうじ》、細川潤次郎《ほそかわじゅんじろう》、横井小楠《よこいしょうなん》ら、後年、明治新政府の高官、指導的人物が輩出した」（73〜74ページ）とある。

フルベッキはその後、明治新政府の招聘を受けて1869年に東京に移り（39歳）、大学南校（現在の東京大学）の教師となり、1873年から1877年までは政府の顧問を務めた。その後は、1886年に開学された明治学院の理事と教授を務めた。1898年、東京・赤坂葵町の自宅で心臓麻痺のために68歳で急死した。

大隈は1864年、藩命で英学を講じる蕃学《ばんがく》稽古所を長崎に設立し、これを1865年には「致遠館《ちえんかん》」と改称した。大隈重信はここで教頭格となり、学校の運営を取り仕切った。1865

佐賀藩の命で長崎に設立された致遠館に集った学生たち、いわゆる「フルベッキ群像写真」。1869年、フルベッキ（中央）が東京に去るのに際して写真師・上野彦馬によって撮影された。

年にはフルベッキを教師として招聘した。この時、フルベッキの給料は年間1000両であったと言われている。この金額は今で言えば年棒10億円くらいの破格なものであった。

だから、大隈重信はフルベッキの一番弟子であった。この事実が重要である。

フルベッキは、大隈重信を通じて明治新政府に近代化政策を献策した。『お雇い外国人 明治日本の脇役たち』によると、フルベッキは、大隈を通じて、不平等条約（治外法権と関税自主権の喪失）改正のための使節団派遣というアイディアを献策している。これが1871（明治4）年から1873（明治6）年まで欧米を訪問し視察した岩倉使節団につながった。

これを献策した大隈自身も使節団に加わって外遊したいという希望を持っていた。が、大久保利通たちに留守を頼まれたために残留することになった。前掲書『お雇い外国人』によると、岩倉具視《いわくらともみ》（1825〜1888）の息子の岩倉具定《ともさだ》（1852〜1910）と具経《ともつね》（1853〜1890）が致遠館でフルベッキから直接英語を学んだ関係もあって、フルベッキは岩倉の顧問格になった。1870（明治3）年には岩倉具視と政府高官たちがフルベッキの屋敷に集まり、国防に関する秘密会議を開いた。当然、ここにフルベッキの通訳として大隈がいる。このことが重要だ。

大隈は国家最高機密の会議に加わっていて、かつ頭が良かった。下士《かし》（足軽）の出で、算術や漢文ができなかった伊藤博文や山県有朋たちよりも初めは格が上だったのだ。フルベッキはここで徴兵制（国民皆兵。国家の強国化）の必要性を訴えた。また、1872年には近代的な教育制度の創設を提案した。それが「学制」となって実現した。それらの近代化政策を実現させたのはフルベッキの一番弟子の大隈重信であった。

このようにして英語とオランダ語ができた大隈は、長崎で日本と外国の商人たちとの間で通訳としても活躍した。この通訳としての副収入だけでも相当なものであったらしく、長崎の遊里として有名な丸山で毎日のように豪遊していたそうだ（池田雄太『福澤諭吉と大隈重信　洋学書生の幕末維新』80ページ）。ちなみに京都にも丸山が遊郭としてあって、丸山芸者として有名だ。

大隈は、その後死ぬまで贅沢な生活を続けた。それは長崎時代以来の蓄財と豪遊の経験が基になっている。この豪遊を支えたのがもちろん金（財力）であること、そして金を握ることが力（権力）を得ることである。このことは大隈の得た教訓であっただろう。

前掲書『福澤諭吉と大隈重信　洋学書生の幕末維新』によると、佐賀藩は、商業活動の接待交際費などとして、大隈重信に年間２０００両もの大金を与えていた（79ページ）。これに藩校の運営資金なども考えると、大隈は長崎における佐賀藩代表として優に４～５０００両程度、今で言えば年間40～50億円くらいのお金を自由に動かしていたと考えられる。

同時期、大隈重信は佐賀藩経営の商社である代品方《かわりしなかた》（貿易商）としての仕事をしていた。この時に、大隈の商売敵《がたき》として長崎で商売をしていたのが岩崎弥太郎《いわさきやたろう》（１８３５～１８８５）である。岩崎弥太郎は明治維新の前年の１８６７年、土佐藩の貿易商社である「土佐商会」の長崎留守居役《るすいやく》に抜擢された（32歳）。

岩崎の後押しをしたのは土佐藩の藩政を取り仕切っていた参政（家老職）の後藤象二郎《ごとうしょうじろう》（1838〜1897）であった。年齢は3歳違いだが、二人は叔父甥の関係である。幕府が倒れた1868年に長崎の土佐商会が閉鎖された。岩崎弥太郎は大阪に移り、三菱の前身となる「九十九商会《つくもしょうかい》」を設立し、海運事業に乗り出した。

1874（明治7）年に台湾出兵があった。この時に、出兵の兵站《へいたん》（軍事物資の調達と運搬）担当である台湾蕃地《ばんち》事務局長官となったのが大隈重信だ。大隈からの依頼を受けて、岩崎弥太郎の率いる三菱商会が、日本軍と物資の輸送を一手に引き受けた。この時から、大隈と三菱の関係はずっと続いていくことになる。大隈重信と岩崎弥太郎とは既に長崎で出会い、商売敵としてしのぎを削っていたのである。

しかし、その後大隈と岩崎・三菱財閥との深いつながりは大正時代までずっと続いていくことになる。三好徹著『政・財　腐蝕の100年』には、大隈重信と三菱の深い関係、腐れ縁が書かれている。

> 明治7年の台湾征討にからんで三菱が巨利を得たことはすでに述べた。また、同社はそのあとも政府の海運業保護政策によって毎年255万円の助成金をもらい、人員や貨物の運送をほとんど独占してきた。
>
> （同書249ページ）

長崎・致遠館時代の大隈（前列右端）

岩崎弥太郎。大隈の商売敵、土佐藩の貿易商社「土佐商会」を任されていた

土佐藩の藩政を取り仕切っていた参政（家老職）の後藤象二郎

と書いている。三菱に対する政府の保護政策を推進したのが、まさしく参議兼大蔵卿の大隈重信であった。

大隈の資金力、その源泉を探る

ここで、大隈重信の私生活について、特にお金についての話をしたい。政治学者岡義武《おかよしたけ》の『近代日本の政治家』（岩波現代文庫、2001年。初めて出版されたのは1960年）がこれらの大隈の資金力のことを書いている。

大隈重信は「大名趣味」と呼ばれた。毎月多数の訪問客用に膳が用意されていた。毎月800名の訪問客があった。明治の末まで早稲田の屋敷で皇族や著名人を招いての観菊会を開いていた。これらのことがこの本に列挙されている。

このような贅沢がどうして可能だったのか。大隈の存命中から世間ではこのことが問題視され、「大隈邸を伏魔殿と呼ぶものさえあった」（同書92ページ）と書かれている。そして、岡義武は大隈重信の豊かな生活に関しては、「今日でさえも充分明瞭ではない」と書いている。大隈重信が財政顧問をしていた鍋島家、長崎時代からの縁がある三菱の岩崎家に援助を受けたり、土地の売却をしたりして大きな利益を得ることで、派手な生活を維持していたのだろうと、岡は推測している。

三好徹著『政・財　腐蝕の100年　大正編』の中に、もうひとつ面白い記述がある。大隈重信が総理大臣を退く時、加藤高明を後任に推す文書をしたためた。これは、天皇の首相任命権に絡む越権行為であった。これについて、著者の三好は次のように記している。


山県は、この一件について原敬に解説してみせた。

大隈の派手な大名暮しは、夫人が仕切っているのだが、かさむ費用に困惑しきっていた。せめて首相を辞めれば少しは楽になる。ある人物が加藤夫人の実家の岩崎家に依頼し、大隈家の赤字15万円を補塡してもらった。

（同書312ページ）


山県有朋は大隈重信を目の敵《かたき》にして蛇蝎《だかつ》のように嫌っていた。山県は自分の政敵である大隈の動向や私生活についてきちんと目配り、追跡をしていたに違いない。だから、山県の説明には信憑性がある。大正時代の帝大卒の官吏や財閥系企業の初任給（50円）などから考えると、この時期の大隈家の赤字（借金）は今で言えば50億円にも上っていた。

話を元に戻す。

大隈重信は明治維新を長崎で迎えた（31歳）。1868年1月に、徳川幕府の長崎奉行であった河津祐邦《かわづくにすけ》（1821〜1873）が退去、というより逃亡した。このため、長崎にあった薩土肥を中心とする各藩の代表部が合同して「長崎会議所」という臨時の統治機関を設立した。

語学力と商売の経験を持つ大隈重信は、ここで中心的な存在となった。3月には九州鎮撫総督《ちんぶそうとくふ》府が置かれ、公卿の沢宣嘉《さわのぶよし》（1836〜1873）が総督、長州の井上聞多《いのうえぶんた》が参謀として長崎に乗り込んできた。井上聞多は後の井上馨《かおる》だ（後に内務卿。鹿鳴館を作った。三井財閥を保護した）。公卿で攘夷論（外国嫌い）の沢は、長崎でのキリシタンの取り締まりを強化した。

まだ幕府体制が続いていた1865年に長崎は開港され、大浦天主堂が建設されていた。この時、日本人の隠れキリシタンがやって来て神父に信仰を告白し、「日本でのキリスト教信徒（戦国時代以来の隠れキリシタンのこと）発見」として大ニュースとなった。

沢宣嘉は日本人信徒を捕縛して弾圧した。これに対して欧米の外交団は、「野蛮な行為」と激しく非難した。イギリス公使ハリー・パークス（Harry Parks，1828〜1885）をはじめとする各国の代表たちは、誕生まもない明治新政府を激しく責め立てた。慌てた明治新政府は、それに応対させるために、事情に詳しい大隈重信を大阪に召喚し、外交団と交渉させることになった。

大隈はフルベッキから習った「内政不干渉の原則（Non-Intervention）」を楯にして、パークス公使と堂々と対峙した。キリシタン禁教が廃止され、信教の自由が布告されたのは1873（明治6）年である。

大隈重信の伝記の数々は、ここでパークスが大隈を「なかなかの人物だ」と褒めたという逸話を揃って書いている。が、イギリスの外交官・通訳官を務めたアーネスト・サトウの『一外交官の見た明治維新』にはそのような逸話は出てこない。しかし、このとき外国（列強）の外交団と渡り合ったことで、明治新政府の幹部たちに大隈重信の存在が強く印象付けられた。

大隈を特に評価したのは、後述する薩摩藩家老で、明治新政府の外国事務掛（現在の外務大臣）となった小松帯刀《こまつたてわき》（1835〜1870）であった。明治新政府（太政官《だじょうかん》政府）が出来るとすぐに、小松帯刀は、大隈重信を外国事務局判事・外国官副知事（現在の外務副大臣）に抜擢した。

東京築地にあった大隈屋敷、通称「築地梁山泊」

1869（明治2）年、大隈重信は外国官副知事に加えて、会計官副知事（現在の財務副大臣）に任命されて、長崎から東京に移った。そして、翌年の1870（明治3）年には参議（今の閣僚）となった。東京の中央政府に招聘された大隈が居を定めたのは築地であった。大隈は築地にあった旗本・戸川家の屋敷、敷地面積5000坪の大邸宅を買い取って住まいとした。現在は高級料亭の「新喜楽」となっている。

この大隈屋敷には数多くの人物が訪問したり、居候をしたりし、「築地梁山泊《りょうざんぱく》」と呼ばれるほどの活況を呈した。そのことについては後述する。

〈近代化を推進した幕臣・小栗忠順との奇縁〉

大隈重信の許《もと》には、明治維新で瓦解して失職した徳川幕府に仕えていた人々及び譜代の藩の人々が集った。その筆頭は、重信の二番目の妻となった綾子《あやこ》(旧姓は三枝《さえぐさ》、1850〜1923)だ。綾子は八百石取りの旗本・三枝七四郎の四女として生まれた。幼い時には親族の旗本・小栗《おぐり》家に同居していた。この小栗家は、徳川幕府にあって西洋式への改革を推し進めた、優れた人物である小栗上野介忠順《おぐりこうずけのすけただまさ》(1827〜1868)の家であった。綾子は忠順が24歳の時に生まれている。なので、父と娘ほどの年齢だ。忠順が江戸城で順調に出世を重ね、外国奉行や勘定奉行として活躍する姿を幼い綾子は誇らしく見ていただろう。しかし、それも明治維新で終わりを告げる。

小栗は、徳川幕府崩壊後に小栗家の領地であった上野国《こうずけのくに》(今の群馬県)権田村《ごんだ》に引っ込んで蟄居《ちっきょ》していたところを、新政府軍によって処刑された。これから、小栗上野介と大隈重信の関係について述べる。

小栗上野介は、1860年の幕府の遣米使節団の目付役《めつけやく》(ナンバー3)として渡米した。サンフランシスコに到着し、鉄道で首都ワシントンへ向かった。ジェームズ・ブキャナン(James Buchanan, 1791〜1868、在任:1857〜1861年)大統領に謁見して、日米修好通商条約の批准書《ひじゅんしょ》(ratification《ラティフィケイション》)を渡した。そして、フィラデルフィアで一分銀《いちぶぎん》とメキシコ・ドル交換比率見直しを交渉した。小栗の頭脳明晰さと落ち着き払った態度はアメリカ人の間でも評判となった。ニューヨークではパレードが行われ、日本使節団は大歓迎された。「オグロ、オグロ(小栗)」と、話の分かる日本人として賞讃された。

帰国後、小栗上野介はフランス公使レオン・ロッシュ(Leon Roches, 1809～1900)の力を借りながら、近代化政策を推し進めた。幕府はイギリスとは冷たい関係になる。フランスの支援の代表例が、1865年に横須賀で始まった製鉄所建設だ。横須賀製鉄所建設のためにフランスから技術者レオンス・ヴェルニー(Leonce Verny, 1837～1908)が招聘された。

村上泰賢著『小栗上野介　忘れられた悲劇の幕臣』によると、「船のエンジンをはじめボイラー、パイプ、歯車、シャフトから大小砲の銃器部品、砲弾、部品を結び付けるネジまであらゆる鉄製品」(134ページ)を製造する近代的総合工場として計画されたものであった。この横須賀製鉄所(造船所)が後に横須賀海軍工廠《こうしょう》となり、戦前の日本帝国海軍の艦船を次々と建造した。

昨年2015年、国連機関ユネスコの「世界遺産」に、「明治日本の産業革命遺産　製鉄・製鋼、造船、石炭産業」が登録された。鹿児島、佐賀、山口などの近代化施設の遺構が人類共通の歴史財産として登録された。しかし、これは「明治維新を成し遂げた薩長土肥が開明的、先進的であり、江戸幕府は近代化に失敗した」という印象操作になる。

江戸幕府は立派に近代化を進めており、その中心となって奮闘したのが小栗上野介だった。大隈重信自身、後に「明治政府の近代化政策は、小栗忠順の模倣にすぎない」と語った。これは小栗の偉大さを語る時によく使われる逸話だ。

大隈重信は小栗上野介忠順（上州の幕府御用金《ごようきん》の埋蔵金伝説の人）と直接の面識はなかった。しかし、小栗とは色々と縁が深い。大隈は、上司の小松帯刀（本当は、西郷隆盛や大久保利通よりも薩摩藩を率いた人物。薩長同盟もこの人と長州の木戸孝允が結んだ）と共に、小栗が心血を注いだ横須賀製鉄所が、フランスに差し押さえられるという危機を土壇場で回避するために奮闘した。

徳川幕府を支援していたフランスは、1868年に局外中立を宣言し、横須賀製鉄所の明治新政府への引き渡しを拒否した。「製鉄所建設のためにかかった資金50万ドルを新政府が支払うよう。そしてそれが不可能ならば横須賀製鉄所をフランスが差し押さえる」という通告を行った。これに対処することになったのが外国事務掛の小松帯刀と部下の大隈重信であった。明治新政府としては、日本初の近代総合工場の横須賀製鉄所を何としても手に入れたかった。しかし、新政府側には50万ドルを支払う余裕がなかった。

そこで大隈重信は、長崎のキリシタン問題の時に対峙した、イギリス公使ハリー・パークスに面談し、苦境を訴えた。パークスは大隈に紹介状を持たせて、オリエンタル・バンク（英国

1860年の幕府の遣米使節団、前列右から２人目が小栗忠順

ニューヨークではパレードが行われ、日本使節団は大歓迎された

東洋銀行）を訪問させた。横浜租界（concession《コンセッション》）にあったオリエンタル・バンクの横浜支店長ジョン・ロバートソンは、明治新政府への50万ドルの貸付を引き受けた。利息は年15％と厳しいものであったが、横須賀製鉄所が明治新政府の所有になった。ただし、オリエンタル・バンクへの返済が滞《とどこお》ればイギリスの銀行の所有となる。この公渉の成功は大隈重信の大きな功績とされた。小栗が進めた徳川幕府の近代化政策の象徴が、後に日本の富国強兵政策に大きく貢献することになったのである。

大隈重信の妻となった綾子は18歳の時に、資産家の柏木貨一郎と結婚したが、離縁していた。そして、1869年、20歳の時に大隈重信（当時32歳）と結婚した。大隈はこの時、東京の中央政府に出仕することになり上京した。大隈が上京して居を構えたのが前述した築地だ。大隈には故郷佐賀に美登という妻が既におり、娘・熊子をもうけていた。しかし、大隈の母親の三井子が綾子を気に入り、美登を別の男に嫁《とつ》がせた上で、娘の熊子を連れて上京してきた、ということになっている。

築地の大隈屋敷には、常に30人から40人の食客《しょっかく》が居候し、ただでご飯を食べて、酒を飲んではおだをあげていた。そういう時代だったのである。新妻の綾子は彼らの面倒をよく見た。隣に住んでいた伊藤博文はよく寝巻姿のままで訪ねてきて、朝食を食べていったそうである。

江戸時代の厳しい身分制度の下であれば、徳川将軍家の直接の家来（直参《じきさん》上級武士）である旗本の娘に、長州藩でも下級武士（卒《そつ》）であった伊藤博文が一緒の席に座って、直接話をするなどということは到底できなかっただろう。そして、伊藤博文は、明治十四年の政変の後は、大隈たちを蹴落として最高実力者となった。

三菱・三井両財閥との深い繋がり

大隈重信と小栗上野介を結ぶもう一本の線は、三野村利左衛門《みのむらりざえもん》（1821～1877）だ。三野村利左衛門は、小栗家の中間《ちゅうげん》となり、この縁で小栗上野介と知り合った。その後、三野村は、商売の道に進み、両替商となった。勘定奉行の小栗上野介とのつてを見込まれて1866年に三井家に入り、番頭となった。小僧からの叩き上げでなく、中途採用でいきなり番頭となったのは異例中の異例であった。それまでは利八と名乗っていたが、三井家当主が代々八郎右衛門を名乗っていたので、利左衛門という名前を貰った。

三井物産の創始者で三井財閥を育て上げた益田孝《ますだたかし》（1848～1938）は、三野村利左衛門を「三井中興の祖」と呼んだ。三野村利左衛門は、最後まで小栗上野介に対して忠誠心を持ち続け、幕府瓦解の際には、1000両を提供し、アメリカに亡命するように勧めている。また、小栗が斬首された後、会津に逃げた小栗の母と妻、生まれたばかりの娘国子を、危険を承知で自分の屋敷にかくまった。

三野村利左衛門が1877（明治10）年に亡くなった後、大隈重信と妻綾子は、小栗上野介の遺児・国子を屋敷に引き取って育てた。そして、大隈は自分の側近であった矢野文雄《やのふみお》（1851～1931）の弟・貞雄（1861～1935）と国子を結婚させて、小栗家を再興させた。

前掲の三好徹の『政・財 腐蝕の100年』によると、三井中興の祖・三野村利左衛門と三井財閥の基礎を築いた益田孝を結び付けたのが大隈重信であった。二人は大隈の築地屋敷で頻繁に顔を合わせた。三野村の旧主・小栗家の親戚であり、同じ屋敷で暮らしていたのが前述した通り、大隈の妻・綾子であった。益田孝もまた幕臣の子供として生まれ、英語を学び、幕府の歩兵隊に入隊し、旗本にまで取り立てられた人物であった。益田孝は、1872年に大隈重信が大蔵卿を務めていた大蔵省に入省し、大隈の部下となったがすぐに実業の世界に転身し、長州の井上馨が創設した「先収会社」、現在の三井物産の副社長となった。

大隈重信と三菱財閥との間と深い関係があったことはよく知られている。だが、三井財閥の中心人物たちとも小栗上野介を介して深いつながりを持っていたのである。両方の勢力とつながることが現実政治では重要である。

大隈はボナパルティストである。ボナパルティズム（Bonapartism）とは、フランスで、都市市民と農園主（田舎貴族）の両方の勢力の均衡の上に成り立ったナポレオン三世（Napoleon III、1808～1873）の生き方から生まれた政治学用語である。

この築地梁山泊には、旧幕府方の人物が出入りした。早稲田大学名誉教授の木村時夫著『知られざる大隈重信』（集英社、２０００年）を読むと、加藤弘之《かとうひろゆき》（１８３６～１９１６）、津田真道《つだまみち》（１８２９～１９０３）、中村正直《なかむらまさなお》（１８３２～１８９１）といった、徳川幕府の教育機関である昌平黌《しょうへいこう》の出身者と蕃書調所《ばんしょしらべしょ》の教授たちも、あれこれ意見具申のために大隈の許を訪れていたという。

また、渋沢栄一《しぶさわえいいち》（１８４０～１９３１）や前島密《まえじまひそか》（１８３５～１９１９）といった旧幕臣たちも大隈の許を足しげく訪問した。渋沢と前島は、大隈が権勢をふるった大蔵省時代に高官として働いた。

加藤弘之は大隈の師フルベッキの同じく弟子である。大隈重信とは英語学習の同門である。彼らは当時日本最高の知識人であった。蕃書調所に所属していた加藤、津田真道、それから徳川家が静岡に移封された後に設立された静岡学問所に所属していた中村正直、そして福沢諭吉は、１８７３（明治６）年に「明六社《めいろくしゃ》」という学術啓蒙団体を結成した（１８７５年に解散）。この明六社が後に日本学士院になる。

築地梁山泊に集まった彼らの建議によって、灯台の設置、電信の架設、鉄道建設、陸海軍の兵学寮（後の陸軍士官学校と海軍兵学校）の設置などが進められた。その指揮を執ったのが大隈重信であった。こうした当時最先端の知識と情報を持っていた人物たちが大隈のブレインとなった。旧幕臣からすれば、明治新政府に貢献することは内心忸怩《じくじ》たる思いがあっただろう。が、大隈重信が、明治新政府の中で傍流の肥前（佐賀）閥であったこと、そして幕府近代化政策を推進した小栗上野介の親戚で、旗本の娘であった綾子を後妻として迎えていたことが幸いして、築地梁山泊に旧幕臣たちが集ったということは容易に想像できる。

大隈重信の築地の屋敷・築地梁山泊に集まったのは旧幕府人脈だけではない。明治維新を成し遂げた薩長土肥四藩出身者たちも集まった。大隈の屋敷が梁山泊と呼ばれた理由にもなるのだが、ここに集まった人間たちは、才能がありながら性格に難がある、いわゆる変わり者や豪傑タイプの人間たちであった。彼らは出身の藩からも嫌われて行くところがなくて、大隈の屋敷でごろごろしていた。その数が数十人もおり、それを結婚したばかりの大隈の妻・綾子が世話をしていた。その中には性格の奇矯さゆえに世に出ることなく終わった人間たちも多かったと言われている。

前述した政治評論家の阿部眞之助は、著書『近代政治家評伝』の中で次のように書いている。

> 彼の梁山泊には、薩州人あり、長州人あり、土州人もあった。しかし、これ等はみな本国に容れられない不遇の人々であった。すなわち彼（大隈）は、天下の不平分子を糾合し、天下の不平党をもって薩長勢力に対抗しようとしたのであろう。
>
> （139ページ）

そうした人間たちが30人も40人も居候し、ご飯を食べてごろごろしていた。生活態度もいい加減な者も多かった。女を引っ張り込んで同棲するなど当たり前であったそうだ。

そうした中の人物の一人として、薩摩閥のあの五代友厚《ごだいともあつ》（1836〜1885年）も大隈の屋敷に入り浸っていたのである。

五代は薩摩閥の頭目・西郷隆盛に嫌われていた。このために、自身の出身である薩摩閥で居場所がなかった。だから、大隈重信と盟友関係を築いていった。

梁山泊以来の盟友・五代友厚と日本の貨幣制度を作る

大隈重信は「維新回天《いしんかいてん》」（「回天」とは天、すなわち体制をひっくり返すという意味）を成し遂げた薩長土肥のうちの肥前（佐賀県）の出身ではあった。が、周囲には妻の綾子をはじめ旧江戸幕府方の人物たちが数多くいた。また、薩長土肥出身者であっても、前述した通り、癖があって（個性が強くて）、自分の出身派閥で重用されない人々が集まっていた。大隈はこの幅広い人脈を活用して近代化を進めた。

「明治六年の政変」で佐賀閥の先輩であった江藤新平と副島種臣が政府から去ったので、大隈が佐賀閥のボスとなった。さらに明治11（1878）年（西南の役、西郷の死の翌年）に大久保利通が暗殺されると、筆頭参議兼大蔵卿となり、日本の最高実力者となった。

大隈の屋敷、築地梁山泊に集まった人材の中で、大隈重信の盟友となったのが五代友厚だ。2015年9月放映開始のNHK朝の連続テレビ小説『あさが来た』で、主人公のあさを実業の世界で教え導く重要な役どころとして五代が登場した。あさのモデルとなったのは、大同生命や日本女子大学を創設した広岡浅子《ひろおかあさこ》（三井十家のうちの名家の娘。１８４９～１９１９）だ。

　五代友厚については、今でもその人となりは、出身地の鹿児島でも知られていない。その理由は、西郷隆盛、大久保利通、松方正義、東郷平八郎、大山巌《おおやまいわお》といった薩摩出身者たちは明治新政府で政治家や軍人として栄達したが、五代は政府での栄達の道を選ばずに、大阪を本拠地として実業の世界に飛び込んだからである。鹿児島では華やかではない「地味」な人物だとずっと見られてきた。

　五代友厚は１８３６年に薩摩藩の上士の家に生まれた。西郷隆盛よりも８歳下である。

　１８５５年に幕府が長崎に開設した長崎海軍伝習所に派遣され、オランダ士官から航海術、砲術、数学を学んだ。１８６２年には上海に密航し、薩摩藩の汽船購入の契約を結んでいる。重要な任務を見事に果たしている。こうした中で、イギリス商人トーマス・グラバー（Thomas Glover, １８３８～１９１１）との親交を深めていった。

　翌年の１８６３年に勃発した薩英戦争では、後に文部卿や外務卿を歴任した寺島宗則《てらしまむねのり》（当時は松木弘安《まつきこうあん》、１８３２～１８９８）と共に、イギリス側の捕虜となった。１８６５年には薩摩藩遣英使節団の一員（団長格）としてイギリスとベルギー、オランダ、フランス、プロシアを訪問した。この時、オランダ（アムステルダム）に留学していた幕府派遣留学生の西周《にしあまね》（１８２９～１８９７）たちと、フリーメイソンの会員として、共同して、日本の将来像を話し合っ

大隈邸、通称・築地梁山泊は現在、料亭「新喜楽」となり、芥川賞・直木賞の選考会会場として有名

大隈の盟友として日本の貨幣制度を整備した五代友厚

五代が教導した広岡浅子はNHKの朝ドラ『朝が来た』のモデルとなった

ている。このことは、『フリーメイソン＝ユニテリアン教会が明治日本を動かした』（成甲書房、2014年）に詳しい。

翌年（1866年）には五代は薩摩藩の「勝手方御用席《せき》外国掛《がかり》」となった。この年、薩摩藩は、グラバーと合弁で長崎にドックを建設した。これは現在も「そろばんドック」として残っている。この合弁事業を押し進めたのが五代友厚だ。明治維新後は、外国官権判事、大阪府権判事となった。

五代と大隈は長崎で既にお互いの存在を知っていた。五代を引き立てたのは、やはり薩摩藩家老であった小松帯刀であった。小松は、明治維新で活躍した薩摩藩出身者たちの真のリーダーであり、西郷隆盛や大久保利通でさえも頭が上がらない存在であった。ところが、小松が1870年に亡くなってしまったために、五代は、薩摩閥内での後ろ盾を失ってしまい、長崎以来の友人であり、こちらも小松の引き立てを受けた大隈重信を頼ることになった。

五代は1885（明治18）年に50歳で早死にした。が、亡くなるまでのわずか10年余の間に、大阪経済の礎を築いた。五代は、1869（明治2）年に大阪税関長を辞して、大阪を本拠地にして実業の世界を指導した。五代は、全国で盛んに炭鉱と鉱山開発を行った。大阪株式取引所（現在の大阪証券取引所）、大阪商法会議所（現在の大阪商工会議所）、大阪商業講習所（現在の大阪市立大学）、大阪商船、大阪堺鉄道（現在の南海電鉄）を創設した。

五代友厚と大隈重信との間には深い信頼関係があった。1881（明治14）年に北海道開拓使官有物払下げ事件が起きた。この時は、官有物をただ同然で払い下げてもらう側に五代、それに反対する側に大隈がそれぞれ立つことになった。

それでも五代は大隈重信に対して深い恩義を感じていた。五代は、「あなたのご恩には感謝している。それでもこれからあなたが政治家として大成するためには五つの欠点を矯正しなくてはいけない」という恐るべき内容の手紙を書き送っている。大隈はこの手紙に従って実際に人格の矯正に努力したと言われている。大変失礼な内容の手紙を敢えて送り、送られた相手もそれを受け入れる。これは五代と大隈の関係が大変に深く、同志的な関係であり、互いの信頼があったからだ。

五代友厚が大隈重信と共に大阪で何をやったか。それは造幣局《ぞうへいきょく》の設立だ。日本の近代貨幣制度、具体的には通貨単位「円」貨を作り上げたのは大隈重信である。そして、彼の下で働いた五代友厚だった。大隈重信は、会計官副知事と後に大蔵大輔《おおくらたいふ》として、徳川幕府時代の一〇進法ではない複雑な両・分《ぶ》・文《もん》の通貨制度、関東では金本位制と、関西では銀本位制（銀座）という状況を改める必要に迫られた。通貨制度整備の陣頭指揮にあたったのが、大蔵省造幣頭《ぞうへいのかみ》となった、大隈の築地梁山泊での盟友・井上馨（2歳年上）であった。

当時、外国官権判事《ごんのはんじ》であった五代友厚は、長崎時代から深い付き合いのトーマス・グラバーの仲介で、香港造幣局で使われなくなっていたイギリスの造幣機械を6万両（6万ドル）で買い入れる契約を結んだ（1868年）。この機械に刻印されていたのが中国で使われていた「圓《ユアン》

（円《えん》）」という貨幣単位を示す漢字であり、これがそのまま明治日本の新しい貨幣単位となった。

五代友厚は造幣寮（後に造幣局）の大阪での建設が決定すると、辞職して実業界に飛び込んだ。彼が実業の世界に入った1869年にまず作ったのが、金銀分析所であった。五代は、この金銀分析所で明治新政府による新しい貨幣の製造に合わせて、これまでの金貨や銀貨を正貨、贋金《にせがね》を問わず全国から買い集め、その内容物を分析し、それぞれを融かし、純度の高い金属の塊（のべ棒）にして、造幣局に収めるという事業を行った。これは五代の独占事業であり、巨利を得ることになった。

また、五代友厚は貴金属の確保を進めるために、既に見つかっていた全国の金・銀・銅の鉱山経営に自ら乗り出した。それらの管理をするために、大阪に本部機能を持つ弘成館《こうせいかん》を設立した。五代は日本の新しい通貨、円の原料を押さえてしまった。これで巨万の富を得て、大阪での地歩を固めた。ちなみに、五代の屋敷（大邸宅）があった場所は、大阪の中心地そのものの中之島で、現在は日本銀行大阪支店である。

大隈が活用したのは幕臣・小栗忠順の〝大いなる遺産〟

本稿では、大隈重信の前半生（44歳まで）ともいえる、幕末から明治時代最初期に焦点を当てた。具体的には、長崎と東京・築地で築き上げた幅広い人脈を詳しく見ていった。

大隈重信は、長崎留学時代に既に、薩摩閥の五代友厚や土佐・三菱の岩崎弥太郎と人脈を形成していた。更に、中央に出るチャンスを掴むと、東京の築地に広大な屋敷を構え、そこに有為の人材を集めた。その中には、敵方であった旧・徳川幕府方の人物たちも多数含まれていた。そうした人材を活用し、大隈重信は日本の近代化を進めた。彼は1873（明治6）年には参議兼大蔵卿となった。1878（明治11）年に大久保利通が暗殺された後は、筆頭参議となった。明治十四年の政変で政府から追われた。が、その後も、政界に復帰して外務大臣や総理大臣を務めた。明治政府を追われた実力者たちのほとんどは悲惨な、不遇な最期を迎えている。それに反して、大隈重信はしぶとく生き残った。それは彼が築いた幅広い人脈のお蔭であったと言える。その人脈は時に味方、時に敵となりながらも、大隈の資産となって、彼の政治的な生き残りに寄与したのだ。

大隈重信は明治新政府において筆頭参議となって日本の最高実力者となり、近代化政策を推進した。それを支えたのが彼の人脈、徳川幕府の幕臣系と、藩閥内で反主流派に属した人々であった。

「徳川幕府は無能で、薩長こそが日本の近代化を進めた」というのが明治時代についての定説になっている。こうした薩長中心史観に対する最大の反論を、大隈重信自身が述べている。それがまさしく、「明治政府の近代化政策はすべて、小栗忠順の模倣にすぎない」という言葉である。明治初期に日本の最高実力者となった大隈重信は、自分が権力者となって近代化政策を進

めた際に、小栗が遺した人材と施設を最大限に活用したのである。（了）

大隈重信年表

1838年（天保9年）　誕生
1865年（慶応元年）　佐賀藩校英学塾「致遠館」を長崎に設立（28歳）
1868年（明治元年）　外国事務局判事・外国官副知事（31歳）
1869年（明治2年）　東京・築地に移る。会計官副知事・大蔵大輔（32歳）
1870年（明治3年）　参議（33歳）
1873年（明治6年）　参議兼大蔵卿（この年に明治六年の政変が起きる）（36歳）
1880年（明治13年）　大隈の建議により会計検査院設立、大蔵卿辞任・参議専任（43歳）
1881年（明治14年）　参議を辞任（明治十四年の政変）（44歳）
1882年（明治15年）　立憲改進党結党・東京専門学校（後の早稲田大学）設立（45歳）
1888年（明治21年）　外務大臣（第一次伊藤博文内閣、黒田清隆内閣）（51歳）
1889年（明治22年）　外務大臣在職中、テロに遭い右足を失う重傷を負う（52歳）
1896年（明治29年）　外務大臣（第二次松方正義《まつかたまさよし》内閣「松隈内閣《しょうわいない》」）　進歩党結党（59歳）
1898年（明治31年）　内閣総理大臣（第一次大隈重信内閣「隈板内閣《わいはんないかく》」、初の非薩長藩閥、

1907年（明治40年）　政党内閣、1898年辞任）・憲政党結党・憲政本党結党（61歳）
1914年（大正3年）　憲政本党総理辞任・早稲田大学総長（70歳）
内閣総理大臣（第二次大隈内閣、1916年辞任）（77歳）
1922年（大正11年）　死去（85歳）

■主要参考文献■

阿部眞之助『近代政治家評伝　山縣有朋から東條英機まで』文春学藝ライブラリー、2015年
池田勇太『福澤諭吉と大隈重信　洋学書生の幕末維新』山川出版社、2012年
井上勝生『幕末・維新　シリーズ日本近現代史①』岩波新書、2006年
井上清『日本の歴史20　明治維新』中公文庫、1974年
色川大吉『日本の歴史21　近代国家の出発』中公文庫、1974年
梅渓昇『お雇い外国人　明治日本の脇役たち』講談社学術文庫、2007年
岡義武『近代日本の政治家』岩波現代文庫、2001年
木村時夫『知られざる大隈重信』集英社新書、2000年
榛葉栄治『大隈重信』PHP研究所、1989年
中村尚『大隈重信』吉川弘文館、1961年
原口泉『維新経済のヒロイン　広岡浅子の「九転十起」』海竜社、2015年
三好徹『政・財　腐蝕の100年』講談社文庫、2012年
三好徹『政・財　腐蝕の100年　大正編』講談社文庫、2012年
村上泰賢『小栗上野介　忘れられた悲劇の幕臣』平凡社新書、2010年
渡辺房男『円を創った男　小説大隈重信』文春文庫、2009年
渡辺房男『おカネから見た幕末維新　財政破綻と円の誕生』祥伝社新書、2010年

■執筆者略歴・掲載順■

副島隆彦（そえじま　たかひこ）

1953年福岡市生まれ。早稲田大学法学部卒。外資系銀行員、予備校講師、常葉学園大学教授などを歴任。政治思想、法制度、金融・経済、社会時事評論の分野で画期的な研究と評論活動を展開。副島国家戦略研究所（SNSI）を主宰し、日本人初の「民間人国家戦略家」として執筆・講演活動を続けている。

石井利明（いしい　としあき）

1964年栃木県生まれ。武蔵大学人文学部卒。自動車会社から土木・公園設計業務を経て、奨学生としてアメリカにて自然資源（自然公園）管理を学ぶ。現在、自営業の傍ら漁業協同組合やNPOの理事を務める。

六城雅敦（ろくじょう　つねあつ）

1968年大阪府生まれ。大阪府立大学工学部船舶工学科卒。エンジニアリング系コンピューターソフト会社、製薬会社等を経て、現在都内にて自営。

田中進二郎（たなか　しんじろう）

1974年兵庫県川西市生まれ。早稲田大学政治経済学部中退。学習塾に勤務し、小・中学生の国語・社会・英語を指導している。現在、幕末明治日本と西洋諸国の外交関係を中心に研究中。

津谷侑太（つや　ゆうた）

１９８９年岐阜県生まれ。愛知学院大学文学部卒。卒業後は運輸会社勤務。学問道場には不定期に論文を寄稿。現在はアメリカによる隠された明治期日本への対日工作を研究。

古本肇（ふるもと　はじめ）

１９５２年東京都生まれ。早稲田大学卒業後、総合商社に入社。33歳の時、アメリカ、タイを主体とした貿易商社を開業。50歳で後進に会社を譲渡。その後、貿易コンサル業及び賃貸借業に従事し、現在に至る。

吉田祐二（よしだ　ゆうじ）

１９７４年千葉県生まれ。千葉大学大学院修士課程中退。２００１年から4年間、オランダに企業駐在員として赴任。現在は輸出機器メーカーで英文書類の作成に従事。著書に『日銀　円の王権』『天皇財閥』（共に学習研究社）、『天皇家の経済学』（洋泉社）がある。

古村治彦（ふるむら　はるひこ）

１９７４年鹿児島市生まれ。早稲田大学社会科学部卒・同大学院修士課程修了。南カリフォルニア大学大学院博士課程中退（政治学修士）。副島国家戦略研究所（ＳＮＳＩ）研究員。愛知大学国際問題研究所客員研究員。著書に『アメリカ政治の秘密』『ハーヴァード大学の秘密』（共にＰＨＰ研究所）、訳書に『ＢＩＳ《ビーアイエス》国際決済銀行　隠された歴史』（成甲書房）、『アメリカの真の支配者　コーク一族』（講談社）他多数がある。

◉著者について

副島隆彦（そえじま　たかひこ）

1953年、福岡市生まれ。早稲田大学法学部卒。外資系銀行員、予備校講師、常葉学園大学教授などを歴任。政治思想、法制度、金融・経済、社会時事評論の分野で画期的な研究と評論活動を展開。副島国家戦略研究所（ＳＮＳＩ）を主宰し、日本人初の「民間人国家戦略家」として執筆・講演活動を続けている。

ホームページ「副島隆彦の学問道場」
www.snsi.jp/

ＳＮＳＩ副島国家戦略研究所
(Soejima National Strategic Institute)

日本が生き延びてゆくための国家戦略を研究する民間シンクタンク。副島隆彦を研究所長に2000年４月に発足した。世界の諸政治思想の輸入、日本の政治・軍事分析、経済・金融分析等を主たる研究領域とする。若くて優秀な研究者の集団として注目を集めている。本書は『最高支配層だけが知っている日本の真実』『エコロジーという洗脳』『フリーメイソン＝ユニテリアン教会が明治日本を動かした』（いずれも小社刊）等に次ぐ第８論文集となる。

明治《めいじ》を創《つく》った
幕府《ばくふ》の天才《てんさい》たち
蕃書調所《ばんしょしらべしょ》の研究《けんきゅう》

◉著者
副島隆彦《そえじまたかひこ》
SNSI副島国家戦略研究所《エスエヌエスアイそえじまこっかせんりゃくけんきゅうじょ》

◉発行日
初版第1刷　2016年9月20日

◉発行者
田中亮介

◉発行所
株式会社 成甲書房

郵便番号101-0051
東京都千代田区神田神保町1-42
振替00160-9-85784
電話03(3295)1687
E-MAIL　mail@seikoshobo.co.jp
URL　http://www.seikoshobo.co.jp

◉印刷・製本
株式会社シナノ

Printed in Japan, 2016
ISBN978-4-88086-345-0